向实践学习出版

CHUBAN CHANYE
SHIJIAN CUNSI

出版产业实践存思

谭跃 著

图书在版编目(CIP)数据

出版产业实践存思 / 谭跃著. —北京：北京大学出版社，2020.11
ISBN 978-7-301-31594-1

Ⅰ.①出… Ⅱ.①谭… Ⅲ.①出版业—产业发展—研究—中国
Ⅳ.①G239.2

中国版本图书馆CIP数据核字（2020）第169290号

书　　　名	出版产业实践存思 CHUBAN CHANYE SHIJIAN CUNSI
著作责任者	谭　跃　著
责任编辑	周志刚　王　彤
标准书号	ISBN 978-7-301-31594-1
出版发行	北京大学出版社
地　　　址	北京市海淀区成府路205号　100871
网　　　址	http://www.pup.cn　新浪微博：@北京大学出版社
电子信箱	zyl@pup.pku.edu.cn
电　　　话	邮购部 010-62752015　发行部 010-62750672 编辑部 010-62753056
印　刷　者	天津中印联印务有限公司
经　销　者	新华书店
	720毫米×1020毫米　16开本　21.25印张　285千字 2020年11月第1版　2020年11月第1次印刷
定　　　价	64.00元

未经许可，不得以任何方式复制或抄袭本书之部分或全部内容。
版权所有，侵权必究
举报电话：010-62752024　电子信箱：fd@pup.pku.edu.cn
图书如有印装质量问题，请与出版部联系，电话：010-62756370

目 录 Contents

第一篇 **辨识产业形势，明晰发展战略**

1. 中国出版需要把握的五大趋势 / 2
2. 努力推进内容创新战略 / 9
3. 为加快发展提供坚强的人才支撑 / 26
4. 实施"六大战略"，开辟新的征程，为实现"三化目标"而努力奋斗 / 38
5. 大力实施人才强企战略，为实现"三化目标"提供坚强的人才动力 / 48
6. 把我们的品牌做得更响、更强、更优 / 57
7. 努力将数字化战略化为实招，落在实处，取得实效 / 68
8. 把握集团化的本质内涵 / 80
9. 把握三大视角，建设三型集团 / 88

第二篇 **深化改革创新，做优经营管理**

1. 立足"一止五升"，做好"六个狠抓" / 96
2. 注意五个关系，把握协调发展 / 110
3. 坚持改革不动摇，争创发展新优势，努力成为全国文化产业重要的战略投资者 / 115

4. 不学将落，知行合一 / 120

5. 凤凰集团过百亿之后 / 124

6. 争天时，抢地利，促人和，高目标 / 138

7. 释放资本能量，努力做大做强 / 143

8. 面向"十二五"，我们需要做什么？ / 147

9. 关于如何建设出版"国家队"的调研思考 / 155

10. 把经营管理作为中心工作抓紧抓实抓好 / 161

11. 牢牢把握集团发展态势，在增长中进一步提高质量与效益 / 177

12. 学会忧患、理想、学习、合作、坚韧、修身 / 188

13. 拉开产业格局，提升两个效益 / 208

14. 牢牢把握发展的主动权 / 212

15. 紧紧抓住"十三五"规划的几个重点问题 / 221

16. 上市不是终点，而是新的出发 / 231

17. 明确三个"基本"，实现持续增长 / 233

第三篇　加快融合发展，打造数字集团

1. 努力推动文化与科技的有效融合 / 246

2. 集中力量，打好集团数字内容集聚的"攻坚战" / 249

3. 道法自然，加快融合 / 254

4. 以结构调整培育发展动力，以重点项目推动融合发展 / 258

5. 调结构，强动力，促融合，努力打造数字融合出版集团 / 266

6. 建设数字中图，争当排头兵 / 276

7. 杂谈大数据，兼及话出版 / 283

8. 传统出版数字化的关键与产业方向 / 297

9. 融合发展的中心是数据化 / 302

附录 **媒体采访**

1. 关于出版产业的几个问题 / 306
2. 中国出版集团的特色发展道路 / 315
3. 新技术对传统出版远未构成颠覆性影响——专访中国出版集团公司总裁谭跃 / 322

后　记 / 330

第一篇

辨识产业形势，明晰发展战略

1. 中国出版需要把握的五大趋势

形势分析至关重要。把握形势有两个关键：一是找准观察点，否则将眼花缭乱、纷繁无序，不得要领；二是察形以观势，通过已经发生的形，参透蕴藏其间的势，在形与势的联系中把握形势的本质。当前我们需要特别关注、研究和把握的，是以下五个观察点。

第一，全球化。

全球化由五百年前新航路开辟所启动，随后由两次工业革命所推动，又被两次世界大战阻断，再由第二次世界大战以来商品跨国、市场跨国、资本跨国、产业跨国所催化，最后由数字网络技术加速，从而成为不可逆转的全球性经济互通、文化互融、观念碰撞的世界潮流。这一潮流，浩浩荡荡，顺之者昌，逆之者亡，其间上演了一出出民族兴衰的故事，演绎了一幕幕公司崛起的神话。就国际出版业来看，跨国并购的浪潮此起彼伏，持续不断。值得玩味的是，作为出版大国、强国的美国，在其排名前 5 位的大众出版商中，竟有 3 家为外国资本持有。贝塔斯曼通过并购兰登书屋，一举从欧洲跨入北美，成为世界最大的大众图书出版商。值得注意的是，在全球出版业 50 强中，已有三分之二的公司在中国设立了各种形式的机构。美国《出版商周刊》公布的 2010 年全球出版业 50 强榜单中，培生教育、爱思唯尔等一大批出版巨头纷纷在中国进行了战略布局。2011 年，培生集团以 1.55 亿美元收购了中国的环球天下教育集团，使培生在中国的业务范围由 8 个城市拓展到 60 个城市。

在全球化五百年的发展过程中，资本的逐利性是其基本动力，资本以商品、企业、金融等形式打通了不同民族，跨越了不同国度，联结了不同文化。可以说，古代社会以战争统一国家，现代社会以资本融合世界，这是由我们时代的主题——"和平与发展"决定的。正是在这个趋势中，中华民族看到了自己的战略机遇期，中国出版业也看到了自己的未来。

现实地看，整个世界的文化状况仍然是"西强我弱"，对中国文化的需求虽有明显增长但并不算多，因此出版"走出去"必须积极而审慎，国际化的路子必须更多地研究"借船出海"，采用资本联合、项目合作的方式。要在合作中"结缘"，在合作中"借力"，在合作中积累经验，培养人才，逐步打开国际市场，形成文化传播力和影响力。

但是，世界文化交流史告诉我们：在古代社会，文化主要跟着战争走；到了近代，文化主要跟着商品走；而到现代，文化主要跟着资本、产业走。随着中国经济的强势崛起，随着中国资本和产业的跨国扩张，中国文化"走出去"必将成为国际文化交流的大潮；中国现代化的独特性和中国文化的独特性必将成为国际社会关注的热点；对中国文化进行了解，对中国思想进行研究，对中国现代化经验进行借鉴，必将成为国际社会日益广泛的需求。这是我们出版"走出去"的底气所在，是我们对未来国际出版交流趋势的总体判断。

第二，城市化。

城市化的推动力是工业化，城市化的本质是农民市民化、市民知识化。这个本质所揭示的是蕴含在这一潮流中的物质与精神的广泛需求。没有人能够预测七八亿农民跨越这一门槛后，其需求的广度与深度，因为在世界已有的案例中，可以找到的只有数百万、数千万，最多两亿人口城市化的样本。发达国家城市化历程一般在一二百年，所以经济学家们预测中国的城市化至少还得三十年。三十年城市化的时间和七八亿农民所要求的城市化空间，这个广阔的时空，是处在同一全球化背景下的中国和西方根本不同的观察点，也是中国出版业看清自己走向的一个须臾不可偏离的宏观背景。在这个背景中，教育的需求、阅读的需求、文化的需求将被培育起来；在这个进程中，现代书业、内容产业、文化产业将被催化起来；在这个阶段里，思想的创新、观念的变革、创意的冲动将被激发出来。一句话，创作、创意、创新的活力在城市化中将会越来越生机勃勃，图书出版、内容生产、文化产业，可谓得其时、获其位，必将登上自己繁荣的舞台。

第三，产业化。

全球化是中华民族的世界背景，城市化是中国出版的社会特征，产业化则是出版业自身的走向。纵观中国书业，各种条件、各种力量正在酝酿着大变局。如果我们用眼睛看，可以看到外国出版机构的进入对出版格局的影响，看到民营资本的活跃对书业利润的挤压，看到各大集团的市场份额在竞争中的消长，看到数字出版对传统出版的挑战，等等。而当我们用脑子来思考，则可以看到这一切背后的本质，是产业的规模化和市场的集中度。这一本质揭示了市场经济的内在要求，就是打破行政壁垒，消解计划模式，让生产要素在更大的范围内流动起来，让出版资源在更广阔的空间中整合起来，让图书市场在充分的竞争中统一起来。美国十大出版企业的市场占有率稳定在70%上下，英国八大出版企业的市场占有率稳定在60%左右，几家大型出版企业占据主要出版市场，这是产业发展的自身规律。而在我国，31家出版集团拥有全国37.70%的出版机构，但码洋占有率仅为43.97%，动销品种占有率仅为36.70%，产业集中度明显偏低。发达国家的出版业已经走完数轮国内整合的路程，中国出版业的国内整合则刚刚破题，即将步入兼并、重组、联合等多种形式的产业化路程。市场整合的历史告诉我们，行政壁垒的破除离不开行政力量的推动，但市场最终还要靠资本的长剑来切割。目前，政策的导向已经十分鲜明，资本的长剑也已经在一些集团中出炉。

但是，文化产业的本质是文化，而不是产业，出版企业的使命是内容创新，而不是经济增长。我们要把产业做大，但我们的战略眼光是把文化做强；我们要把企业做强，但我们的根本追求是把出版做优。在企业化、股份化、市场化的过程中，我们应该有这样的志向，就是要努力成为出版商，更要努力成为出版家。我们应该有这样的意识，就是出版产业集团的内核不是经济数字，而是一批好书，是一批能够传之久远的好书。我们应该有这样的追求，就是坚定不移地打造大型出版"航母"，同时更坚定不移地高举先进文化的旗帜，努力构筑出版高地，奋力搭建文化高峰。

文化企业的社会效益不能在产业化中弱化甚至消亡，而应该在产业化中强化进而放大。纵观世界范围的文化领域，意识形态的作用从来就没有因为产业化而消亡过。在产业化过程中，改变的不是意识形态、文化导向的作用，而是这一作用的表达方式。美国人的价值观，正是通过美国大片，通过网络动漫，通过商业畅销书等多种形式艺术化地、大众化地表达出来，从而影响更加深广。客观地、历史地考察文化产业化的历程，我们发现，文化没有在产业化中消亡，而是在产业化中丰富了表达方式，贴近了欣赏需求，在艺术化和市场化中提高了精神感染力和思想凝聚力；我们发现，在文化产业化过程中，文化是魂，产业是体，产业因文化而有魅力，文化也因产业而更具影响力。

第四，集团化。

对于中国出版集团来说，集团化是一个长期的、艰巨的、复杂的难题。我们的行政捏合先于业务重组，资本联合慢于组织构造，分兵作战强于整体竞争，整体战略弱于局部战术，总之，各种资源尚处于集团化整合初始阶段的分散状态。非集团化无以应对产业化，产业化的竞争必然导致集团化。集团化的本质是什么，是整合，是资金、资源、人才、市场、业务、战略、文化等多领域、多环节、多层次、多角度的整合。整合的路径，一是内部重组，实现各种要素的合理配置；二是外部联合，实现目标资源的优势互补。在扑面而来的联合重组并购的浪潮中，一个集团只有在资产的置换中才能更加专业化，只有在资本的重组中才能更好地实现规模化和集约化。

据统计,从20世纪60年代到2001年,美国出版业共发生1000多次并购,其中,仅20世纪90年代到2001年间就发生了600多次并购。问题是:重组为什么,兼并图什么?在人民文学出版社的"出版人书系"中,《我与兰登书屋》和《特立独行的企鹅》告诉我们,兰登书屋的崛起,是从收购"现代文库"开始的。在企鹅和兰登,影响其市场价值的核心要素,不是一时的市场表现和资产规模,而是拥有版权的数量和质量,这是西方市场并购重组中最重要的考量要素。在目前的产业转型期,内容资源成为传统出版商和新型出版商的竞争焦点。亚马逊和苹果强势介入出版产业,它们的主要关注点是内容资源。亚马逊不仅积极拓展电子书市场,绕开出版社直接签约作者,还加大了投入去收购图书版权,出版纸质图书。2011年,亚马逊收购马歇尔·卡文迪什450多种少儿图书版权;在版权拍卖会上不惜以85万美元的高价拍下佩妮·马歇尔的回忆录,比第二名的出价高出整整10万美元。截止到2012年,亚马逊已经形成6个独立的出版品牌,签约了大批知名作者。国际经验显示,内容资源始终是产业竞争的核心,兼并的指向是专业化,专业化的目标是规模化、品牌化,这一切最终会落笔在市场的版图上。

在中国,正是因为集团化的推进,出版业在原有的产品、市场、人才、品牌竞争的同时,兴起了新的三大竞争,即资本、制度和数字化的竞争。欧美出版的历程告诉我们,在集团化的过程中,是资本的长剑在切割资产与市场,是数字化的重炮在轰开未来出版的大门,是制度的盾牌在确保企业的长治久安。

中国出版业的当代改革,正孕育着一个百年未遇的重大机遇,近600家出版机构和数十家出版集团将会在未来十年内,因行政力量、资本实力和市场因素的共同作用而实现大分化、大重组、大整合。目前,国内各主要出版集团,经过近十年的企业化和集团化改造,占据着区域市场,积聚了扩张能量,总体上呈现出大而不强、强中有弱、各具特长的状态。未来十年是见高下的十年，是重新划分市场的十年，也是大小分化、强弱分野，趋向于重组，最终落笔在联合的十年。这种联合，从微观层面看，是企业在利益驱动下生产要素的重新配置；从宏观层面看，是经济规律驱动的产业集中度和市场集中度的提升；而从历史的高度看，则是中国从出版大国走向出版强国的伟大历史潮流。

第五，数字化。

数字化潮流正在迅速地，并且是以加速度的方式席卷人类社会的各个领域。它从发达国家跨越到发展中国家，由科技领域拓展到工业制造领域，以至整个商业社会。它不仅支撑着跨国公司的管理经营，也影响着人们的购物、娱乐、学习、生活甚至思维方式；它不仅改变着人们获取信息的方式，而且改变着人们阅读内容的方式。新兴媒体冲击了报刊，震撼了广播电视业，也对传统出版形成了巨大压力。2000年，畅销书《骑弹飞行》在网上独立出版，当天就被下载40万次，作者斯蒂芬·金随即与著名的西蒙＆舒斯特公司"分手"。这是黎明时的一个信号，是没有宣言书的一次挑战。这一标志性的事件，说明数字出版已经成为一个独立的存在，说明电子屏幕不再构成广泛阅读的障碍，说明传统出版已经面临数字出版的严峻挑战。

在国外，爱思唯尔和威科集团等出版大鳄纷纷投入巨资，收购在某一技术领域具有专长的小公司，抢占数字出版先机，从而在相关数字化产品领域掌握绝对话语权。截至2011年，美国有76%的出版商生产电子书，42%的出版商销售的图书中电子书占到76%以上，超过两成的出版商收入来源中电子书占比超过10%，正在或计划将实体书与电子书同步生产的出版商占87%，更有10%的出版商生产电子书以取代实体书。数字出版已经成为产业资金和产业资源的集聚方向。2010年，我国数字出版产业的整体规模已达1051亿元，近几年总体上保持着50%以上的增速，发展速度十分惊人，规模逼近传统出版。毋庸置疑，数字化流程管理已越来越成为传统出版的重要支撑，数字化内容日渐成为未来发展的战略储备，数字化出版也越来越成为出版业未来竞争的制高点。

但是，数字化改变的不是阅读本身，而是阅读方式；冲击的不是出版内容，而是出版形式；提升的不仅是图书生产发行的业态，更重要的是图书内容的传播方式。出版数字化的本质不是数字技术的引入，而是数字内容的整合。基础是流程数字化，核心是内容数字化，关键是商业传播方式的数字化。对传统出版业而言，这是严峻的挑战，更是内容创新的机遇，是艰难的转型，更是产业发展的空间。出版数字化的实现途径是内容与科技手段的结合。在这一过程中，技术服务商在寻找内容资源，内容提供商也在寻找技术平台。现实的、经济的、有效的方法是内容提供商与技术服务商在资本层面、业务层面、市场层面进行融合。数字化的方向一定是市场化，出版人才与技术人才、营销人才的融合是出版数字化取得突破的关键因素。

综上所述，在出版业各种纷繁复杂的"形"的背后，贯穿着全球化、城市化、产业化、集团化、数字化这五股"势"，这是分析形势的观察点，也是形势中的本质。正是这五种趋势决定着中国出版业的总体走向。司马迁说得好，"无财作力，少有斗智，既饶争时"，中国出版集团发展到今天这样的规模，"争时"尤为重要，"争时"就是"争势"，就是抢抓机遇、敢夺机遇、善谋机遇。企业发展的历史告诉我们，把握了重大历史机遇，就可能赢得一个历史阶段。我们的正确选择必须是察形观势，顺势而为，乘势而进，争势而上。

2. 努力推进内容创新战略*

今天，我们在集团成立五周年之际，召开内容创新大会，就是要按照省委省政府的要求，全面贯彻落实全省文化工作会议精神，把集团各方面的力量动员起来，研究部署实施内容创新战略的具体措施。下面，我就内容创新谈几点认识。

一、充分认识内容创新的重要性和紧迫性

我们先看国际出版业的情况。第一，为了垄断资源和市场，大型出版公司不断兼并重组，扩张规模，独立的出版社纷纷被并购，资源与市场的集中度越来越高，扩张与整合已经成为世界出版业的一大趋势。第二，品牌的集中度越来越高，顶级作家的畅销书大多集中在少数出版社手中。第三，教育出版仍然是最大的出版市场，是利润的主要来源。而大众出版是出版业最活跃、最生动的领域，其中畅销书起着关键作用。第四，内容资源在多媒介的互动十分明显，拉动着大众出版市场。数字技术的出现正在引起学术出版市场的分化，电子出版和网络销售呈现快速增长的态势。第五，国外大型出版集团进入中国的步伐明显加快，最近阿歇特出版集团在一个多月的时间里和我们频频互访，透露出进入中国这一巨大市场的急切心情。综合分析这五个特点，我们看到内容资源的争夺异常激烈，兼并冲着内容而起，品牌依托内容而兴，网络和市场也围绕内容而不断扩张。这说明，在知识经济的背景下，在网络平台的支撑下，内容已不限于传统意义，它已经成为多种媒体兼容互通，可多

---

* 这是 2006 年 9 月 28 日在凤凰出版传媒集团内容创新大会上的讲话。

次多样地使用的，包括思想、文化、科技、娱乐等在内的各类信息。因为多元的使用价值，内容形成了自己的产业。150年前，马克思说过，人类生产分为两大部类，一是物质生产，二是精神生产。由于科技发展，这种精神生产已经演化为内容产业。可以预见的是，当网络平台最终形成之日，当数字电视最终普及之时，最紧缺的资源将是内容，竞争的制高点也将是内容。内容为王将不是出版人的梦想，而是越来越明晰的现实。而内容的生命在于创新，内容的价值植根于创意。新知、新趣、新解、新意，新的设计、装帧、版式，都将成为触动心灵或抢眼夺目的重要因素。

我们再看国内出版业的发展情况。第一，民营出版公司日益做大，人们常常议论它们的体制和机制优势，其实更值得我们注意的是文化商人的形成。一些既有文化理想又懂商业运作，既追求眼前利益又谋划长远大计的新型书商正在涌现。这些精明的策划人，把目光盯在内容资源上，将精力注入内容创新中，北京的各种图书公司无一不是为了争夺内容资源，仅数年时间就雨后春笋般地发展到了2600多家。它们无论是出于文化传承的目的，还是商业利益的考量，无不把创新作为生存的基础，作为发展和竞争的主要手段。第二，国有各大出版集团纷纷把内容提供作为自己的产业定位，把内容创新作为自己的重要战略，像北京、上海、两湖和两广，已经做了数年准备，崛起之势可感，无声压力逼来。"中国文库""世纪文库""话说中国"等，都呼喊着一个共同的声音——内容创新。

我们再把眼光聚焦到教育出版。第一，基础教育教材面临洗牌。截至2006年，全国的情况是，小学、初中有59家出版社的179套教材，高中有32家出版社的59套教材，在竞争中瓜分了市场份额。我们占据着有利位置，但新一轮标准及教材送审即将到来，其中变数难测，沉浮未定。这既是凤凰集团的一次重大机遇，也是对我们内容创新能力的严峻考验。第二，教辅的市场销售比例上升，竞争加剧，利润率将持续走低，品牌教辅具有进攻做大的态势。第三，职业教育教材面临着巨大的增长空间。国家加大了职业教育办学的扶持力度，学生人数将持续上升。新技术的发展加快了职业教育教材的更新速度，于是在教材市场需求增大的同时，各路人马蜂拥而至。第四，高等教育大众化时代逐步到来，高等教育出版物的需求量将稳步上升。江苏的大学数及在校大学生人数均占全国第一，在这一市场已经被垄断的情况下，我们如何通过市场细分和新的服务赢得份额，任务十分紧迫。第五，教育报刊将会有大的调整与重组。全国共有100多家教辅报刊社，其中英语类约有40家，语文、数学类各有20多家。《英语周报》发行1634万份，已经成为全国首家"著名商标"。《学英语》《英语辅导报》发行量均超1000万份。随着行政手段的弱化，将发生大的重组，产生新的格局。透过这五种现象，我们看到的依然是内容的竞争，而成败的关键依然是创新。

　　大众和专业出版的情况同样值得关注。2005年，全国每天出版的图书达600多种，选题重复、跟风严重，单品种图书的平均销售量不到2000册。另一方面，畅销书此起彼伏，《品三国》在几个月内销量突破了80万册。《话说中国》历时8年，投入数千万，实现销售1.3亿元。综合来看，有两个特点：一是总量激增，但平均销量不大；二是亮点频出，单品种销量惊人。稍加比较不难看出，其中创意、创新是两者的分水岭。

　　国内各种出版力量的基本动态告诉我们，作为出版企业，最根本的是要抓内容创新。通过内容创新，教材才有可能在新一轮审查中胜出，教辅才能在市场中被更多的消费者认同，报刊才能从同质化的竞争中脱颖而出，大众图书才能形成更广泛的读者群体，专业图书才能具备学术的影响力。可见，内容创新关系到凤凰集团三大出版板块的核心竞争力，关系到集团版图书在三大市场的占有率，更关系到集团"十一五"的发展目标。可以这样说，竞争留给凤凰的时间已经很少很少，我们必须抓紧再抓紧；市场留给凤凰的空间也已经很小很小，我们必须奋进再奋进。我们必须从生存与发展的角度来审视内容创新问题，必须从做强做大的高度来思考内容创新战略。同时，针对自身实际，扬长补短，谋划未来，使内容创新战略真正落到实处，产生实效。

二、客观分析集团内容生产的状况

江苏出版业具有深厚的文化积累，一代又一代的出版人为之付出了艰辛的努力，创造了令同行瞩目、让后人骄傲的业绩。

一是重点图书获奖情况处于全国前列。从1991年以来，各社共获得各类国家级出版物大奖101个，其中国家三大奖（中国出版政府奖、中华优秀出版物奖、五个一工程奖）75个，国家级电子音像奖22个，国家级期刊奖4个，获奖比例在地方出版集团中一直处于领先地位。

二是形成了一批在全国有影响的图书板块，如译林出版社的"外国文学名著丛书""人文与社会译丛"、江苏人民出版社的"汉译大众精品文库""海外中国研究丛书"、江苏少年儿童出版社的儿童文学、江苏文艺出版社的当代文学和港台言情小说、江苏教育出版社的教育学术丛书、江苏美术出版社的"老字号"系列、凤凰出版社的古典文学系列等。

三是出现了一些有影响的大众读物，《草房子》《芝麻开门》《平原》《玉米》等优秀作品，特别是《希拉里自传》《兄弟连》《魔戒》《情海星空》等畅销书，在社会零售市场为集团的品牌建设发挥了积极作用。

四是一些具有重大学术价值的图书，有一定特色和影响的专业图书，成为集团获取各类奖项的主力军，如"敦煌文献分类录校丛刊"、《我的经济观》《动物世界的黎明》《临床皮肤病学》等。

五是基础教材建设位居全国前列，国标品种基本齐全，仅次于人民教育出版社，位列全国第二，并且进入了全国28个省、自治区、直辖市，今年（2006年）秋总发行量达到7825万册，其中省外4415万册。

六是集团出版的职业教育公共课教材已基本覆盖全省，专业教材也在一些领域形成了影响。

七是幼儿课程读物在省内占有一定的市场份额。

八是高等教育和社会教育教材实现了点的突破，已有31种教材选题入选国家"十一五"普通高等教育规划教材。

这八个方面代表了我们内容生产的主流，凝结了众多出版人的汗水，体现了凤凰集团的突破与创新、发展与开拓。

但是，有些情况也让我们坐立不安，甚至深受刺激。我2005年9月上任，10月赴京，新闻出版总署的领导同志见面第一句话就是，看不到你们江苏的书。最近，集团出版部召开了座谈会，各方专家所言所议，同样令我们汗颜。他们都是好意，也说了不少鼓励的话，但这样一种共同的印象不能不让我们深思。据"开卷"统计，全国31家出版集团中，凤凰集团在全国零售市场上位列第8，市场占有率仅为1.62%，排名第一的中国出版集团的市场占有率竟是我们的4.7倍。同时，我们大部分出版社的排名都在100名之后。对开卷的数据大家有不同看法，可以具体情况具体分析。但通过中国书业中这个唯一的市场统计平台，我们至少可以从总体上看出我们在全国零售市场的表现，可以感受到我们内容创新力弱，畅销书少，适销书、常销书总量不够，大众市场的占有率不容乐观。

在省内市场，2005年，在发行集团的发行总量中，集团版文教图书占34%。在以非教辅为主体的纯零售图书方面，集团版图书占总量的14.2%。大众图书市场份额占比更叫人看不懂、坐不住。

市场销售的是内容，市场表现可以折射出内容生产的方方面面。最近，集团召开了不少座谈会，听取了老同志、社长、总编、编辑、发行等各类人员的意见，我今天的讲话，很多内容都是大家的分析和意见，不少段落就是基层的领导直接写下的。我们深感集团战略要和各单位战术对接，首先，各级干部的信息要沟通，思想要打通，认识要统一。经过反复讨论和修改，大家认为，制约集团内容生产的主要问题有以下四个。

第一，战略定位。教材和核心教辅，印量大，码洋大，利润大，营销过程相对简单。而大众和专业图书策划难，品种多，印量小，营销复杂。这一特点产生了驱动效应，使内容生产的注意力聚焦到教材及核心教辅，有意无意间削弱了大众和专业出版。作为出版企业，尽可能挖掘利润最大的板块，是符合企业利益的正确选择。我们应该充分认识到，正是过去这一正确的选择，才奠定了现在的经济实力和发展基础。但政策环境和市场情况变化了，我们必须与时俱进。在教育出版方面，从结构上看，门类不全，职业教育、幼儿教育、高等教育、社会教育出版力度不够。缺少"走天下"的品牌教辅，缺少包括学生工具书在内的"走天下"的中远距离助学读物。教育报刊产品缺乏整体竞争优势，市场布局过度依赖省内，各自为政，重复建设，很多资源未能有效整合，整体作战能力较弱。在大众和专业出版方面，没有中长期的指导思想、定位、思路和规划，各自为战，力量分散，随机性强，没有形成真正高精尖的、有重大影响的特色板块。主动策划的少，零散偶遇的多；短平快产品多，中长线产品少。从集团整体层面看，思路不够清晰，定位不够清晰，板块不够清晰，重点也不够清晰。

第二，内容策划。内容策划是出版产业的本质要求，是内容创新的核心环节。但我们对内容资源的调研不够，对作者资源的掌控不足，对市场需求的反应不快，内容呈现的形式讲究得也不够。同时，在政策支持、机制保障和资金投入上也存在不少问题，亟待研究解决。

第三，营销问题。我们营销理念比较落后，宣传方式相对单一，创意平平，销售网络、营销能力等方面需要研究解决的问题不少。

第四，机制问题。首先是考核机制亟待完善。现有考核机制重经济指标，重销售利润，符合过去发展的要求，今后基本面仍要坚持。但它对大众和专业出版产生的不利影响，必须认真对待，尽快分析解决。其次是运作机制不够健全。再次是奖励机制有些乏力。最后是投入机制有待研究。大出版需要大投入，品牌打造、市场培育、顶级畅销书竞争、核心产品集群打造、产品研发营销、人才挖掘培养等一切与内容创新相关的环节，都需要大量资金。我们在这方面投入较少，有的是钱少不敢投，有的是缺乏经营意识不愿投，有的是有钱想投但没有合理的机制投，使作者资源无法向集团聚合，甚至流失。现在有远见的出版社、出版集团，都在大搞"圈地"运动，买断作者，垄断资源。接力出版社高价从作家出版社挖走畅销书作家杨红樱，从春风文艺出版社挖走策划高手郭敬明，上海文艺出版社天价竞标《品三国》，花城出版社花重金买断《王蒙自传》。对于这些情况，我们不能只是感叹，不能只是抱怨，必须立即着手研究投入机制问题，必须有最大的魄力，下最大的决心，谨慎调研，审慎选题，看准项目，重资投入。过去我们抓教育出版，抓得早，抓得狠，抓得准，抓出了巨大成效。现在我们要像抓教育出版那样，在早、狠、准上下功夫。我们觉得，过去放开手脚抓教育出版，抓出了全国总量第一的经济大盘，现在也应该使之反哺大众和专业出版了。

同志们，讲问题有两种态度：一种是埋怨，责怪，不看主流；一种是重责任，重使命，深爱集团。我们在给省委领导汇报工作时列举了集团六大优势，一是教育出版在全国举足轻重，二是发行营销规模全国第一，三是重点图书获奖处于全国前列，四是五项主要经济指标均居全国首位，五是基础设施达到全国领先水平，六是地缘优势突出。这是我们的主流，是集团的基本面，必须充分肯定。希望同志们听了以上分析，对集团主流有清晰的认识，从而充满信心，热爱凤凰；同时对局部的、发展中的问题有深刻的把握，从而居安思危，发展凤凰。

三、关于创新大众出版的思考

内容创新是大众出版生存和发展的基础，是形成核心竞争力的关键，是集团提升大众出版的主要手段。内容是出版产业链的第一环，而最终一环销售的也是内容，内容贯穿着全过程。在如今的多媒体时代，尤其如此。谁控制了内容，谁就掌握了主动权。内容创新，就是通过新颖的创意，提供优质服务，满足读者需求，使图书"双效"（社会效益与经济效益）最大化。具体而言，需要从以下六方面着手。

一要狠抓内容源头。出版的源头在作者，创新的源头一般也在作者。拥有了高端作者，占有了高端出版资源，就拥有了创新的基础、创新的条件，就掌握了内容创新的主动权，就站到了市场竞争的前列。内容创新，必须巩固并扩大自有资源，形成特色、优势和品牌。在资源和作者问题上，我们要深入发掘，大胆创新，敢于竞争，通过买断著作权、签订长期合作协议、股份合作、提供优质服务等多种形式，储存内容资源，积聚创新能量。

二要研究细分市场。大众出版的特性，就是要在细分市场中谋生。要善于发现和把握市场潮流，细分目标群体。要通过细分市场发现选题、寻得作者，把创新的位置前移到市场的研究中去，前移到对需求的判断上去。

三要建好编辑队伍。内容创新的关键在于优秀的编辑人才。案头编辑保证着图书质量，策划编辑影响着市场销量。他们在内容创新中侧重不同，作用不同，缺一不可。编辑队伍的专业功底、资源禀赋，市场嗅觉、创意本领、文化追求和商业眼光，对内容创新至关重要。《话说中国》的成功，可以说与策划人的创造性劳动密不可分。中央电视台《百家讲坛》的成功，显示在屏幕上的只是几位主讲人，但每一份讲稿都有一个团队在进行内容设计，这些团队如同图书的编辑一样，承担的是根据市场需求对内容信息再设计、再创造的创新责任。因此，培养一支高素质的编辑队伍，是内容创新的重要一环，他们是内容创新的主要力量。

四要定准方向选好板块。内容创新的基础是明确结构、构建板块。结构杂乱无章，板块面目不清，内容生产就无法形成核心竞争力。结构与板块的形成，必须建立在已有的优势上，必须建立在潜力优势的打造上，必须知己知彼，避其锋芒，抓住特色，重点突破，由点到线，由线而面，逐步做强。清华大学出版社的计算机图书，机械工业出版社的经管书，中国纺织出版社的生活书，之所以形成特色，甚至具有垄断性，无不说明清晰的结构和板块对内容创新的极端重要性。

五要创新内容的呈现形式。内容创新，必须高度关注内容呈现形式的创新，这同样是内容创新的组成部分。装帧、纸张、印制等因素，都要提高到创新的层面加以研究，认真做好每一个细小的环节。书名或装帧不一定能造就畅销书，但它往往会使一本好书失去畅销的机会。全国每年出版二十多万种新书，要不被市场淹没，形式就显得十分重要。仅仅因为形式上的翻新就印量猛增的事例屡见不鲜，浙江版配图《唐诗三百首》的畅销就是一个典型的例子。有的书仅仅因为开本变化、增加新的表现方式就会从滞销变成畅销。译林出版社的《生死朗读》通过改变开本，增加有声光盘，图书的销售也大大增加。同样，书名既是内容，又是形式，好的书名能对内容画龙点睛，本身就是最好的营销。《谁动了我的奶酪》《哈佛女孩刘亦婷》《登上健康快车》，都是畅销书的典型例子。机械工业出版社的每一本书，都印有图书上架建议，化学工业出版社都印有专门标识，同类图书同种标识。这些细节的创新，都对图书的营销产生了积极的作用。

六要强化全流程的组织领导。出版社是内容生产的组织者，必须对图书结构有明确的把握，对板块有总体的设计，对需求动态有敏锐的感觉，对产品有相当精准的判断力，对生产的流程有较强的把握能力。要打通作者、编辑、制作、出版和宣传营销的各个环节，科学地整合内容生产要素，让生产力的组合在市场的变动中变动，让出版人与创新项目实现互动。要强化营销队伍和平台的建设，综合统筹，实现内容促营销、营销带内容的良性互动。"中国文库""世纪文库""话说中国"等丛书获得成功，不仅在于大投入、大制作，而且在于出版单位对资源、人力、资金的组织作用。各自为政不可能生产大规模的产品集群和板块。要加强内容的研发力量，根据市场趋势，策划新颖的选题和板块，做到人无我有，人有我新，人小我大，人好我优，时刻领先一步，占据市场最大份额。要从组织领导的保障机制入手，建立一套行之有效的创新策划机制，形成研究、指导、协调的运作机制。

内容创新是一个系统工程，我们要立足内容抓创新，同时又必须跳出内容抓创新，为内容创新提供必要的保证。具体而言，要做到以下几点。

第一要创新理念。一要改变大众出版等于亏本经营的观点。大众出版市场风险高，强烈依赖卖场渠道，平均利润小于教育出版。但是，只要大众出版真正做好了，盈利空间仍然不小。世界上规模最大、国际化程度最高的大众图书出版公司是兰登书屋，它每年在全球的销售额超过20亿美元，销售的图书在4亿册左右，而员工只有5000多人。兰登的经验是用不断的变革应对层出不穷的挑战。在国内，商务印书馆、上海世纪出版集团，都已成为运作大众图书的成功者。二要改变大众出版可有可无的观点。大众出版主要通过社会零售市场，特别是中心卖场实现销售，对公众的影响力最大。出版企业要成为品牌企业、知名企业，就要依赖口碑和公信度。企业的名气不同，对资源、商机的获有率也就不同。三要改变大众出版题材缺乏的观点，树立起做好大众出版的信心。常有编辑抱怨，选题都被做完了。其实，内容资源是海量的、取之不竭的，关键在于抢先发现、善于发现，在于有效甄别、有效选择，在于举一反三、创出新意。大众图书市场上最近涌现的学术通俗热，就其内容资源而言，可以说无数人研究过、出版过，但由于针对市场需求有了新的策划、新的呈现形式，因而产生了顶级畅销书。这样的例子不胜枚举。

第二要创新机制。一是领导机制，要成立集团大众出版领导小组，定期研究和解决与大众出版有关的重大问题，为大众出版提供组织保障。二是考核机制，对现行出版社的考核评价标准进行审视，分类设置考核评价指标，加重对大众图书的考核权重。三是驱动机制，加大对大众出版的扶持力度。集团决定设立2000万元的大众出版专项资金，对看得准、有市场、有影响的好图书、畅销书和核心板块加大资金投入。四是激励机制，要对大众出版的成功项目和组织者、编辑及营销策划人员进行重奖。特别是在分配机制上，要大胆突破，勇于尝试。

第三要创新营销。一要真正把全程营销的理念落实到内容生产的全过程，从内容资源的发现和选择开始，将营销渗透进每一个环节，直至把图书推广到读者的手中。二要加大对营销环节的投入，提高投入的有效性和针对性。三要做市场细分，研究目标群体，瞄准特定对象，在细分市场中扩大营销。四要拓宽视野寻求新市场。在研究国内图书市场营销的同时，我们还要积极地让图书"走出去"。美国总统小布什2006年发布了汉语和阿拉伯语的外语教育计划，准备投入1.14亿美元，2007年启动。我们可以在海外市场中营销我们的对外汉语教学读物，可以通过大众读物满足海外了解中国文化的市场需求，扩大市场空间，扩大营销总量。五要全面提高销售队伍素质，逐步使营销人员既了解市场又了解图书，既爱书懂书又精通经营之道。

第四要创新队伍。一要树立人才是第一资源的观念，认识到一切创新都归结于人才的创新。二要大胆破格起用人才，用其所长，不拘一格，绝不求全责备。三要事业留人、感情留人、待遇留人，建立有效的选人用人机制。四要培养引进人才，对管理、编辑、营销等各类人才都要重使用、重培养、重激励，把优秀人才送出国培训，并为他们营造干事业的良好环境，使他们成为有文化理想、有商业头脑、热爱出版、献身事业的优秀出版人。

第五要创新品牌。要结合自身实际，针对市场需求，集中力量打造支撑集团品牌的出版工程。从已有的共识看，汇集团之力，集各社之长，聚多方智慧，把"凤凰文库"打造成品牌出版工程的时机已经成熟。"凤凰文库"应该是具有文化之魂,具备凤凰特色,联结凤凰出版的过去与未来,既对过去集团版精品书做提炼汇集,又能展开未来出版的开放式构架。既有继承荟萃,更重创新力作,做到成体系、成系列、有规模、有分量、有特色、有影响。构建"凤凰文库",是集团提升大众出版、做精专业出版的重要举措,是对内容生产的一项中长期规划,对集团的内容创新和未来的品牌建设意义重大。要通过集思广益、充分论证,在年底前勾勒出"凤凰文库"的总体框架,确定先期进入的学科领域,细化选题项目,并纳入各单位明年的选题计划,统一组织实施。同时,对"凤凰大众文库"等具有品牌意义的创意,也要抓紧论证。要先议后做,边议边做,逐步完善。

四、关于创新教育出版的思考

教育出版是集团的强势板块,要依靠内容创新,使这一板块优势更强、领域更宽、总量更大,使教育出版具有更加重要的战略位置。

我们的总体目标是:(一)建立基础教育教材出版基地,确立基教领域教材出版的领先地位。(二)创建全国职业教育教材出版核心基地,确保在全国地方出版集团中位居前列。(三)全面推进中等职业教育和高职高专课程及教材建设,全面推进幼儿教育课程及课程读物建设。(四)形成高等教育教材、社会教育教材的多点高端突破。(五)实现教材与配套教辅、同步与中远距离教辅、省内与省外同步教辅、助学读物与助教读物的"四组结构体系"。

要实现上述目标,**一要坚定不移地加强教材建设**。进一步加强基础教育教材建设的主体地位,全力组织课标教材的修订,力争全部教材二次送审通过,并通过送审、并购、长期租赁等多种方式,构建学科更为完备的品种体系。要抓住职业教育教材建设的有利时机,把握《职业教育课程纲要》这个制高点,突出重点学科和主干专业,加大对职业教育教材的研发工作,建设以若干精品教材为主要支撑的立体化教材解决方案。

二要进一步加强市场开发力度。要拓展省外市场，组建凤凰教育发展有限公司，力争基础教育教材全国平均市场覆盖率达到20%，教辅销售收入年增长率不低于10%。要稳固省内市场，确保省内教材（含租型）的占有率提高5%~10%，集团教辅销售收入年增长率不低于7%。要充分做好教材出版发行招投标的应对工作，确保应标工作全面成功。要充分发挥集团维护市场的整体功能，依托发行集团，派遣专人协助各地新华书店维护教材教辅市场，形成社店联系更加紧密、信息和利益联为一体的机制。

三要加强教育出版的研发与支撑。要建设好教材服务的网络平台，通过网络实现教材培训、课件开发、资源积累等后续服务工作，为打好教材市场的持久战提供技术支撑。要以教学研究为中心，筹建教育出版研发机构，聘请一批有全国影响的课改专家和一线骨干教师，申请一批国家重点课题，进行一系列高层次的学术研究，规划、协调各出版社的研发工作，为各类教育出版提供专业支撑。要着力发展三大教育报刊群——基础教育助学类报刊群、幼儿报刊群和教育研究报刊群，为教材尤其是基础教育教材提供专业学术支撑。

四要理顺教辅出版秩序，打造结构合理的品牌教辅体系。第一，理顺系统教辅出版、发行秩序。各单位与其他社会力量在省内市场进行系统教辅方面的合作，必须坚持以下原则：坚守出版法规；不得涉及试卷、练习册性质的同步教辅；对已有合作项目，要严格控制市场规模，主导市场运作；对其他社会力量已经占有的市场，以收复为主，收编为辅，收编必须以我为主，实现利益最大化；坚决禁止对集团内部形成冲击，防止牺牲自己的核心利益，防止集团内出版社空壳化、边缘化。要研究与民营渠道的合作方式，创新经营机制，掌控市场格局。

第二，加强核心教辅建设。对于集团版核心教辅，要进行市场调研，不断修订，打造"正宗、无差错、高性价比"的品牌教辅。按照集团核心教辅规划，探索针对不同需求层次、不同区域、不同使用功能的细分市场，打造系列核心教辅。

第三，打造市场化品牌教辅和教育理论读物。要改变中远距离教辅薄弱的现状，必须加大考核力度，给予优惠政策，促进出版社的中远距离品牌教辅建设。要以"面向教材，面向教学，面向教师"为基本取向，对教育理论类教师读物进行规划，形成结构，形成系列，形成影响，形成品牌，争取三年内进入全国前列。

五、关于创新专业出版的思考

专业出版反映着人类思想创造、科学发现和技术成果，是出版内容创新的重要方面，是集团品牌的重要支撑，是集团高端竞争力的集中体现。在当今图书市场，专业出版一方面向着更高端、更前沿的方向发展，一方面向着大众化、通俗化的方向发展。世界著名科学家霍金的《时间简史》《果壳里的宇宙》畅销不衰，就是专业出版大众化的典型案例。

从市场角度看，专业出版潜力巨大。在欧美发达国家和地区，专业出版与教育出版是出版产业的两个最重要的利润点。在我国，由于市场发育程度低，专业出版没有受到应有的重视，相对较弱，但专业出版是提供专业信息的主要渠道，具有受众稳定、定价高、利润高、扩展力强的特点，随着科学技术的进步、社会分工的细化，社会各领域对专业信息的需求将会越来越大，可以预计，专业出版将成为我国出版产业中一个非常重要、极具增长潜力的领域。用前瞻的眼光看，专业出版掌握了未来市场竞争的重要内容资源，是一个国家出版业的核心竞争力。世界最大的专业图书出版公司里德-爱思唯尔集团，依靠其在专业内容上的强大实力，延伸发展多元信息服务，2005年电子信息业务收入达到33亿美元，年销售收入达到90亿美元。

我们要认清这个重要的发展趋势，深入发掘专业出版市场的潜力，以更为广阔、更为长远的战略眼光推动专业出版的发展。要以做精专业出版为取向，提高专业出版的学术档次，进一步扩大集团在专业出版领域的影响力和市场认同度。

做精专业出版，一要利用专业出版与学术创新、学科研究前沿的紧密联系，抢占内容创新的制高点。二要集中力量发展优势领域，集中力量突破，形成细分市场的品牌特色，而不盲目追求量的扩张。三要充分挖掘专业出版与大众出版融合的附加值，挖掘资源潜力，围绕学术通俗化、普及化做文章。四要建立创新型发展支撑体系，引入社会力量特别是政府的力量和资源，推动专业出版的发展。五要加强与专家学者的合作与交流，巩固和扩大一流作者队伍，培养一批适应专业出版的名编辑。六要创新营销模式，根据专业出版的特点，建立专业图书的直销渠道，培养专业的客户经理，建立专门的图书俱乐部，精选可靠的专业书店，全方位创新专业图书的营销模式。

六、强调几个问题

第一，内容创新必须坚持社会效益第一的原则，努力实现两个效益的统一。在市场经济条件下，大众出版主要被理解为商业出版，教育出版和专业出版也具有很强的商业属性。商业出版追求经济利益，符合企业利益最大化的内在要求。但作为文化企业，我们必须肩负起传承文化的社会使命，必须在市场竞争中保持文化追求，坚持文化理想，在服务社会的同时引导社会潮流，在满足需求的同时注入先进文化，在参与市场竞争的同时坚守社会责任。参与市场竞争，但不失道德操守，争取企业利润，但不唯利是图。日本出版大崩溃的原因之一，就是过分娱乐化，图书失却了文化之魂，其他媒体替代了图书，从而产生了深刻危机。因此，在内容创新过程中，对于大众、教育和专业出版的属性，不能简单化，既要看到它们的商业属性，也要把握它们的文化属性；既要遵循它们的商业逻辑，也要尊重它们的文化逻辑；既按市场规律运作，又循精神生产规律思考，从而做到两个效益、两种属性、两个逻辑、两种规律的统一。

第二，内容创新，特别是大众出版的内容创新，切忌盲目冲动，不能大干快上。大众出版风险较高，平均利润较少，十本畅销书的风光，经常掩盖着九十本书的库存和亏损。我们一方面要积极推进大众图书的策划与出版，一方面也要认真论证，审慎进入。一方面要有理想，有追求，有激情，一方面也要忌虚名，忌盲目，忌跟风。一定要把狠抓与抓实相结合，将敢于创新与控制风险同考虑。

第三，内容创新要有所为有所不为。不要全面铺开，而要扬长避短，差异发展，明确特色，突破重点，做出优势。比如江苏教育出版社，以教育出版为主，大众出版如何定位，应该思考。集团各级领导，既要有所作为，运作到位，狠抓到底，求实务实，又要注意到位不越位，抓战略，抓结构，抓板块，抓机制，抓人才，抓重大工程，抓主要环节，注意发挥集团上下两个积极性，注意调动各个单位每个环节的积极性。通常有这样的情况，领导不重视，好事办不起来，但领导重视过头，越位越时，好事却走向了反面。对此我们要注意总结，注意把握。

第四，内容创新既要把握时代脉搏，着眼未来，又要立足传统，着力现实，坚持自己的优势。一个人不知道从哪里来，就很难明了向哪里去。创新不是对过去的全盘否定，不是对传统的简单抛弃，而是在继承中与时俱进，在坚持中创新发展。一个单位也像人一样，是有生命的，有企业的精神、企业的文化、企业的战略思考。昨天我们请几位老领导开讲凤凰论坛，就是要把过去与现在联结起来，在联结中更好地思考未来，更好地开拓创新。

同志们，创新问题不是出版业特有的问题。国家需要创新，企业需要创新，每个员工都需要创新。创新需要理想和激情，需要规划和目标，需要机制和措施，更需要创新的人才和创新的实践。今天的大会，是集团推进内容创新战略的动员会和部署会。内容创新的目的，说到底就是出好书、出效益、出人才。内容创新要以人为本，要以实践为中心。在座的同志都是集团内容创新战略的实践主体，应该产生一批凤凰集团自己的、具有创新能力的出版家、管理专家和营销专家。凤凰的希望和未来在每一个人的肩上，只要我们这些人战略正确，目标明确，措施到位，勇于创新，敢于竞争，持之以恒，就一定能够不断深化内容创新战略。

3. 为加快发展提供坚强的人才支撑*

  2500多年前,有一位伟人曾发出感叹:"才难,不其然乎?"意思是说,人才难得啊!难道不是这样的吗?怎么办呢,他回答道:"赦小过,举贤才。"这就是说选拔优秀人才要看主流,不要抓住小的过错不放。他还说:"文武之政,布在方策。其人存,则其政举;其人亡,则其政息。"他的意思是,看看周文王、周武王的执政经验就可以知道,人存政举,人亡政息,国家兴亡全在人才。到了20世纪90年代初,又有一位伟人发出了同样的感叹,他说:"的确是人才难得啊……你们觉得是人才的,即使有某些弱点缺点,也要放手用。一个人才可以顶很大的事,没有人才什么事情也搞不好……我们现在不是人才多了,而是真正的人才没有很好地发现,发现了没有果断地起用。对每个人都会有不同的意见,不会完全一致。有缺点可以跟他谈清楚,要放手地用人。"他接着强调,要"尊重人才,广开进贤之路"。

  这两位伟人,一位是孔子,一位是邓小平。伟人的思路总是相通的,总是话语不多却切中要害,总是语言浅近却内涵深广。归纳起来,他们共同的想法是,选用人才是关系到国家兴衰的大事;人才难得,所以要尊重人才,广开进贤之路;人才难得,所以不能抓住小过、求全责备;人才难得,所以对弱点缺点要及时指出;人才难得,所以要很好地发现,放手地使用。两位伟人寥寥数语,点出了人才问题的关键。人才难得,难在不求全责备,难在取其所长,难在发现适时,难在任用得当。所谓人才问题,无非是认识人才的重要性,学会识别、选拔、培养

---

* 这是2006年8月22日在凤凰出版传媒集团人才工作会议上的讲话。

和任用。这样一些关键性问题，他们都涉及了，而且是那样言简意赅，那样深刻全面，那样有针对性，那样耐人寻味。

我们今天开人才工作会议，就是要明确识人、选人、用人、育人是各级领导班子第一位的政治责任，会议的主题就是研究如何及时发现人才，学会辨才选才，果断任用人才，注重培养人才，讲究量才录用，从而在全集团形成尊重人才、爱惜人才、选贤任能、人才辈出的生机勃勃的局面。

同志们，现在可以很清楚地看到，在当今世界范围内，经济、科技、文化、军事乃至综合国力的竞争，说到底是人才的竞争；在国内经济社会发展和江苏"两个率先"（率先全面建成小康社会，率先基本实现现代化）格局中，争先发展的首要因素说到底是人才；在市场经济的大背景下，企业与企业的竞争，最终的胜利说到底也取决于人才。可以说，人才决定着中华民族的兴衰，决定着江苏"两个率先"的进程，决定着凤凰集团的命运。今天的会议，说明凤凰集团对人才问题有着高度的自觉，对人才涌现寄托着殷切的希望。凤凰集团的发展，迫切需要人才；"六大战略"（企业战略、内容创新战略、市场拓展战略、数字化战略、外向合作战略、人才优化战略）的推进，热切呼唤人才；"百亿集团"的打造，亟待吸纳人才。对于人才工作，集团党委高度重视，人力资源部经过较长时间的酝酿研究，拟写了《"十一五"期间人才队伍建设规划》。这个规划在广泛征求意见、多次讨论修改的基础上已经正式下发，希望各单位和各部门认真学习贯彻。

下面，我想重点围绕集团人才工作今后做什么和怎么做讲几点意见，供各单位参考，也请同志们指正。

一、人才问题的现状

年初工作会议，我们研究了出版业的形势，年中座谈会又研究了集团的内部形势，现在，我们再来专门研究一下集团的人才状况。总体来说，集团历届党委对人才工作是高度重视的，在改善结构、起用新人、培养干部、增强素质、改革机制、完善制度等方面，都取得了明显成效。集团连续七年经济总量在全国排列第一，充分说明我们人才队伍状况总体是好的，我们领导班子的状况总体是好的，我们专业出版队伍的状况总体是好的。特别值得高兴的是，集团已经形成了一支优秀的出版人才队伍，甚至可以说，产生了一些在全国有影响的出版家。这些都是我们面向"十一五"、赢得新发展的最重要的资源和最宝贵的财富。

但是，市场竞争的环境、各大集团的动向和出版国际化的潮流，不允许我们在人才问题上有丝毫懈怠。改进人才工作，必须找准问题，聚焦问题，解剖问题。问题清楚了，思路、目标、任务、措施也就清楚了。现在我们突出的问题有四个。**一是干部结构不尽合理**。首先它表现在干部年龄偏大。集团各直属单位领导班子成员平均年龄47.27岁，总部部门中层干部平均年龄48岁，在一定程度上显得活力不够，创新不够，闯劲儿也不够。其次还表现在学历层次不高。各直属单位领导班子成员中，研究生学历占23%，本科学历占48%，大专以下学历占29%，这在一定程度上影响了视野，影响了思路，影响了发展。最后还表现在专业构成失衡，主要是经营和管理专业出身的比重偏低，这在一定程度上影响了管理水平，影响了经营能力，影响了市场攻占力。**二是流动性不够**。人才资源不能合理流动，干部力量不能有效整合。**三是新领域人才紧缺**。网络电子、新型物流、艺术品经营、金融投资、房地产等新拓展的领域人才短缺。**四是氛围环境有待优化**。在用人观念、企业文化和选人用人机制上还没有形成促进人才竞相涌现的良好条件和环境。以上这些问题，有些是随着时间推移出现的，比如年龄结构问题；有些是历史形成的，比如学历结构、专业结构问题；有些是由社会发展、科技进步引发的。这些问题放在过去的历史环境看，都不是突出问题，但放在国际、国内出版业的发展大势中看，就成了不能不高度重视的大问题。可以说，经济全球化放大了这些问题，同行间的竞争加重了这些问题，我们自身发展的追求也凸显了这些问题。归结起来，一是结构问题，二是人才资源的合理使用问题，三是新型人才问题，四是人才的培养机制和成长环境问题。

二、人才工作的基本思路

根据中央和省委的有关精神，针对人才现状与需求，今后五年，集团人才工作的**基本思路**是：坚持原则，转变观念，突出一个主题，贯穿一条主线，围绕一个重点，明确一个核心，抓住三个环节。也就是说，以为"百亿集团"选人、为"六大战略"点将为主题，以调整和优化人才结构为主线，以人才队伍能力建设为核心，以管理、专业、经营三类人才为重点，抓住人才选拔、任用、培养这三个关键环节，努力造就政治坚定、业务过硬、规模适度、结构合理、素质优良、创新进取的人才队伍，为集团全面、协调、可持续发展提供坚强的人才支持和智力保证。

今后五年，集团人才工作的**总目标**是：人才竞争力得到较大提升，人才总量、高层次人才规模在全国同行业中位居前列；人才队伍整体素质明显提高，人才队伍结构得到明显优化，人才工作机制创新取得明显进展，人才创业环境得到明显改善。到"十一五"末，人才队伍的学历结构、年龄结构、素质结构得到较大优化，经营管理、营销策划等人才紧缺岗位得到充实；直属单位领导班子成员平均年龄下降3岁，本科以上学历达到95%以上；专业技术人员中，具有研究生学历的达到25%以上，出版专业高层次中青年人才比例达到65%以上，重点培养50名左右高层次人才，力争20名左右优秀中青年人才进入国家、江苏省和总署的重点人才培养工程。

三、人才工作的原则

人才工作必须坚持正确的原则。**一要坚持党管干部、党管人才的原则**。党管人才是新形势下党管干部原则的重要发展。这个原则的要点是管导向、管规划、管政策、管机制、管考核、管使用。同时，要努力营造有利于人才脱颖而出的氛围与环境，努力做到用事业造就人才，用环境凝聚人才，用机制激励人才，用制度保障人才。**二要坚持德才兼备的原则**。就是要正确把握德与才的辩证关系，"才者，德之资也；德者，才之帅也"。既要重政治素质、道德操守，又要重知识能力、实际业绩。既要重对企业、对集团的忠诚度，又要重个性和特长。既要重廉洁守法，又要重创新活力。**三要坚持公开、平等、竞争、择优的原则**。变少数人选才为多数人荐才，变单一的伯乐相马为相马与赛马的统一，让各类人才竞相涌现，得时得位，人尽其才，才尽其用。**四要坚持注重实绩、群众公认的原则**。就是要以发展论英雄，以业绩选人才，同时要尊重群众在选用人才上的参与权，把群众信任不信任、拥护不拥护作为选人用人的重要依据。

四、人才工作的重点

人才工作的基本要求是，坚持人才资源乃第一资源的科学判断，大力推进人才强企战略。要有效盘活人才存量，有效整合人才资源，有效挖掘人才价值。那么，人才工作的重点是什么？从集团实际讲，重点就是"三支队伍""三项机制"和"三个能力"。

（一）**着力抓好"三支队伍"**。这始终是人才队伍建设的重中之重，要摆在人才队伍建设的突出位置，以此带动整个人才队伍建设。一是加强管理人才队伍建设。这支队伍包括各直属单位中层以上的所有管理干部。要努力实现队伍的"一个优化、两个提升"。一个优化就是班子结构的优化。人才工作具有动态性的特征，班子的结构也必须在动态中不断优化，以适应事业发展的需要。两个提升就是提升集体领导力，提升班子成员的个人素质。领导班子建设，重点是发挥集体领导作用，提高班子整体的领导力、创造力和执行力，成为有战斗力的集体，有创造力的集体，有凝聚力的集体。在出版业企业化过程中，班子成员要加快知识更新，既要成为出版管理的行家，又要成为经营管理的里手，加速完成从出版家到出版企业家的角色转型。二是加强经营人才队伍建设。出版单位市场主体地位的确立，使经营类人才处于市场的风口浪尖，对这支队伍的素质提出了新的要求。必须抓紧培养一批既懂得内容生产，又熟悉市场规则，有市场经济环境下的系统思考与应变能力，有较强市场运作能力的经营人才。三是加强高层次专业人才队伍建设。集团要大力实施高层次、高技能人才重点培养工程，在编辑、发行、印刷等专业领域的专业技术人员中，通过考试考核等办法，选拔一批年龄在35岁左右的人员作为重点培养对象，实行分类培训，提供必要的成才支持保障，激发他们的贡献热情和创造潜能，使之加速成长为学术、技术带头人，发挥示范带动作用。

（二）着力完善"三个机制"。机制活则队伍活。人才机制建设在人才工作中有着特殊的地位和作用。要把机制建设作为一项系统工程来抓，着力建立竞争开放、动态管理的人才工作机制，真正让一切有利于人才发展的观念充分活跃起来，让一切创业创新的人才充分涌现出来，让一切人才创造的成果充分展示出来。一是引人机制。人才的聚集能力，直接反映企业的竞争力。面对激烈的人才竞争，必须把吸引人才作为人才工作的重要环节来抓。要积极主动地参与社会人才竞争。要按照集团发展战略和市场取向，积极面向市场招揽优秀人才。对社会人才资源"不求所有，但求所用"。二是用人机制。完善用人机制，要从三方面入手：公开竞争要成为常态，群众参与要渠道畅通，组织选拔要程序完善。我们在通过竞争选拔人才方面已经做了许多尝试，积累了不少经验。要通过总结经验，形成健全的制度和机制，形成"公开、平等、竞争、择优"的导向。群众举荐是选拔人才的重要途径，要采取各种行之有效的方法，让群众参与到人才选拔工作中来。要不断完善推荐、考察、任用等组织选拔的程序和方法。三是激励机制。只有有效的人才激励机制，才能激发人才的活力。上半年，我们抓了内部机制改革，提出以分配制度改革为突破口。各单位在推进改革中有所突破，有所进展，但步子迈得还不够大，与建立人才有效激励机制的要求还有较大差距。鼓励劳动，鼓励创造，是推进分配制度改革的基本出发点。激励机制建设的目标，就是让一流的人才、一流的贡献，获得一流的报酬，充分体现知识的价值、劳动的价值和人才的价值。

（三）着力培养"三个能力"。人才培训是一项基础性工作，更是一项战略性工作。抓好培训是为了多出人才、快出人才。人才的能力建设是人才工作的核心，要着眼于促进人的全面发展，坚持政治素质与专业素养"两手抓"，促进人的素质提高、知识增长与能力提升。一要加强学习能力的培养，在提高思想道德素质、科学文化素质的基础上，突出实用性、急需类知识培训，提高人才在实践中的学习能力。二要加强实践能力的培养，提高人才将知识转化为业绩的能力。三要加强创新能力的培养，提高人才与时俱进、开拓创新的能力。2006年5月，集团与美国佩斯大学签署了合作谅解备忘录，由集团发起，与佩斯大学、南京大学共同筹建的"中美出版研究中心"也已成立，这为我们实施"走出去"战略，开展国际合作培养人才搭建了一个前沿平台。要充分利用这个平台，开展外向型人才培养项目，加速培养一批能掌握国际先进出版理念、具备跨文化沟通和国际交流活动能力的新型出版人才。推行青年编辑人员轮岗见学制度，用三年左右时间对近几年引进的年轻编辑普遍轮训一遍，分批组织编辑人员到发行、印刷等岗位见学锻炼，熟悉流程，熟悉市场，学习把握市场的新本领，拓宽人才培养渠道。这一培训形式要逐步形成制度。鼓励和支持在职人员接受硕士、博士等高层次学历教育，更新知识，提高素质。

五、正确处理五个关系

选人用人，关键是把眼睛盯在能力上，尤其要盯在未来的预期能力上。日本索尼公司早在20世纪50年代就指出，"论资排辈和学历至上使得年轻有为的商人不能施展他们的能力和抱负",总裁盛田昭夫甚至写了一本《让学历见鬼去吧》的畅销书,并烧掉了公司所有的人事档案。他以这样的过激之举来确保"能力第一"的用人方针。过去中国社会普遍受教育程度低,以学历选人有其合理性,但现在我们应提倡重学历但不唯学历,重职称但不唯职称,重年龄但不唯年龄,重资历但不唯资历。这就需要我们实事求是地对待各类人才,充分调动各类人才的积极性,发挥各类人才的实际潜能,结合集团人才状况的特点,把握、处理好"五个关系"。

一是"老"与"老青"的关系。事业的发展,要求我们大胆选拔年轻人,放手起用年轻人,但一个领导班子的结构,必须讲究老中青的合理配置,实现稳健与活力的互补,传统与创新的互补,守成与开拓的互补,经验与新知的互补,从而发挥领导班子的整体效能,使年轻人才健康成长,继往开来。当年周文王见鬻子已九十岁,便开玩笑说:唉,你老啦!鬻子答道:若使臣捕虎逐鹿,臣已老矣;坐策国事,臣尚年少。这个故事很有意思,也说明了一个道理,老同志有老同志的优势,丰富的经历和经验使他们对宏观问题更具洞察力和判断力。出版专业人才队伍具有知识积累、经验积累的特征,正确把握这一特点,充分发挥老同志的优势,十分重要。

二是专业技术与经营管理的关系。出版产业的重中之重是内容创新,而在这个产业链的其他各个环节中,科技创新也必须受到重视,这就决定了专业技术人才始终是人才工作的重点。我们既要选拔一些合适的专业人才走上领导岗位,又要鼓励绝大多数专业人才术有专攻、岗位成才,努力培养我们自己的编辑专家和出版专家,以及其他技术岗位的专门家。同时,我们要针对现在人才结构的情况,重点发现、选拔、任用经营管理人才,使我们的人才队伍、班子结构更能适应现代企业的要求,适应市场竞争的需要。

三是走台阶与搭梯子的关系。 走台阶，重实践，重经验，这是人才培养的基本途径。台阶式作为人才培养的常态，符合人才成长的一般规律。不同的台阶，可以帮助人获取不同的经验，经受不同的锻炼，增长多方面的才干。同时，也要不拘一格，为素质好、能力强、有潜力的青年干部搭梯子，重点培养，创造条件，破格提拔，大胆任用。我们要尽一切可能，让人才脱颖而出，尽显才华，切忌左看右看失去了时机，切忌求全责备失去了人才。是峻岭必有深谷，是奇才难免怪癖，关键是知其所短、用其所长，关键是取之适时、用之得当。大家都熟知汉代的霍去病，他二十岁左右就出任大将军，驰骋荒漠，威震匈奴，英名盖世。但这个人任性孤傲，不爱读书，不爱士卒，不惜粮草，毛病不少。然而，汉武帝看中了他胸有韬略、敢作敢为，破格提拔，大胆任用，把大汉的安全系在这个初生牛犊的身上。我们今天想起这个故事，仍然感慨万千。

四是相对稳定与合理流动的关系。 保持人才队伍的相对稳定，有利于谋划长远发展，保持工作的连贯性。但是，过分的稳定，一只板凳坐到底，容易导致习惯性思维，产生活力降低、冲动减弱、创新思维枯竭的危险。保持合理的人才流动，对于丰富干部的工作经历、培养干部的全局观念和战略思维大有益处。最近，中央下发了关于领导干部交流的三个法规性文件，对干部的任期和交流做了硬性规定，其基本精神对我们集团同样适用。下一步我们要专门研究出台人才交流的规定，建立人才内部交流制度，有计划地组织经营管理人员和专业技术人才的交流，促进人才在系统内的合理分布和流动。

五是干部晋升与退出机制的关系。 能上难下，能进难退，这是干部工作的一个突出问题。今后，要在完善干部选用机制的同时，重点研究、探索干部的退出机制，以保证领导班子的活力与效能。

六、人才工作的领导

人才工作的成败得失，关键在于领导。一要将之摆上全局工作的高度，摆上战略的高度。二要有长远的规划与近期的安排，使之制度化、经常化。三要坚持党管人才的原则，努力形成党委统一领导，人力资源部门牵头抓总，有关部门各司其职、密切配合的人才工作领导机制。四要认真总结经验，拓宽选人渠道，健全用人机制，创新育人途径，努力营造尊重个性、弘扬特长、平等竞争、公平公正、激励探索、提倡冒尖、鼓励合作、宽容失败的人才成长环境。五是各级领导干部要有爱才之心、惜才之情、辨才之法、选才之责，要有容才之量、用才之意、育才之思、造才之道；要求才不遗余力，荐才出于公心，衡才不拘一格，聚才一片真诚，鼓励人才立大志，支持人才干实事，帮助人才创新业。

韩国三星集团的创始人李秉哲说："我把一生80%的时间都用在育人选贤上了。当我看到我培养的人才成长起来、崭露头角、创造出优秀的业绩时，我的感谢、兴奋的心情便油然而生。世人常说，三星是人才的宝库，对我来说，没有比这更重要的了。"他甚至认为，光顾眼前利益而不顾人才的开发和培养，那是一种失策和犯罪，这样的企业好景不会太长，甚至可以说它从一开始就走向了衰败。他积数十年的经验概括出六个字："企业就是人才。"美国领袖型公司霍尼韦尔的CEO拉里·博西迪在其与人合著的《执行》一书中写道："领导者需要投入40%的时间和精力来选拔、评估和培养人才。""人才是一个组织最重要的财富，也是该组织年复一年取得进步的重要保证。他们的判断、经验和能力将在很大程度上决定一家公司的命运。""公司要学会为这些人提供适当的机会，提供指导、教育与培训。"这些国际著名大公司的经验和体会，值得我们深思，值得我们学习。谈到这里，我还要多说几句。中国古代思想家都相信德能聚才。这里所说的德，一个是谦，所谓礼贤下士，谦可聚拢人气。再一个就是诚，赤诚相见，诚实诚信，诚能凝聚人心。正如孔子所说的："诚则形，形则著，著则明，明则动，动则变，变则化。唯天下至诚为能化。"这些古代的思想智慧，同样值得我们深思，值得我们学习。

同志们，人才工作会议后，集团将组织一次竞争上岗公选活动，这是落实这次会议的一个实际步骤。对此集团将专门部署，我这里先强调几点。

第一，这次公推公选、竞争上岗，拿出来的位子不少，涉及的面也不小，涉及10个单位与7个部门，共30个职位。因此，各级各部门要高度重视，认真发动好，组织好，安排好。

第二，这次公推公选要实现"两个打通"，即集团总部与各单位纵向打通，各单位之间横向打通。因此，各单位要树立大局意识，各级干部特别是党员干部，要讲党性，讲原则，讲纪律，在坚持公平、公正、公开选人的同时，做到下级服从上级、局部服从整体、个人服从组织。

第三，在选拔干部的同时，要建立中青年干部人才库。今后，各单位领导班子和总部中层干部原则上从人才库中选拔。因此，各单位要把自己的后备和骨干积极地推荐出来。

第四，这次公推公选根据实际情况，设定了学历、年限、年龄等资格条件，但若有特别优秀的同志，经单位和部门推荐，报集团党委同意，一律放行准入。

第五，这次竞争上岗工作的基本要求是，要产生一批35岁左右的新人，要促进人才的合理流动，要改善领导班子的知识、年龄、专业结构。

总之，希望各单位积极推荐、慎重把关，希望符合条件的同志积极报名、勇敢参与。党委为积极参与者叫好，为勇于竞争者鼓掌。

同志们，胡锦涛总书记在全国人才工作会议上告诫全党："人才问题是关系党和国家事业发展的关键问题。全党同志必须从全局和战略的高度，以高度的政治责任感和历史使命感，把实施人才强国战略作为党和国家一项重大而紧迫的任务抓紧抓好。"今天我们这个会议，只是集中贯彻中央和省委精神的开始。在人才工作方面，我们还有许多新问题要研究，还有许多新课题要攻克，还有许多任务要一件一件地落实，一件一件地完成。但是我们相信，只要各级领导班子肩负使命，坚持不懈，凤凰集团就一定能够在实施"六大战略"、挺进"百亿集团"目标的征程中获得强劲的人才支撑和智力支持，就一定能够出现人才辈出的活跃局面！

4. 实施"六大战略",开辟新的征程,为实现"三化目标"而努力奋斗*

今天我们在这里隆重集会,庆祝中国出版集团公司成立十周年。十年来,集团始终坚持以邓小平理论和"三个代表"重要思想为指导,深入贯彻落实科学发展观,全面贯彻落实中央关于深化文化体制改革的重要部署,在胡锦涛等中央领导同志的亲切关怀下,在中共中央宣传部(中宣部)的直接领导和新闻出版总署、财政部、国有文化资产监督管理办公室等部门的指导帮助下,始终坚持正确导向,积极推进体制机制改革,不断提升企业综合实力,较好地完成了改革发展各项任务,为推动社会主义文化大发展大繁荣做出了应有的贡献。今天,我们站在承前启后、继往开来的重要历史节点上,认真回顾总结改革发展经验,进一步明确未来发展战略,以理性的思考和昂扬的精神开启新的历史征程,具有特殊重要的意义。

一、认真回顾十年发展历程,注意总结改革发展经验

第一,顺利实现体制转换,成功组建全国大众和专业出版实力最强、规模最大、最具影响的出版产业集团。按照中央部署,中国出版集团于2002年4月组建,成为第一批中央文化体制改革试点单位;2004年成立集团公司,全面实行"事转企"的企业化改革,管理体制实现历史性、根本性变化;2011年又正式成立股份公司,向主营业务的股份化、市场化迈出了重要一步。十年来,集团不断完善两级法人治理

---

* 这是2012年4月9日在中国出版集团公司成立十周年庆祝大会上的讲话。

结构，不断深化计划决策、经营管理、绩效考核、责任审计和资产管理等方面的机制创新，切实做好员工身份转换和权益保障等各种复杂的具体工作，促进集团内部由"物理变化"向"化学变化"转变。现在我们已经初步建立起企业化、公司化的基本体制，正在构建符合上市公司要求和文化企业特点的现代企业制度。这一基本制度的转换，已经带来了集团各项工作的重大变化，也必将更深刻地影响集团的长期发展。

第二，精品力作硕果累累，充分发挥了出版"国家队"的示范作用。集团坚持把内容生产作为立身之本，精心打造了一批代表国家最高水准的优秀出版物。十年来，集团入选国家"十五""十一五""十二五"规划及新闻出版专项规划的重点出版项目，多达600余种，其中"汉译世界名著丛书""中华现代学术名著丛书""中国大百科全书（第二版、简明版）""二十四史暨《清史稿》点校工程""辞源修订工程""中国美术全集""中国当代作曲家曲库"等国家级的标志性重大出版工程，充分展示了"国家队"的使命意识和强大实力。在历届中国出版政府奖、中华优秀出版物奖、五个一工程奖等国家级奖项中，集团累计获奖200多项，《顾颉刚全集》《故训汇纂》《中华民国史》《长征》等一大批精品图书受到表彰，获奖数量和奖项分量始终居全国出版集团首位。集团连续十年以7%的市场占有率名列全国图书零售市场第一，策划推出了一大批畅销书、常销书，其中《于丹〈论语〉心得》累计发行560万册。同时，集团在推进数字出版资源建设、承担国家重大数字出版工程等方面也走在国内出版界前列。

第三，产业规模逐步扩大，企业综合实力显著增强。从出版规模来看，十年来，集团的图书年出版总量从4663种增长到12901种，增幅176.67%；其中新书从2996种增长到6356种，增幅112.15%；重印书从1667种增长到6545种，增幅292.62%。从业务板块来看，集团已经形成了出版发行、文化产品进出口、文化艺术品经营三大主营业务，产业结构不断优化。从经济总量来看，集团的二级单位由13家增长到27家；营业收入从24.34亿元增长到59.34亿元，增幅143.80%；利润总额从1.64亿元增长到4.16亿元，增幅153.66%；资产总额从46.15亿元增长到96.29亿元，增幅108.65%；所有者权益从13.01亿元增长到36.87亿元，增幅183.40%。同时，集团各单位员工收入和福利待遇也在与企业效益同步提升，在岗员工平均年收入从4.35万元增长到8.4万元，增幅93.10%。

第四，"走出去"工作成效显著，国际传播能力不断增强。 十年来，集团的版权输出总量由72项增长到493项，增长近6倍。出版物进口由9027万美元增长到17116.16万美元，增长89.61%；出口由702万美元增长到1080.94万美元，增长53.98%。海外分支机构数量由23家调整增加到29家，初步形成了跨国、跨所有制海外出版发行网络。

第五，"三支队伍"建设稳步推进，人才工作水平不断提高。 在实践中逐步确立了抓好管理人才、经营人才、专业技术人才"三支队伍"的工作思路和管理办法，建立了集团第一批人才梯队，各类人才数量和质量大幅度提升。目前由集团直接管理的各单位高级管理人员由最初的64人增长到112人；各单位经营管理人才1900多人，专业技术人才2700多人；特别是高端人才在业内占有明显优势，在"新中国60年百名优秀出版人物""中国百名优秀出版企业家""韬奋出版奖""全国宣传文化系统'四个一批'人才""全国新闻出版行业领军人才"等国家级人才评选中，集团入选人数均居于行业首位。新员工考试录用和培训工作取得可喜成果，十年间共举办培训班20次，参训1200多人次，全集团具有研究生以上学历的员工由不足200人增长到近千人。

第六，企业文化建设蓬勃开展，基层组织的凝聚力战斗力进一步增强。 集团精心组织了学习实践科学发展观、创先争优、建设学习型组织、"走转改"等主题实践活动；积极参与抗震救灾，承办国家大型活动，在履行社会责任等方面做出了表率。此外，还紧紧围绕解放思想、深化改革、固本求新、弘文致远等主题开展企业文化活动，在全集团中树立强烈的改革意识、竞争意识和使命意识；不断健全各级群团组织，加强职工思想政治工作，积极开展精神文明创建和群众性文化活动，突出文化企业的文化特色，营造团结奋斗、稳定和谐的良好氛围。

总之，经过十年的发展，集团在体制改革和现代企业制度建设上实现了新跨越，在文化创造和文化导向上做出了新贡献，在产业规模和综合实力上实现了新发展，在经营管理和内部建设上开创了新局面。我们在艰苦奋斗、探索开拓的进程中，积累了一些基本经验：**一是**要始终坚持正确的出版导向，切实担负起弘扬核心价值体系、维护国家文化安全、履行社会责任等一系列"国家队"使命。**二是**要始终坚持优秀的文化传统和高尚的文化品位，把服务大局与服务读者统一起来，不断为社会奉献两个效益俱佳的精神文化产品。**三是**要始终坚持以改革创新为动力，坚定不移地推进体制改革和机制创新，大胆探索，勇于实践，不断实现文化生产力的新解放、新发展。**四是**要始终坚持走集团化发展道路，不断壮大资产规模，提升综合实力，扩大竞争优势，推动企业做强做大。**五是**要始终坚持科学管理，遵循文化产业发展规律和现代企业管理特点，不断提高经营决策和管理考核的规范化、科学化水平。**六是**要始终坚持以人为本，把人才资源作为企业发展的第一资源，把干部队伍作为改革发展的骨干力量，把广大员工作为文化创新的智慧源泉。这六条经验，继承了集团品牌单位的优良传统，体现了集团十年来的实践探索，反映了文化企业发展的本质规律，我们一定要长期坚持、大力发扬，并在实践中不断丰富和发展。

同志们，十年的成就来之不易，积累的经验弥足珍贵。这些成就和经验的取得，是各级领导部门高度重视、支持帮助的结果，是集团几届、各级领导班子和广大干部员工团结奋斗、真抓实干的结果。在此，我代表集团领导班子，向获得"编辑名家"和"十佳"称号的各位同志表示热烈祝贺！向关心支持集团改革发展的领导部门和社会各界表示衷心感谢！向为集团改革发展付出辛勤劳动、做出突出贡献的广大干部员工致以崇高敬意！

二、深入贯彻落实中央精神，精心组织实施发展战略

中国出版集团有着悠久的历史渊源和光荣的文化传统，我们的出版源头在1897年，经营活动更是发端于300多年前，我们的历史厚度、文化积累和品牌影响力有着明显的优势。党和国家对集团高度重视，前不久，在中华书局成立100周年之际，胡锦涛总书记特致贺信，温家宝总理题词祝贺，多位中央领导同志也向集团及中华书局提出了改革发展的更高要求。这是对中华书局，也是对我们整个集团长期以来所做贡献的充分肯定，是对集团上下全体干部员工的巨大激励和鼓舞，更是一种鞭策和期待。在未来十年里，我们要认真学习贯彻中央精神，坚持做到"三个力争"。

一是力争推出更多代表国家最高水准的优秀出版物。要按照胡锦涛总书记贺信要求，牢记使命，把握根本，不断推出更多反映国家意志和时代精神，思想性、知识性、可读性相统一的代表国家最高水准的优秀出版物，为人民做出版，为社会出好书。**二是力争做到"四个示范"。**要按照中央领导同志提出的要求，在坚持先进文化前进方向上做示范，在推进体制机制创新上做示范，在推进文化与科技融合上做示范，在推动中华文化"走出去"上做示范，当好文化出版业的"排头兵"和"主力军"。**三是力争实现"五点希望"。**要认真落实中央领导同志提出的五点希望，继承和弘扬中华民族优秀文化传统，积极推进社会主义核心价值体系建设，坚持以人民为中心的出版导向，大力推进体制机制改革创新，进一步深入开展"走转改"活动。我们一定要学习贯彻中央精神，认真落实集团改革发展的战略措施，抓住机遇，乘势而上，解放思想，锐意创新，做强做大，走向世界，以更加强烈的责任感和紧迫感做好集团各项工作。

在今年（2012年）召开的集团年度工作会议上，集团领导班子在过去发展和思考的基础上提出了"六大战略"。这是我们贯彻落实党的十七届六中全会精神的实际举措，是贯彻落实胡锦涛总书记及中央领导同志指示精神的有力抓手，也是指导集团科学发展，实现"现代化、大型化、国际化"发展目标的路径选择。战略问题对我们未来十年的发展至关重要。战略是全局性和长期性的思考，是关于主要矛盾和矛盾主要方面的思考，是关于企业使命、主要优势、潜在优势和自身局限的思考，也是关于发展空间、发展方向和发展动力的思考。战略不仅带有全局性和长期性，还应具有前瞻性和指导性，具有动作性和可操作性。有了战略就有了方向，就抓住了关键，抓住了要点，但没有战术动作性和可操作性的措施，必然会成为一纸空文。我们要的战略不是书本的战略，而是实践的战略，战略的立足点是时代环境与自身实际，战略的要害是抓重中之重，战略的生命在于动作的支撑。因此，当我们明确"六大战略"以后，着力点要始终放在战略的动作性、战术性和具体的落实举措上。

第一，关于内容创新战略。内容创新是我们的企业使命，也是我们的核心竞争力。形式上我们是在做图书，而本质上我们是在做内容。内容选择、内容生产、内容创新、内容提供，是出版产业区别于其他产业的本质所在；不断向社会大众提供优质内容产品，是我们出版"国家队"的使命和价值所在。集团的主要生产经营活动都要围绕这个根本，努力建设出版高地，构筑内容高峰。**一是**抓好以社会主义核心价值体系为中心的重大出版工程，推出更多代表国家最高水准的优秀出版物。**二是**抓好集团图书产品线建设，不断优化出版结构，努力实现一级产品线全部名列全国前三名。**三是**抓好原创精品基地，通过建立优秀作者出版基金和作者资源数据库，长期扶植一批全国一流作者，聚拢一批一流原创作品。**四是**抓好骨干编辑队伍，培养一批视野开阔、反应敏锐、策划运作能力强的名编辑。**五是**抓好产品运营机制创新，大力推行事业部制和二级独立核算制，进一步激发创新活力。**六是**统筹内容资源，促进图书与报刊、传统出版与数字出版之间的互动。

第二，关于品牌经营战略。品牌是集团发展的独特优势，也是谋求差异化竞争的主要方略。我们拥有的优秀文化品牌，是我们全部历史资源、文化资源、出版资源、经营资源、社会资源和人才资源的集合体。进一步经营品牌，是最有效率的优势发挥，也是最有效益的无形资产投入。**一是**品牌激活，即以公众阅读为切入点，多版本、多角度、多形态地盘活品牌资源，变资源的历史存量为现实的经营增量。**二是**品牌创新，不断优化品牌企业的产品结构，实现高、精、尖产品与大众化、普及化产品的有机结合。**三是**品牌连锁，以品牌单位为核心，开展跨地区、跨媒体、跨所有制和跨国经营。**四是**品牌兼并，以品牌企业为龙头，整合同类资源和渠道，以品牌影响力带动产业规模扩张。**五是**品牌营销，充分发挥品牌在市场竞争中的作用。**六是**在做响一批"老字号""国字头""人字牌"的基础上，做大中国出版集团公司这个整体品牌。

第三，关于集团化战略。集团化是集团发展的主要动力，是形成整体竞争力的资源和要素组织的重要方式。集团化的本质是整合，而整合的本质则是改革。没有改革就没有整合，就没有持续发展的动力，也谈不上集团的凝聚力和整体竞争力。我们要始终保持改革创新的精神状态，加大力度，加快进度，坚定不移地推进集团化进程。**一是**深化体制改革，稳步推进企业化进程，建立符合文化企业特点的现代企业制度。**二是**推进机制创新，进一步完善企业的决策机制、用人机制、营销机制、投资机制、分配激励机制、财务管控机制。**三是**稳步推进以资金、资源、资产、业务为主的内部整合，把生产要素整合到强势生产力上，把出版资源整合到专业优势上。**四是**推进各公司的专业化发展，进一步提升专业化竞争优势，强化专业领域特别是主业的核心竞争力。**五是**稳步推进规模化发展，谋求产业链整体竞争和产业生态圈竞争的新优势，谋求集团公司适度多元、规模扩张的新突破。**六是**建立和健全集团化的管控模式，做强集团总部，做实上市公司，做活各子公司、分公司，形成既放到位，又管到位，既有分散的独立性、灵活性和竞争性，又有集中管控的资源整合能力、整体发展合力和风险防控能力的局面。

　　第四，关于数字化战略。数字化是集团未来竞争的制高点，也是当下实现出版业态创新的主要突破口。数字出版正在对传统出版形成巨大冲击，也正在成为产业资金和产业资源的新的集聚方向。我们必须直面挑战，顺应潮流，抢占先机，掌握未来发展的主动权。**一是**研究制定集团数字化工作的中长期发展规划，理清思路，找准方向，明确重点，谋求突破。**二是**加强集团办公、财务、出版三大信息管理平台建设，实现办公、出版、发行、进出口及财务等业务的全面数字化管理。**三是**加强数字出版资源总库、《中国大百科全书（第三版）》网络版、大佳网这三项重点建设，加强对出版资源的统一整理和加工，推进专业平台和网站集群建设。**四是**加强数字出版产品、数字服务产品、数字科技产品这三类产品开发，做好"中华字库""国家数字复合出版系统工程""电子书内容标准"等国家工程。**五是**提升门户媒介的宣传能力，开发多种形式的数字投送传播渠道，探索有效的商业运营模式和盈利模式。**六是**以数字化平台和数据库方式逐步实现中国图书进出口（集团）总公司（以下简称"中图"）进出口业务的数字化转型。

　　第五，关于国际化战略。国际化是集团作为"国家队"的历史责任，也是出版产业逐步发展扩张的必然走向。基于我们对未来国际出版交流趋势的总体判断，基于我们对扩大中华文化影响力所负的特殊责任，积极而稳健地实施国际化发展战略，势在必行。**一是**加强外向型产品线建设和版权输出能力，打造更多具有国际影响力的图书产品，扩大版权输出数量，提高版权输出质量。**二是**加大和海外知名出版机构合作出版的力度，根据不同地区、不同文化圈的特点，策划更多的合作出版项目。**三是**提高外向型图书和外文版图书的国际市场适应能力，进一步加强实物出口的渠道建设，特别是加强借助国际网络渠道将内容产品推向海外市场的能力，逐步使集团的出版物进入国际主流社会。**四是**提高国际会展的策划能力和承办水平，做强集团在国际会展和翻译业务等领域的特色优势，形成新的品牌和经济增长点。**五是**推进海外机构股份化改造和本土化运营，探索兼并重组、资本合作等海外投资路径。**六是**加强组织和领导工作，建立既发挥单兵作战又强化统筹运作的"走出去"工作机制，努力构建具有国际化视野、熟悉国际惯例、知晓海外需求、具有境外运作能力的国际化人才队伍。

第六，关于人才强企战略。人才强企是集团的核心战略，也是基础性战略。企业的一切问题、一切战略的根本在人，出版企业具有极强的创意特征，从这个角度讲，人才强企也可以说是第一战略。人才是企业的第一资源，是在战略方向确定之后，决定企业兴衰成败的关键所在。做好人才工作，是集团当前的头等大事。**一是**加强人才培养机制，办好各类培训，重视岗位培训、平台培训和实践锻炼。**二是**创新人才选用机制，大力推行竞争性选拔方式，组织开展全集团范围内的竞争上岗。加强各级领导班子建设，加大中青年人才选拔力度，充实管理、专业、经营等各类人才后备力量。**三是**逐步形成人才交流机制，加大人才交流力度，在全集团范围内有计划、有步骤、有秩序地推动人才交流轮岗制度。**四是**创新人才评价机制，坚持以德为先、德才兼备的用人原则，强化重实际业绩和群众公认的评价导向，逐步建立符合实际、合理有效的人才评价指标体系。**五是**完善人才激励机制，逐步健全薪酬分配制度和各种激励机制，对做出突出贡献的优秀人才给予重奖。**六是**健全人才引进机制，通过公开招聘等多种方式，引进支撑数字化、国际化、产业化发展的各种专业人才。

同志们，"六大战略"是我们对党的十七届六中全会和中央领导同志一系列重要指示精神的学习心得，对当前经济社会发展形势和国内出版业状况的综合判断，对集团改革发展的历史经验和现实状况研究思考的集中概括，因而是我们当前和今后一个时期做好集团各方面工作的行动纲领。我们一定要深入贯彻落实党的十七届六中全会精神，始终牢记"国家队"使命和科学发展第一要务，始终把握我们的战略定位、战略目标和主体战略思路，始终保持改革创新、奋发有为、扎实进取、勤勉务实的精神状态和工作作风，在推进"三化目标"，推进社会主义文化大发展大繁荣的新征程中创造新业绩，做出新贡献，谱写中国出版集团公司改革发展的新篇章！

5. 大力实施人才强企战略，为实现"三化目标"提供坚强的人才动力 *

胡锦涛总书记在全国人才工作会议上告诫全党："人才问题是关系党和国家事业发展的关键问题。全党同志必须从全局和战略的高度，以高度的政治责任感和历史使命感，把实施人才强国战略作为党和国家一项重大而紧迫的任务抓紧抓好。"今天，我们隆重表彰了 16 位"编辑名家"和 40 名"十佳人才"，他们是集团首批大规模表彰的优秀人才，是集团各类优秀人才的突出代表。十年来，正是在以他们为代表的全体干部职工的不懈努力下，中国出版集团不断取得新的业绩和新的发展。今天的大会是集团面向新十年的一个重要会议，意味着我们在各项工作中要抓住人才工作这个根本，意味着要把人才工作放在更加重要的战略位置，目的是进一步明确各级领导班子识人、选人、用人、育人的重大责任，主题是进一步研究如何及时发现人才，学会辨才选才，果断任用人才，注重培养人才，善于衡才不拘，讲究量才录用，从而在全集团形成尊重人才、爱惜人才、选贤任能、人才辈出的生机勃勃的局面。

今天的会议，说明中国出版集团对人才问题有着高度的自觉，对人才涌现寄托着殷切的希望。中国出版集团的发展，迫切需要人才；"六大战略"的推进，热切呼唤人才；"三化"目标的实现，亟待吸纳人才。集团对此十分重视，多次召开总裁办公会、党组会、座谈会，分析现状，听取建议，反复研究，经过较长时间的酝酿，起草了《中国出版集团公司中长期人才发展规划纲要（2012—2020）》，今天会议印发了征求意

---

* 这是 2012 年 4 月 9 日在中国出版集团公司人才强企战略大会上的讲话。

见稿，希望各部门各单位结合实际，认真研究，提出修改意见，待成熟后，正式发布。

下面我讲几点不太成熟的意见，供大家研究参考。

一、人才工作十分重要

我们党从成立起就十分重视培养和聚集人才，努力把中国社会中最先进的分子聚集在党的旗帜下。毛泽东同志曾明确指出："世间一切事物中，人是第一个可宝贵的。"党的十一届三中全会以后，我们党在解放思想、理论创新的进程中，逐步形成了人才强国的发展战略。邓小平同志提出了尊重知识、尊重人才，科学技术是第一生产力，必须打破常规去发现选拔人才、大胆使用人才等重要思想。十三届四中全会后，江泽民同志提出人才资源是第一资源，尊重劳动、尊重知识、尊重人才、尊重创造，实施科教兴国战略关键在人才等重要思想。十六大以来，以胡锦涛同志为总书记的党中央，提出了实施人才强国战略，以及人才优先发展、建设创新型人才队伍、人人可以成才等重要思想，形成了促进科学发展的新人才观。

科学人才观，是科学发展观在人才工作中的集中体现和具体运用，其中包括十个重要观点。第一，人才是最活跃的先进生产力。第二，人才是科学发展第一资源。第三，人才工作要为经济社会发展中心任务服务。第四，人才优先发展是科学发展的有效路径。第五，树立人人皆可成才的社会理念。第六，以用为本是人才发展的重要方针。第七，人才投资是效益最大的投资。第八，高端引领是人才队伍建设的战略重点。第九，遵循系统培养的人才开发规律。第十，坚持把改革创新作为人才发展的根本动力。学习这些重要的观点十分有意义，会议印发了有关材料，请同志们结合实际，认真学习。

二、人才工作的原则与着力点

人才工作的原则有：一是坚持党管干部，党管人才；二是坚持以德为先，德才兼备；三是坚持公开、平等、竞争、择优；四是坚持注重实绩、注重实践、群众公认。

认真分析人才工作现状，找准着力点，是我们做好人才工作的前提。十年来，集团各级领导班子都十分重视人才工作，培养和任用了一大批优秀人才，总体上满足和支持了集团的整体发展，人才队伍也呈现出兴旺喜人的局面：一是拥有一批杰出的出版家、编辑家，形成了有利于人才成长的职场环境和人文环境。二是各级领导班子总体上坚强有力，业绩突出，行业领先。三是各级领导重视人才工作，在职培训规模不断扩大，人才梯队建设取得成效。四是编辑出版、艺术品经营、图书进出口和翻译等专业领域人才济济，全国一流。总体上形成了各类专业人才高度集中、行业领军人十分突出的两大人才优势，整体实力代表了国家出版业的最高水准。

但是，随着企业化、市场化、产业化、数字化、资本化和国际化的不断发展，人才工作提出了新的要求和新的任务。总体来看，存在两个主要问题：一是人才工作的机制问题。主要表现为改革力度不够，在集团内尚未形成广泛的、成熟的、公开竞争的干部选拔任用机制，尚未形成上下合力、分工明确、科学有效的人才培养和引进机制，尚未形成符合集团实际、体现出版特点、满足人才需求的评价和激励机制，尚未形成上下左右、纵向横向、有计划有安排的人才交流机制。人才队伍的潜能有待进一步释放。二是人才队伍结构问题。主要表现为领导班子成员年龄整体偏大，集团管理和参与管理的112名领导干部平均年龄达到52.3岁，40岁以下的只有2人。同时，人才队伍专业结构不尽合理，数字化、国际化、创新型和经营管理型人才一时还难以满足产业发展需要。要解决这些问题，就必须从机制入手，按照干部管理权限，积极稳妥地探索新的人才机制，让人才工作在有效的机制中运行，让机制成为选才用人的可靠保障。

（一）创新人才培养机制

要健全符合产业发展需要的分层分类的培训机制，办好领导干部、后备干部、专业人才和新进员工四种主体班次和各类专题培训；要完善有计划、有要求的岗位锻炼机制，使人才在岗位平台上逐步成长；要建立面向不同岗位的首席领军机制，推广首席编辑、首席策划、首席营销、首席技师等职位设置办法；要总结推广导师培养机制，加强导师对人才的业务指导和人生引导，帮助人才合理设计职业发展规划。

（二）创新人才选用机制

要重点把好民主推荐、公开竞聘、组织考察、合理任用这四个关键环节。民主推荐是选拔任用干部的必经程序，民意十分重要，是选用干部的重要尺度。公开竞聘的要点，一是透明，二是竞争，它们是干部选用机制改革的重要措施。组织考察是要在民主推荐和公开竞聘的基础上，对人选进行深入的考察了解，形成对人才的全面客观评价。合理任用是要在对人才特点和岗位需求进行深入研究的基础上，把好人才与岗位的匹配关，力求用当其时，用当其位，人尽其才。这次会议后，将要开展公开选拔后备干部工作，采取公开竞聘的方式，选拔一批以45岁以下人才为主体、45岁以上和35岁以下人才有一定数量的后备干部，通过一段时间的努力，逐步建立集团百人后备干部库。各部门各单位领导班子要高度重视这项工作，"一把手"要亲自抓，切实做好组织动员工作。

（三）创新人才评价机制

要建立以岗位职责要求为基础，以品德、能力和实绩为导向，体现出版业特点，符合集团实际的人才评价机制。坚持分类分层评价，靠实践和贡献评价人才。不断完善以三年任期目标为依据，以"双效"业绩为核心的领导班子考核评价办法。逐步建立以营销业绩为主要指标的经营人才评价机制。探索建立以业内认可度和社会影响力为主要标准的专业技术人才评价机制。

（四）创新人才交流机制

逐步探索实行有计划、有目的的人才交流机制，在全集团范围内推动人才交流轮岗，形成上下左右贯通的、科学合理的人才交流格局。要推动各单位领导干部的合理交流，不断优化各单位的领导班子结构，推动干部多平台锻炼，激发干部的工作热情，开阔干部的视野和心胸，通过丰富的经历和经验提高干部的领导能力和管理水平。各单位要积极推进内部人才的合理流动，让人才得到多岗位锻炼，有计划地培养复合型人才。

（五）创新人才激励机制

要根据管理、经营和专业技术三类人才的岗位特点、心理预期和工作业绩，建立并健全体现人才价值、有利于激发活力的收入分配机制，探索制定知识、管理、技能等生产要素按贡献参与分配的办法。要重视精神激励，统一规划制定集团的各项荣誉制度，表彰在集团发展中做出杰出贡献的人才。要重视给人才机遇和平台，为人才创新创业提供条件。要完善人才保障机制，解决好人才创新创业的后顾之忧。

（六）创新人才引进机制

要不断改进和完善人才引进机制。建立统一的高层次人才信息库和人才需求发布平台。要利用猎头公司等社会专业机构，采用项目合作、协议工资等办法，引进国际化、数字化发展所急需的人才。要注意把握引进人才的特殊性，对于急需的人才，既要考察德才表现，又要分析其个人特点和企业文化的相融性，要引得进，留得住，发挥好，避免"水土不服"。

三、人才工作的着眼点

人才工作的指导思想是为"六大战略"点将、为"三化"目标选才，着力点是创新六个机制，着眼点是建设三支队伍。总的要求是建设一支政治坚定、业务过硬、素质优良、数量充足、结构合理的人才队伍。

一是加强管理人才队伍建设，包括：以各部门各单位领导班子为主体的高级管理人才建设，以各部门各单位中层干部为主体的中级管理人才建设，以承担具体管理业务的基层管理者为主体的初级管理人才建设。管理人才队伍建设要以提高管理水平和领导能力为核心，不断优化队伍结构，以适应事业发展的需要。领导班子建设是管理人才队伍建设的最重要内容。要把有公心、大胆管理、想做事、能做事、能成事的干部选拔配备到领导岗位上。加大竞争上岗的力度，鼓励中青年干部脱颖而出。要坚持以德为先，不断增强领导班子的社会责任感、文化使命感和对企业的忠诚度。要改进领导班子考核工作，加强领导班子建设。针对群众反映的突出问题，要及时了解实情，通过诫勉谈话和批评教育妥善解决。

二是加强经营人才队伍建设。要以提高经营水平和市场营销能力为核心，重点培养图书经营、出版物进出口、艺术品经营、品牌经营等四个方面的经营人才。要加强对经营人才的岗位培训和实践锻炼，让他们在市场中不断成长，加快推进经营人才的市场化、专业化和国际化，培养一批既懂得内容生产，又熟悉市场规则，有较强市场运作能力的经营人才。

三是加强专业技术人才队伍建设。要以提高专业水平和创新能力为核心，重点培养编辑出版、翻译、艺术品经营和图书进出口类型的专业技术人才。要实行分类培训，提供必要的成才支持保障，激发专业技术人才的贡献热情和创造潜能，使之加速成长为学术、技术带头人。

此外，要大力开发急需人才。一是以提高数字化内容生产能力和数字化渠道传播能力为核心，培养引进数字化人才；二是以提高国际竞争力和国际传播能力为核心，培养引进国际化人才；三是以提高选题创意能力和产品创新能力为核心，培养引进出版内容创新人才和高水平创新团队。

未来几年，要扎实推进六项重大人才工程：一是领导干部素质提升工程，二是后备干部百人培养工程，三是出版创意人才激励工程，四是特殊人才引进工程，五是教育培训千人工程，六是人才信息化管理工程。

我们要保持并弘扬这样的传统——集团公司的兴旺，不仅依靠管理人才一支队伍的兴旺，也依靠经营人才队伍和专业技术人才队伍的共同兴旺。总的目标是把三支队伍建设成为业绩优异、堪称行业一流的中国出版业的人才高地。

四、人才工作的两个突出问题

一是发挥老同志作用的问题。我在很多场合都强调过一个班子的结构，必须讲究老中青的合理配置。老同志有老同志的优势，经历和经验，使他们对宏观问题更具洞察力和判断力。出版专业人才队伍具有知识积累、经验积累的个性特征，正确把握好这一特点，充分发挥老同志的优势，十分重要。这里就不展开了。

二是大胆起用年轻人的问题。走台阶，重实践、重经验，是人才培养的基本途径。台阶式作为一种人才培养的常态，符合人才成长的一般规律。不同的台阶，可以帮助人获取不同的经验，经受不同的锻炼，增长多方面的才干。同时，也要不拘一格，为素质好、能力强、有潜力的青年干部搭梯子，重点培养，创造条件，破格提拔，大胆使用。我们要尽一切可能，让人才处于生命活力的旺盛期脱颖而出，让人才正值创造力高峰尽显才华，切忌七磨八磨失去了棱角，切忌左看右看失去了时机，切忌求全责备失去了人才。是峻岭必有深谷，是奇才难免怪癖，关键是知其所短、用其所长，关键是取之适时、用之得当。大家都熟知汉代的霍去病，他二十岁左右就出任大将军，驰骋荒漠，威震匈奴，英名盖世。但这个人任性孤傲，不爱读书，不爱士卒，不惜粮草，毛病不少。然而，汉武帝看中了他少年老成、勇气十足、胸有韬略、敢作敢为，毅然破格提拔、大胆使用，把大汉的安全系在这个初生牛犊的剑上。我们今天想起这个故事，仍然感慨万千、回味无穷。

五、人才工作的关键

加强领导，是做好人才工作的关键。**一是**从全局和战略的高度深刻认识人才工作的重要性和迫切性，把人才工作作为各项工作的重中之重，列入重要议程。**二是**做好人才工作的中长期安排，建立人才工作长效机制，集团总部要抓好人才发展规划的统筹协调、宏观指导和总体部署工作，各单位要结合实际抓好各自人才发展规划的制定和组织实施工作。**三是**坚持党管人才原则，各单位领导班子要形成统一领导，健全科学决策和沟通协调机制，人力资源部门要做好综合协调工作和基础性建设，确保各项任务落到实处。**四是**及时总结经验，加强交流，要定期召开人才工作会议，推动人才工作顺利开展。**五是**加大人才工作投入力度，围绕重大人才政策和人才工程，按照一定比例逐年增加各项人才经费，为人才工作提供经费保障。**六是**创造人才成长环境，形成尊重人才、见贤思齐的舆论环境，鼓励创新、容许失误的工作环境，待遇适当、无后顾之忧的生活环境，公开平等、竞争择优的制度环境，营造有利于人才创新创业的良好环境。

同志们，人才资源是我们集团的第一资源，人才强企是我们"六大战略"的核心战略，人才状况决定着中国出版集团的未来发展。各级领导干部，特别是主要领导，要始终怀有尊重人才、珍惜人才的事业感，始终怀有培养人才、造就人才的责任感，始终怀有辨才识才、广纳人才的紧迫感，始终怀有不拘一格、用好人才的使命感，为集团未来十年的持续发展，优先在人才问题上谋篇布局，优先在队伍建设上打好基础，为打造现代化、大型化、国际化的出版传媒集团提供坚强的人才支撑。

6. 把我们的品牌做得更响、更强、更优 *

党的十八大以来，习近平总书记就宣传思想文化工作做出了一系列重要讲话和重要批示，中央领导同志也就学习贯彻习总书记讲话精神多次开会部署，提出明确要求。其中，关于把握正确导向和舆论工作的主动权、关于以人民为中心的工作导向、关于培育和践行社会主义核心价值观、关于深化文化体制改革、关于推动传统媒体和新兴媒体融合、关于增强国家文化软实力、关于弘扬优秀传统文化、关于推进国际传播能力建设等的重要讲话，既为全国宣传思想文化工作指明了方向，也为我们集团工作提供了目标。集团总裁办公会、党组理论学习中心组、各单位领导班子和相关培训活动，在前一段时间都进行了专门传达，展开了专题学习。学习好、贯彻好习总书记的系列讲话和中央的战略部署，既是我们当前的首要政治任务，也是长期的工作要求。学习贯彻的关键，一是吃透精神实质，二是将其转化为工作的思想指导，三是将其落实为企业发展的具体举措。今天我们召开品牌经营战略推进会，既是进一步贯彻中央各项重大部署的具体举措，也是落实中央领导同志关于"建设国际著名出版集团"和"在全国出版界成为一个标兵"等重要指示的具体举措。

今年以来，我们连续第六年入选"全国文化企业30强"，排名逐步上升；连续第二年入选"全球出版业50强"，并由第22位上升至第14位，位居国内出版企业之首；首次入选"亚洲品牌500强"，位居第396名，是唯一入选的国内出版企业；首次入选"2014中国经济最具发展

---

* 这是2014年11月28日在中国出版集团公司品牌经营战略推进会上的讲话。

潜力企业"，位居年度入选企业之首，也是唯一入选的文化企业。这些评选，既是对我们历史积淀的褒奖，对大家现时工作的肯定，又是对我们的鞭策与期望，让我们再一次感受心中的压力和肩上的责任。静下心来想，品牌建设既是历史传承给我们的责任，也是现实发展的使命。对此，我们每个领导干部都应该有深刻的认识和高度的自觉。

在今年4月9日的品牌经营动员会上，我们分析了品牌经营战略对于集团的特殊意义，明确了集团品牌建设的**中心话题**，即"**做响品牌产品，做强品牌企业，做优品牌技术和服务**"；明确了**关键抓手，即推进品牌与品质、内容、科技、市场、资本的"五个融合"**。当时只点了个题，提出了设想。在随后半年多的时间内，围绕这一基本思路，我们调研了集团内外11家企业，总结了经验，分析了案例，举办了品牌经营专题论坛，成立了品牌推进工作小组，制定了品牌经营战略规划、宣传方案、营销方案以及政策性支持措施，也遴选了集团第一批品牌名录。可以说，通过学习外部的品牌经验和内部的扎实工作，我们进一步增强了全集团的品牌经营意识和品牌发展理念，进一步理清了全集团的品牌建设思路和品牌工作措施。

今天会议要重点研究的是：**开展品牌建设的宗旨目标是什么？抓住中心话题的具体举措是什么？**

在2013年集团工作报告中，我们提出中国出版集团的特色发展道路，是内容生产和营销更加专业化、更加企业化、更加品牌化，从而有效规模化，更快数字化，逐步国际化，进而实现"三化目标"。据此，我们品牌建设的**基本宗旨**是，坚持走集团特色发展道路，咬住出版主业，抓住我们在产品、企业、技术和服务方面的品牌优势，不断增强专业化生产能力和内容创新能力，不断增强出版主业的核心优势和主导地位，努力建设国际著名出版集团。这既是"六大战略"的核心指向，也是集团特色发展道路在品牌经营层面的具体体现。

这一宗旨，决定了我们进行品牌建设的**主要目标**是，努力传承，继续打造出版品牌集群，提升集团在"全国文化企业30强""全球出版业50强""亚洲品牌500强"等品牌排行榜中的位次，努力成为导向管理的模范、文化繁荣的主力、改革创新的骨干、转型融合的标兵、国际拓展的先锋，为实现"出版中国梦"、增强国家文化软实力贡献独特力量。

要实现上述宗旨和目标，必须抓住**"做响品牌产品，做强品牌企业，做优品牌技术和服务"**这个中心话题。品牌工作既有独立性和特殊性，又有综合性和系统性，有阶段性的特点，有整体性的重点，有战略性的切入点。对我们集团来说，抓住中心话题的基本思路是：贯通"六大战略"，推进"五个融合"，在战略中凸显品牌引领，在融合中把品牌工作做实、做深、做开，从而使我们的品牌更响、更强、更优。

一、推进品牌与品质的融合，加强出版管理，增强品牌的导向引领能力

品质是品牌立身之本，是品牌竞争之道，也是品牌建设之要。我们要以思想建设为前提，以管理制度为载体，通过品牌与正确导向和优秀质量的融合，不断提升内容产品的品质和企业建设的品质。主要途径有两条。

一是加强导向管理，彰显品牌之魂。要坚持各单位一把手是导向管理的第一责任人，总编辑是直接责任人，做到守土有责、守土尽责。要建立并坚持总裁办公会专议导向制度，建立各单位专议导向的工作机制，集中学习中央和中宣部、新闻出版总局有关加强导向把关的文件、指示，分析出版动向、思想倾向，研究加强思想政治建设的重要举措，认真履行政治把关职责。要落实《关于集团进一步加强导向管理的若干意见》，严格执行导向管理的领导、引导、预警、合作、三审、送审、审读、培训、应急、奖励、问责、监管等十二项机制，确保出版导向正确。要落实《关于集团加强合作出版的若干意见》，坚持"以我为主，合作互利，共同发展"的合作原则，严格履行选题论证、审批、备案、报批程序，加强选题质量、档案、财务、组织管理，重点把好终审关、

印制关、经济关，防止品牌泛化，杜绝体外循环，增强廉洁自律，确保合作有效。要加快建立中图数字内容审查平台，强化进口内容审查、国际会展管理，严格执行"八步审查法"，确保国家文化安全。

二是加强质量管理，彰显品牌优势。要明确总编辑是各单位出版物质量管理的主要责任人。要按照总局"质量管理年"的有关要求，认真贯彻图书出版、期刊出版、报纸出版、音像制品制作、电子出版物出版、互联网出版等各项管理规定，严格执行内容、编校、设计、印制四个方面质量要求，严把三审三校通读关，严格外审外校资质，加强印前样书检查，在确保图书差错率不超过万分之一，报纸和期刊差错率不超过万分之三，音像制品、电子出版物和互联网出版物质量合格的基础上，努力打造更多质量优秀的产品。要充分发挥导师制、首席编辑制的"传帮带"作用，组织开展编校技能竞赛和质量评比活动，加大优秀编辑、校对、印制、质检人员的奖励力度。要严格出版物质量自查、抽查、监测、认定制度，建立集团产品质量内部曝光平台，完善出版物召回制度，加大质量事故处罚力度。

二、推进品牌与内容的融合，加强内容创新，增强品牌的文化影响力

内容是图书生产的核心，产品是出版品牌的支撑。我们要以出版立意为前提，以"内容创新十策"为抓手，加强品牌与主流文化、时代趋势、阅读倾向的融合，优化选题策划、资源集聚、出版结构，在把握重大趋势中成就重大选题，在培育一流作者的过程中造就一流产品，培育名扬当下、影响深远的品牌产品集群，传承并弘扬厚重深邃、庄重大气、经典隽永的品牌出版风格。

一是践行社会主义核心价值观，做强主题出版品牌。社会主义核心价值观是出版品牌与主流文化融合的价值内核，是当前和未来一段时期重要的主题出版内容。它涵盖国家、社会、个人三个层面的价值准则，包括马克思主义、中国特色社会主义、中华优秀传统文化、世界文明有

益成果四个基本来源，蕴含丰富的思想资源，潜藏深厚的文化密码，是集团内容创新和品牌建设的富矿宝藏。要认真贯彻习近平总书记关于加强社会主义核心价值观建设的重大部署，认真落实中央领导同志在全国践行社会主义核心价值观经验交流会上的讲话精神，深入阐释核心价值观，不断创新主题出版。要防止形式主义的照抄照搬，防止形而上学的片面理解，防止生搬硬套的跟风出版。要以历史的眼光挖掘其源流脉络，以生动的形式传达其气象神韵，以鲜活的语言透射其灵魂肌理，进而春风化雨、润物无声地以文化人、以文育人，打造独具个性、"双效"明显的主题出版品牌。

二是创新选题策划，打造具有"大家品位、大众口味"的品牌产品。 习近平总书记在文艺工作座谈会上指出，文艺不能在市场经济大潮中迷失方向，不能在为什么人的问题上发生偏差。这就要求我们始终坚持以人民为中心的出版导向，以人民为上帝，为人民做出版。因此，在选题触角上，既要适当关注补贴资助项目，更要关注社会大众需求；既要注重回溯性、积累性选题，更要注重时代性、创新性选题。在选题内容上，要关注时代钟声、呼声、心声，反映改革热点、焦点、难点，研究中国道路、中国制度、中国理论，探讨世界走势、国家大势、社会趋势，持续打造畅销书、精品书、品牌书，努力铸就思想高峰、文化高峰、出版高峰。在选题呈现方式上，要善于以小见大地发掘普通百姓的故事、普通灵魂的美丽，善于以俗见雅地推动传统经典大众化、红色经典普及化，善于将思想的品位、审美的趣味、市场的口味有机融合，逐渐形成一种具有"大家品位、大众口味"的品牌出版风格，提升品牌产品的文化影响力和社会影响力。

三是创新积聚方式，壮大品牌资源。 要落实好"资源拓展计划"，通过文化联谊、平台共建、股份合作、买断著作权、建立工作室、提供优质服务、签订长期版权协议等多种形式，聚拢一批品牌作者。要通过销售激励、兼并重组、建立战略联盟、重点产品优先投放等方式，培育和扶植一批品牌经销商。要通过精品推荐、定制阅读、价格优惠、中版书友俱乐部等方式，在各行各界阅读群体、网络粉丝中积聚和维护基本、长期的读者队伍。

四是优化产品结构，打造品牌产品集群。 要以"产品线评估激励计划"为基础，不断优化产品线布局。要做精做透文学、历史、古籍、学术、音乐、美术、百科、教辅、工具书等传统产品线，打造国家出版工程和文化扛鼎之作，构建重大出版项目集群。要做响做强时政、财经、管理、少儿、法律、传记、科技等新兴产品，打造更多畅销书和常销书，构建大众产品集群。要推进教育资源整合，丰富教材教辅品种，做大教育出版，构建教育产品集群。

三、推进品牌与科技的融合，加快业态创新，增强品牌的数字运营能力

互联网既是思想舆论的主战场，也是弘扬品牌的主战场；"三微"（微信、微博、微视频）既是大众传播的主阵地，也是品牌传播的主阵地。我们要以互联网思维为引领，以内容资源为基础，以平台建设为载体。要坚持用户至上、内容为本、产品为体、服务为王。要通过品牌与新兴数字技术、新兴传播方式、新兴商业模式的融合，努力实现内容生产数字化、流程管理数字化和传播方式数字化，激发集团各品牌在互联网时代的新活力。

一是加快传统出版与新兴出版的融合。 要立足传统出版，发挥内容优势，运用先进技术，加强数字版权保护、签约与管理，加大数字资源整合力度，确保年底实现集团数字出版资源总库"1251"目标（有效数字化书目不少于12万种；完整数字化资源总量不少于5万个品种，其中要有不少于1万个品种可用于商业化线上运营），推进资源集聚工作常态化、规范化、制度化。要逐步实现集团内文学、古籍、学术、音乐、美术、工具书等特色产品的多形态呈现，建设自有发布平台，拓展新的营销渠道，提高数字化运营能力。要加快《中国大百科全书》网

络版""音乐平台"的开发建设，提高"工具书在线""中华经典古籍库""大佳网""云教育平台"的商业运营水平。要努力实现一个内容多种创意，一个创意多次开发，一次开发多个产品，一个产品多种形态，一种形态多条渠道的新业态，促使传统出版的大树嫁接出数字化的繁枝茂叶。

二是加快三大业务与数字化的融合。要以中国对外翻译有限公司（以下简称"中译公司"）的"译云"平台为基础，充分应用大数据和云计算等新技术，加快传统翻译向智能翻译转型。要以中图的"易阅通"平台为基础，促进国内外数字资源聚合，实现传统进出口业务向数字信息服务的转型。要以"荣宝斋艺术品数字交易平台"为基础，增强在线服务交易能力，加快传统艺术品业务向现代数字艺术品业务转型。不断提高三大业务的数字化营收水平，努力把传统品牌培育成国际著名数字服务品牌。

三是加快传统媒体与新媒体的融合。要以《三联生活周刊》《当代》等期刊为基础，聚焦移动媒体，推动品牌期刊在网络时代的多媒体发展。要以《中国出版传媒商报》《新华书目报》等报纸为基础，开发新兴媒体增值业务，努力打造全媒体信息服务品牌。要以《中国艺术》等期刊、报纸为基础，加大报刊资源整合，拓宽服务疆域，扩大产业外延。

四是探索一体化运营管理模式。要以重点项目为切入点，加强数字化人才队伍建设，培养兼具纸质和数字内容选题策划、加工能力的新型编辑，造就兼具线上线下营销推广能力的新型营销人员，加快业务流程和组织架构再造，逐步实现传统出版与新兴出版的一体化运营、一体化管理。要积极稳妥地推动混合所有制等改革试点，探索互联网环境下新的运营机制和商业模式。

四、推进品牌与市场的融合，加强宣传营销，增强品牌的国际传播能力

市场是企业兴衰的决定力量，是品牌胜败的根本因素。中国的经济转型和消费转型正在拓宽国内出版市场，中国的经济崛起和文化崛起正在撬动国际出版市场。我们要立足做大国内市场，积极拓展海外市场，狠抓宣传、营销两个关键环节，通过品牌与全媒体传播、线上线下营销、国际重点渠道的融合，不断扩大国内市场占有率，逐步扩大海外市场份额，努力打造国际一流的出版品牌。

一是构建新型品牌传播体系。要充分认识集团母子公司品牌一体多元、共建互动的有机联系，继续大力推进各单位著名品牌和集团母公司品牌的继承、光大和再造，以子公司品牌集群彰显集团品牌，以集团品牌的逐步塑造赋能于子公司品牌。要进一步完善集团和各单位CIS（企业形象识别系统），分别从办公环境、营销宣传活动以及文具、用具、名片、服饰、官网、邮箱等方面，规范自身品牌形象，彰显品牌个性，建构大气厚重的品牌群体形象。要巩固在传统媒体、主流媒体、专业媒体的宣传优势，重点加强在新媒体、大众媒体、海外媒体的宣传力度，逐步建立集团和各单位的微信、微博、微视、微电影等新媒体平台，系统推介品牌产品、品牌故事、品牌人物、品牌企业。要打造"读者大会"2.0版本，进一步提升"诗词中国"等文化品牌的传播力。要在重点晚报都市报开设"每周一本中版书"栏目，在重点媒体组织"中版书、好品牌"全国征文活动，研究举办全国"悦读之星"大赛，努力构建一个分众化、主题化、立体化、国际化相交织，广泛覆盖与精准推送相结合的新型品牌传播体系，全面提升集团各类品牌在业内外、海内外的知名度、美誉度和传播力、影响力。

二是加大线上线下一体化营销力度。要以三联韬奋24小时书店、涵芬楼书店、中图外文书店为基础，完善中版特色实体书店运营模式。要以重要纪念日、节假日、书展日为契机，在京沪深等10个重点文化城市开展中版品牌产品优惠展销活动，推进明星店员"中版畅销书推介"活动，建立中版特色营销体验中心。要与重点省市新华书店建立战略合作联盟，与各大实体书店联合启动"中版精品百店千柜工程"，与百度、阿里、腾讯、京东、当当等互联网公司加强线上、线下营销合作。要巩固图书馆、联合体、农家书屋等系统渠道，加强与大型金融、地产、物流企业等业外渠道合作，在大型文化 MALL 设立"中版精品专区/专柜/专架"，探索建设"中版特色文化综合体"。要深化与中国移动、中国联通、中国电信、歌华有线等网络运营商合作，提升数字产品商业运营能力。要通过推动传统营销与新型营销的融合，努力实现集团在图书市场占有率方面"进8争10"的目标。

三是努力拓展国际市场。要以中国传统文化的现代阐释和中国发展道路的学术化出版为中心话题，认真落实版权、项目、翻译、数字化、人才、机制六个国际化要点。要加强译者资源积聚和涉外版权经营，加大国际化人才的选拔和培养力度。要以"中国近现代文化经典文库（英文版）"为载体，建立美国出版公司，加强与海外机构在选题、渠道、资本层面的合作，推动一批学术文化经典进入欧美高校、研究机构、公共图书馆，影响欧美主流读者。要大力发挥中图国际会展、"易阅通"的服务交易功能，完善中图海外分支机构建设，强化与苹果、亚马逊、巴诺 NOOK 等六大国际数字营销平台的合作，提高海外数字化传播水平。要努力开发深受国际读者欢迎的畅销书和大众读物，力争尽快在海外实现一本书热销、多本书常销、一批书动销，进一步传播中国好声音，传达中国精气神，努力叫响中国文化品牌，不断增强国家文化软实力。

五、推进品牌与资本的融合，通过溢价效应，增强品牌的兼并重组能力

我们要以品牌价值为基础，以集团化为手段，推动品牌重组与扩张，通过品牌与资源化积聚、资产化运营、资本化运作的融合，将无形

的品牌资源转化为有形的资产变现，将内在的品牌价值转化为外在的资本溢价。

一是维护品牌价值。要摸清各单位品牌家底，做好品牌企业、产品、技术及服务的商标注册工作，开展企业品牌的资产评估和价值评估，为实施品牌资本运作打牢市场基础。要参加"世界品牌实验室"等权威机构的价值评价活动，参与业内外重点品牌评选活动，扩大品牌知名度和溢价能力。要加强品牌维权，打击盗版、侵权、盗用商标等不法行为。要推动品牌产品、技术和服务由功能型向审美型转变，由低端型向高端型转变，由价格型向价值型转变，不断提升品牌的市场溢价。

二是推动品牌内部重组。目前，我们集团的"六大战略"已经展开并推进了五个战略，集团化战略也将在明年破题。集团化战略的方向是市场化，而非行政化；是简政放权、激发活力，而非管理层次烦琐、运行效率低下。集团化战略的主题是合理、有效、有序地整合各种内部资源，增强集约经营能力和规模发展效益。要在广泛深入调研的基础上，研究既重视管理又简化管理，既把住"三重一大"（重大事项决策、重要干部任免、重要项目安排、大额资金的使用）又放开一般生产经营活动的举措。要积极慎重地推进以品牌企业为核心的，资源、业务、人员、资本等多个层面的聚合，增强品牌企业的影响力和竞争力，实现"1+1＞2"的品牌综合效应。要鼓励新华书店总店、新华印刷有限公司等做好品牌复兴工作，重塑品牌形象。要加快品牌企业的分社制、事业部制运营，探索期刊独立法人化运营，推动各类工作室实体化运营，进一步激发微观主体的品牌经营能力。

三是推进品牌外部扩张。要进一步推动人民文学出版社、中华书局、商务印书馆、中国大百科全书出版社（以下有时也简称"大百科社"）、人民美术出版社（以下有时也简称"人民美术"）、人民音乐出版社（以下有时也简称"人民音乐"）、三联书店（以下有时也简称"三联"）、中译出版社、中国民主法制出版社、荣宝斋等开展"五跨"经营，吸引优质战略投资者，完善运营管理模式，探索出版与动漫、游戏、电影、教育培训等产业的融合模式，扩大有效规模和品牌影响。要按照主业更专注、产业链多元、价值链多元的思路，并购导向正确、团队优秀、成长性好、具有一定品牌影响力的民营文化企业、新媒体企业，逐步延伸产业链，拉开产业格局。要以"易阅通"为基础，有效实现海外定向并购，促进中图业务的数字化转型。要加强与海外出版、文化、营销等机构的资本合作，通过本土化、公司化运作，扩大海外市场影响，逐步树立海外品牌形象。

四是加强品牌融资。要安排每年 2000 万元的集团专项资金，重点支持品牌建设；在申请重大财政专项资金时，优先支持品牌项目。要扎实推进股份公司上市和荣宝斋、"译云"股改工作，探索运用股票、债券、信托、风险投资、私募股权基金、文化产业投资基金等现代金融工具。要以荣宝斋的品牌融资经验为基础，推广品牌作为无形资产计价入股、收取品牌特许使用费、品牌经营权出让、品牌授信抵押、版权证券化等品牌资本化方式，努力实现品牌内在价值的资本溢价。

同志们，我们正处在中国经济崛起、中国文化复兴、中国品牌应时而起的历史阶段。在品牌建设上，我们的前辈们干得漂亮，完成了他们的历史使命，在出版史上留下了浓墨重彩的记载。我们应该时时以他们为榜样，奋发努力，肩负起我们这一代人的历史责任，打造出既传承又创新的时代品牌。我们要认清中国崛起的时代大势，把握集团自身的历史地位，不断地将品牌建设工作做实、做深、做开、做出成效，从而使我们的品牌更响、更强、更优、更有光彩，为实现"国际著名出版集团"的战略定位和"三化目标"，为建设文化强国、增强国家文化软实力做出新的贡献！

7. 努力将数字化战略
化为实招，落在实处，取得实效*

今年的年度工作会正式将数字化列入集团发展的"六大战略"，这表明集团将数字出版工作放到了更加重要的战略位置，也表明数字化工作在集团整体工作中越来越具有基础性、长期性和全局性，表明中国出版集团对数字化的高度自觉。

工作会后，我们先后组织了不同类型、不同层次的调研会、座谈会、研讨会和论证会，深入了解情况，广泛听取意见和建议，也比较深入地论证了多种方案。经过几个月的紧张工作，形成了《中国出版集团公司数字出版发展规划（征求意见稿）》。我现在这个讲话，在某种意义上也可以说是前一段系列工作的小结，是大家智慧的结晶。综合大家的思考成果，我讲三个问题。

一、在案例分析中把握成功要素

国内外的数字出版现象纷繁缭乱。数字化乃大势所趋，是客观的、必然的、不可逆转且不断奔腾向前的全球化大趋势。我们怎么办？我们的基本思路是格物致知，实事求是。我们的基本方法是研究典型案例，找到成功要素；分析自身优势，找准基本定位，从而明确思路和任务。

抓住典型案例其实就抓住了数字出版的基本格局，就抓住了它的基本趋势，就抓住了发展思路。

---

* 这是 2012 年 8 月 23 日在中国出版集团公司数字化战略推进会上的报告。

现在来看几个案例。

一是亚马逊。亚马逊是美国电子书行业的主导，主要扮演的是零售商的角色。它采取"内容＋平台＋终端"的运营模式，集聚了包括美国各出版集团出版的2600多万种畅销书和常销书的内容，构成了一个完整的电子书运营的网络销售渠道。2011年，亚马逊几乎占据了电子书阅读市场的垄断地位，其电子书的销售额已经超过了纸质书，成为读者购书的首选渠道。

亚马逊模式成功的秘诀就在于三个"自主"（自主平台、自主定价和自主运营），两个体系（高效的配送体系、完备的支付体系）和两个"海量"（海量内容和海量客户）。

二是苹果。苹果公司本身不做内容，它首先利用终端设备迅速占领读者市场，再打造开放的运营平台，采取软件分成销售的模式，迅速吸引了众多出版商在其平台上投放电子图书并打造移动书城，通过共同分享收益，达到共建、共赢，这种方式帮助苹果公司获取了数十亿美元的收益。2012年，苹果电子书的市场份额已达到10%～15%，发展势头十分迅猛。

苹果模式的成功秘诀在于：第一，自主研发了性能优异的终端设备；第二，打造了成熟的开放性运营平台；第三，技术储备雄厚，科技创新走在世界前列。

三是谷歌。谷歌本身不生产内容，它建构了一个具有上千万册图书的数字图书馆。通过其强大的搜索引擎，客户可以非常便捷地搜索到想要的图书。谷歌在与出版商的合作中，只提取10%的分成，90%的收入归出版商，这使它在与苹果等公司争夺内容资源方面具备了一定的优势。与直接通过数字出版内容获取收益的模式不同，谷歌数字图书馆基本采取免费模式，通过强大的服务手段吸引用户，依靠广告获得巨额收入。

谷歌开拓出了另一条成功之道，其成功要素可以概括为：第一，海量的内容资源存储；第二，强大的搜索引擎；第三，强大的增值服务能力。

四是施普林格。施普林格立足于科学、技术、医学等专业出版领域，通过"在线优先出版"的概念，把所有出版的期刊、图书的内容都进行结构化，并且形成了集中的大型数据库，通过其数字出版平台提供服务，实现了大规模的专业内容的大规模使用。这成为其数字出版实现盈利的关键，其全文下载量在以每年100%的速度增加。目前，这一项的收益已经占到总收入的75%以上。

施普林格的成功在于：第一，专业化的海量内容；第二，对碎片化内容进行深度加工的专业数据库；第三，专业客户群的高度认同。

五是天翼。中国电信天翼阅读平台由浙江电信负责建设，是一个能支持600万人同时在线阅读、图书容量达100万册的综合性阅读平台。该平台于2010年9月在杭州上线运营，2011年5月对全部移动网络开放，用户可随时随地利用手机等移动设备便捷地实现网络阅读。天翼采取合作方自主定价的方式，收益的45%属于合作方，55%属于电信方，至今已和160多家出版机构开展了合作。据统计，天翼阅读平台上的产品价格在1～8元之间，其中2～5元的居多。2011年信息费收入超过1.5亿元，预计2013年突破盈亏平衡点，实现盈利。

天翼的成功差不多是手机阅读成功模式的缩影，它的特色在于：第一，强大的电信网络渠道的支撑；第二，便捷的支付方式；第三，低价位的营销策略。

六是盛大。盛大通过大量融资收购了起点中文、晋江文学、红袖添香等众多文学原创网站，吸引了众多网络写手，拥有海量原创网络文学作品和以青少年为主的庞大读者群体，目前已占据中国网络文学80%以上的市场份额。盛大原创作品以玄幻、穿越、鬼怪、言情为主，品质通常不高，不能够占据主流读者阅读市场。基于此，2010年年底盛大开始转型建设"云中书城"，它采取"店中店"模式，在云中书城开放平台上，所有出版单位均可自主经营。同时，推出低价格的"锦书"电子书阅读器，依靠终端宣传、内容赚钱的策略，目前取得了一定的市场优势，其发展前景还有待进一步观察。

盛大的特点在于：第一，独特的在线出版模式；第二，通过集团化经营，多渠道融资，获得了强大的资本支撑；第三，逐步呈现多元化出版发展态势。

七是当当。当当网基本在复制亚马逊的经营模式，也是在占据了纸质书零售市场的领先地位、掌握了部分话语权后，开始进入数字出版领域。2011年12月，当当网正式推出拥有5万册电子书的数字图书馆，随后逐步扩充电子书的内容资源，截至2012年8月，已拥有10万册左右的电子书，定价基本为纸质书的30%左右，采用与出版商四六分成的方式。就目前情况看，尽管当当网因为其纸质图书销售的强势地位获取电子书内容相对容易，但由于内容质量参差不齐，侵权事件时有发生，一些品牌出版社与之合作率较低，这影响了当当网电子书销售的增长。

当当的数字化转型是否成功，目前还难以下定论，但其依靠纸质图书销售的强势地位进入电子书经营领域的做法以及较好的品牌知名度，还是值得我们注意的。

八是汉王。2008年，汉王开始进入数字出版市场，成为中国首先推出电子书的企业。最初，汉王采取预装公版电子书的形式销售电子书阅读器，后来由于电子书市场竞争加剧，2009年，汉王开始打造电子书城，采用以终端带动内容消费的经营思路，并通过80%的利润归出版社，20%留给汉王的"二八"分账模式吸引出版商。此举固然吸引了一些出版社和民营工作室，但由于与大型出版单位的合作很少，内容缺乏唯一性，加之跟风而上的电子书盗版现象严重，其市场占有率一直不理想。2010年，汉王的营业总收入同比下降了约57%，净亏损4.97亿元。

汉王的失误在于：第一，内容资源相对匮乏，又缺乏特色；第二，技术缺乏核心竞争力且内容结构相对单一。

归结以上案例，成功的数字出版企业都离不开六个关键要素：一、优质而海量的内容，如亚马逊；二、科技创新，如苹果；三、资本，如上述企业无一不是上市公司，具有突出的融资能力；四、组织架构的集团化，如中国电信；五、特色运营，如上述公司的运营特色各不相同；六、人才，如乔布斯的苹果。当然，这六大要素基本上又都是通过资源聚合发挥作用，只不过不同企业中的主导要素不尽相同。

上述六个成功要素不仅是不同盈利模式的代表，更彰显了数字出版发展的基本趋势：内容越来越集中，要素越来越集合，资本越来越集聚，企业越来越集团化。归结起来说，在集聚中融合，在融合中创新，越来越成为数字出版发展的基本方向。

二、在现状分析中明确战略要点

两年前，集团在上海召开了第一次数字出版工作会议，标志着集团数字出版工作正式启动。从那次会议以来，总部和各单位做了大量工作，开展了积极的探索，取得了阶段性成果，形成了一些比较优势。但在基本定位、盈利模式、资源集中、机制政策和专业队伍等一些重大问题上，还需要做艰辛的努力，还有大量工作要认真研究，要出实招、落实处、求实效。

在现阶段，我们要特别清醒地意识到自身的优势，这些既是我们实施数字化战略的信心和动力，也是争取成功的物质基础。只有清醒地把握优势，充分地开发优势，才能形成我们的核心竞争力。这些优势归结起来有以下五种。

一是资源优势。我们的数字出版资源虽不够海量，但品质不错，在一些专业领域，我们的品质、数量和市场占有率都有较强的优势。我们还初步建成了特色鲜明、具有一定规模的资源库集群。如"辞书语料数据库""百科术语数据库"等一批专业资源库，这些资源不仅特色与专业突出，内容品质在国内也处于一流地位，有的还有配套的服务平台。

二是平台优势。我们的一些数字出版平台已雏形初现，规模和影响力也逐步形成。如"中国可供书目数据库"可以提供 200 多万条书目数据服务，"中图链接服务平台"和"海外图书采选系统"已成为进出口业务发展的重要支撑平台，大佳网对集团电子书的集约运营初步形成了共享资源、共赢收益的数字出版氛围，"中国音乐数字出版与发行平台""智慧语联网服务平台"等平台潜在竞争力明显。

三是项目优势。我们承担了若干国家级重大数字出版工程，如"中华字库""国家数字复合出版系统工程""电子书内容标准项目"和全国出版物发行标准技术委员会（发行标委会）的标准建设等。通过建设这些国家级项目，我们开阔了视野，掌握了新技术，了解了市场行为，培养了专业队伍。

四是地位和品牌优势。我们作为出版业的"国家队"，地处北京这个政治、文化中心，具有政治、政策和区位比较优势，加上历史和现实出版中形成的一批优质品牌，形成了较强的市场竞争优势和公众认同度。

五是资金优势。集团成立以来，国家已累计投入了两个多亿的数字化专项资金，接下来我们将在进一步争取国家资金的同时，通过上市融资等方式筹措更多的资金以确保各个重大项目的顺利建设，形成更强的资金优势。

这五个优势已经不同程度地浮出水面。即将浮出水面的还有《中国大百科全书》（第三版）（以下简称"百科三版"）的数字化建设，这将是集团数字化的一件大事、一个重要机遇。

推进数字化战略，我们想的第一个问题是成功要素、发展趋势，第二个问题就是自身条件或者资源优势，而这一切都指向研究并明确定位、方向和总的目标。

就全集团来说，我们的**基本定位是**：建设以集团优势内容资源为基础，具有开放式、国际化、延展性特点的内容集聚、传播、交易和服务综合平台。

其中，优势内容资源指向权威性、精品化、专业化、高端化发展之路；开放式、国际化和延展性说的是资源的拓展和多形态呈现；内容集聚、传播、交易和服务是最终要实现的四大功能。

我们的**基本思路**是：**以综合平台建设为基本定位和战略目标，以体制机制和业态创新为基本动力，以内容资源库建设为基础，以内容投送和交易平台为突破，逐步实现传统出版的内容集聚数字化、流程管理数字化和传播方式数字化。**

这个思路的内涵是实现"（1+6）×4"的总体架构。

所谓"1"指的是**综合平台**。计划将大佳网打造成全集团集约化数字内容投送和运营平台，使之成为全集团开展数字出版业务的主体。大佳网未来要担起两个重任：一是将集团的各个平台互联互通，构建集约化服务运营体系；二是实现精品电子书的投放和数据库的线上营销，面向社会提供全方位的资源服务。

所谓"6"指的是五个特色鲜明的专业平台和一个内部管理平台。

工具书平台。重点以"辞书语料数据库"和"百科术语数据库"等为基础，以"百科三版"立项为契机，建立数字工具书的编纂、发布平台，多渠道、多载体、多形态地提供社会化服务，构建最具权威的专业化数字工具书服务平台。

大众平台。集团公司将加强人文社科类电子书运营平台的建设，实施精品化、高端化路线。通过自主平台、自主定价和自主运营，拓宽集团公司电子书的销售渠道，扩大电子书的销售数量，形成规模效应。

国际平台。国际平台是集团公司数字出版实现国际化的重要渠道，对于全面提高我国对全球数字出版资源的聚合、保存和利用水平具有重要意义，是集团公司打造数字资源进出口"中盘"的重要手段。

音乐平台。平台通过"在线听音乐，在线看音乐，在线写音乐，在线学音乐，在线买音乐"的发展路径，逐步实现音乐出版的数字化转型。

语联网平台。中译公司通过平台运营，以高新技术为手段，多功能地整合语言服务，从而进一步巩固和扩大在翻译市场的占有率。

ERP 平台。建设全集团管理信息系统和办公自动化系统，加快实现办公、出版、发行、财务的一体化流程，规范各单位的传统出版和数字出版业务流程，提高工作效率，降低经营成本，完善内部控制系统，提升管理、经营水平和综合竞争力。

所谓"4"指的是上述平台最终要实现的数字化内容集聚、传播、交易和服务的四大功能。

在这七个平台中，流程管理的数字化是基础，内容资源库（包括各种数据库）是核心，传播方式的商业化是关键。在这七个平台中，综合平台强调集聚和枢纽作用，而专业平台强调延伸和支撑作用。它们互为表里，相互依托，产权不变，共同开发，功能互补，总体融合。

此外，集团公司还将通过上海蓝桥创意产业园和东方虹桥国际创意出版产业园两大园区的建设，积极探索数字出版产业集聚的升值之路。利用集团公司在国内出版文化产业链中的资源优势，形成以文化为内容、以科技为载体、以创意为核心的创意产业发展模式，努力打造成立足上海、辐射长三角乃至全国的具有知名度的文化创意产业园。

以上七个平台和两个园区建设是集团未来三至五年的重点项目，将全面推动集团的产业转型和升级，推进集团数字化战略的实施，实现集团数字出版的可持续发展。

三、在机制创新中落实规划

我们要深刻认识到数字出版是整个内容产业正在经历的一次重大变革，集团公司必须利用一切条件进行业务转型和产业升级，在这一点上，大家要有充分的信心和决心，快速行动起来。针对下一步的具体工作，我提几点要求。

（一）切实加强领导，将数字化工作真正提升为"一把手工程"

现阶段的工作实践证明，哪个单位的一把手重视，哪个单位的数字化工作就能够落实到位。因此，切实加强领导，不仅是强调领导班子分工合作的统一领导，更是指主要领导高度重视、切实组织和扎实推动。

一是要深化思想认识。作为领导同志，特别是主要负责同志，要有危机感和紧迫感，要将这种危机感与紧迫感转化为切实落实数字化战略的实际行动，要分析本单位实施数字化战略的资源条件是什么，相对优势是什么，定位方向是什么，重点项目是什么，要把握着眼点，找准着力点。

二是要健全领导机制。要建立分工协作权责明确的领导机制。集团公司将组建数字出版工作领导小组，对数字出版工作进行统一管理，包括制定规划、审核项目、监督落实、验收考核等。在数字出版工作领导小组领导下，重点项目负责人定期举行联席会议，通报各自进展，协调相关问题，统筹各方关系等。各级单位要实行一把手负责制，领导班子中要有专人负责具体管理工作，要有专职部门负责具体实施工作。

三是要加强运行机制。各级单位要按照规划制定年度工作方案，明确主要任务、重大项目、重点工程、重要工作等。要加强项目规划和管理，将项目建设和产品研发纳入集团公司数字出版发展的总体规划中来，推行重点项目专人负责制、项目跟踪制和目标责任制，对项目实行考核奖励机制。要加大对各单位数字出版工作的考核力度，设置数字出版专项考核指标，并将其纳入年度考核和三年任期"双效"业绩考核体系，实现科学、严谨的数字出版工作考核体系。

（二）切实创新体制机制，探索聚分有序的数字出版格局

在工作上要实现统分结合。这次会议进一步明确了总部是集团数字出版的管理、规划和决策中心，各单位是集团数字出版的实施主体，中

国出版集团数字传媒有限公司（以下简称"数字传媒公司"）是集团数字出版工作的集约化运营中心和数字出版工作的枢纽。根据各自的职能定位，要在坚持全集团一盘棋的前提下，充分发挥各级单位的主动性、创造性和特色性优势，形成齐抓共管，统分有序，既整体运作，又独立运行的目标统一、步调一致的局面。

在经营上要做到聚分有序。要坚定不移地全方位推动数字出版资源的集约整合，加大各个平台的融合力度，在建设和运营过程中必须注意五个"聚和分"的辩证关系，即：目标要聚，项目要分；规划要聚，运作要分；资源要聚，利益要分；平台要聚，团队要分；机制政策要聚，盈利模式要分。

在体制上要推行股份制改造。在重点项目运作中，要全面推行以市场化、股份化为核心的公司化运作，促进内容与技术、内容与资本、内容与金融的多点融合，具体方式可以是集团公司内各成员单位相互参股，也可以是集团公司与社会力量进行股份制合作。对于优质资源、优秀团队要探索重组联合、共谋发展的新路径。

在管理上要做到标准先行。实现集团数字化发展，首先要切实改变目前数字化产品格式混杂、标准不一、平台难以互通的现状，标准要先行，相关部门要尽快组织专家制定与市场接轨的数据、格式和运营等标准，形成较完备的集团数字出版标准规范体系。

（三）切实发挥资金扶持的杠杆作用，推动重点项目建设

集团总部将通过积极争取中央政策和资金支持、上市融资、引入投资等多种渠道，进一步加大对数字出版项目的资金支持力度，切实发挥资金扶持的杠杆作用。要改进过去科技专项发展资金分配的办法，加强对科技与数字出版项目的论证，集中资金，对那些能够推进集团数字化战略、促进传统核心业务转型、有较好市场前景、有良好团队的重点项目在资金和有关政策上进行倾斜。

（四）切实加强人才培养引进工作，全面推动数字出版队伍建设

人才的培养、引进是做好数字出版工作的关键。我们要加大选拔力度，加大培养力度，加大引进力度，加大择优扶重的力度。

重点项目要实行首席专家负责制，项目建设过程中要大胆起用新人，建立科学合理的奖励激励机制，激发项目团队的积极性和创造性，通过实践，选拔、锻炼、培养、引进一批既懂出版又懂技术的复合型出版人才。

对于贡献突出和重点培养的人才，集团将通过海外培训的方式，帮助他们掌握先进的管理理念和技术方法。最近，集团正在筹划赴美专题培训，争取明年上半年实施第一批培训。

同志们，面对全球性的数字化大潮，国内外同行群雄逐鹿、新招迭出：具有二百多年历史的大英百科全书公司宣布停止纸版书的印刷，全面转向在线版和电子版业务；2011年，培生集团来自数字服务的营业收入较上年增长了18%，达到31.7亿美元；兰登书屋在美国的电子书销售额已经占其总销售额的21%。与此同时，2011年美国实体书销售额下降19%，2012年1—6月，我国图书零售市场销售额增长仅为0.27%，这一切不得不引起我们的充分警觉和积极思考。在这样的背景下，我想特别强调的是，传统出版并非大厦将倾，即将终结，但数字化趋势在内容制作、阅读、传播、销售、增值服务等重要出版环节上越来越明显，势头越来越猛烈，范围越来越大，影响也越来越深刻。在这历史性的转型关头，我们不能惊慌失措，丢弃传统出版，而应在别人萎缩之时努力拓展增量；也不能反应迟钝，失去数字出版的发展机遇。

数字化既预示着出版业的危机，也是重大的发展契机。问题是，我们有没有"无敌国外患者，国恒亡"的忧患，有没有"君子终日乾乾，夕惕若厉"的心态，有没有"君子坐而论道，不如起而行之"的作风。今天的会议，我们初步探讨了集团数字化的成功要素、资源条件、基本定位、总体思路、重点项目、重要举措这几个重大问题，希望大家认清形势，明确定位，理清思路，团结起来，共同将集团数字化战略化为实招，落在实处，取得实效。

8. 把握集团化的本质内涵*

最近我认真研究了《中国出版集团公司"十二五"规划》，感觉规划有高度，又贴近集团实际。如果按照中央的要求，认真抓认真落实，3~5年内集团的发展前景会很好。受集团"十二五"规划和同志们发言的启发，结合前段时间的调研，我围绕集团化谈一些不成熟的想法，供同志们参考。

中国出版业正在酝酿一个重大的机遇，未来10年一定会产生一个大变局，像美国和欧洲一样，一些出版机构聚合为少数几家大集团，其他的都小型化。大变局的本质就是生产的规模化和市场的集中度提高，这是市场经济的内在要求，是产业发展的规律性要求，是任何行政力量都挡不住的。现在行政壁垒还是很强的，在这一轮改革中尤其是在上市的浪潮中，它还可能进一步加强，但今后一定是资本说话。未来10年，一定会重新洗牌，一定会分出大小，分出强弱，由少数几家控制主要市场。谁的集团化做得好，集团化的程度高，谁就有力量。新闻出版总署领导在6年前写的一篇文章中提到出版改革的"三化"，其中就有集团化，我认为这是基于国家层面的战略思考。目前，国内出版主体的集团化程度都不高，很多组合在一起的出版单位大都是"物理相加"，彼此之间并没有完全产生"化学反应"。因此，我们需要思考如何更好地集团化。

第一，集团化中最重要的要素是集团的战略和集团的意志。这需要

---

* 这是2011年10月21日在中国出版集团公司学习贯彻十七届六中全会精神、推动集团改革发展座谈会上的讲话。

我们集团的骨干们反复讨论形成共识,并将其上升为集团意志。

第二,集团化的本质是整合,是生产要素的整合。整合的主要途径有两种:一是企业内部资产、资金、资源的整合,二是企业外部目标资源的重组,即兼并。如果集团没有这两个基本功能,就没有存在的意义。实践告诉我们,外部整合存在风险,主要是内容风险、财务风险、投资风险、两种文化融合的风险。这方面有很多失败的例子。失败的原因主要是为整合而整合,不能明确战略意图。在美国,几乎没有一家大企业不是通过兼并形成的,完全靠内涵式发展的几乎没有。但是,整合的目标应该与自身的战略目标相符。领军人物,优秀团队,好的机制,前景好的商业计划书,都是值得企业整合的目标。再好的项目,如果没有好的领军人,都要谨慎操作;有能力有准备的人操盘的项目,才是好的项目。所以,在今后拉开产业格局,实现企业大型化、规模化发展的过程中,兼并是避免不了的,需要对此保持积极的姿态,想清楚我们这个集团的战略意图是什么,集团的定位是什么。只有定位准确,才能形成战略思路,才能形成清晰的判断。

美国通用集团的经验告诉我们:1.兼并的指向是专业化,规模化的指向是市场版图的控制。2.成员单位与集团战略不符的项目,即使赚钱也应剔除。3.经营管理的本质是造就人。现在,中国不少企业有很好的业绩表现,向西方学习了很多经营技巧、营销技巧以及管理理念,但是丢掉了企业的根本。企业治理的根本,第一是认真,第二是做好人,第三是带动大家。其他都属于"术"的层面,而不属于"道"的层面。中国出版集团作为"国家队",一定要从"道"的层面思考企业的长期发展问题,这个"道"就是人。

兼并容易,持胜难。企业扩张过程中,管理是个不可避免的难题。曾经的大英帝国,国土面积一度接近中国,但在20世纪顷刻瓦解,其失败的一个重要原因在于管理问题。美国从13个英属殖民地逐步扩张到现在的版图,除宪法、意识形态、文化、外交、军队由联邦政府统一管理外，其他事务都由各州自主管理，且更多的是依靠社会组织管理。德鲁克研究社会问题时告诉我们，四百年来先是王权当道，而后管理幅度不够，逐步开始产生众多社会组织，如学校、教会、医院、研究机构等。这些组织在无形中把王权中的一部分权力转移出来，最后产生了世界最伟大的组织——"公司"。公司不仅承担了很多过去王权的职能，还增加了经济功能，因此推动了社会发展。这些都启发我们，该统一的要坚决统一起来，该放手的要坚决放手。我们要思考的是集团该管什么，不该管什么。并购带有必然性，股份化的本质不是资本相互参股，而是掌握资金的人相互联合。人是控制资源的人，是掌握信息的人，是带来先进思想的人，这样股份制公司才有活力。简单地说，股份制公司的本质是不同人的组合，而不仅仅是资金的组合。并购的本质是并购人，合作的本质是与人合作。国有企业股份化是为了把国有的化大而不是化小，化活而不是化死，化强而不是化弱。如果在控制力上不能掌握好，股份化的负面影响就会表现出来。集团的管理思路应当是"管两头、问中间"，"管两头"是管年初指标、年尾考核，"问中间"是知道情况，但绝对不干预。如果中间插手，这个合作就一定会很快分裂。这种管理方式，表面上是容纳了一些能人的决策，实际上是吸纳了灵活的机制和优秀的人才。集团化的竞争不仅仅是资金、资产的竞争，甚至不仅是文化资源的竞争，而是这个集团主要干部观念、心胸的竞争。我们把这个问题想清楚了，中国出版集团并购、做大的路子就会稳一些，速度也会快一点。

我们有实力的成员单位走对外扩张之路，比地方出版集团更具优势。我们可以用无形资产和品牌来进行并购。中国改革开放以来的发展，靠的是三股力量，即国有经济、民营经济和外资。如果没有这三股力量形成的混合经济，就没有中国的迅猛发展。中国发展的这种"混合制"现象，能不能对我们股份制产生启示？实际上，这也是十八届三中全会做出的《中共中央关于全面深化改革若干重大问题的决定》中加以肯定并明确支持的，也就是让社会资本介入文化领域的一些环节，介入文化企业的一些合作。从管理的角度讲，股份制的本质是民主制。在一个集团内，如果股东代表的不同意见很难表达，资本该说话的时候不能说话，管理往往就被行政化了。可能更具有互补意义的并购，是国有资本与民营资本的结合，但基本前提是确保政治导向、文化导向正确。现在民营企业正在主动找国有企业，因为主要的资源和政治文化平台大多在国有企业手中，民营企业发展到一定程度会遇到资源的瓶颈。而国有企业找民营企业的目的在于引入灵活的机制和创意型人才。总结起来就是，民营企业的活力在找国有的资源，而国有的资源也在找市场的活力。如果用资本的联合来完成要素的重组，这样的重组一般会发展得很好。一个集团如果要做大，当前这个时候是面临着重大机遇的。现在的问题是，在发展路径上，如何把握好度，如何平衡好，既能够快一点、冒一点、冲一点，又能够稳一点、实一点、不出问题。国外大型企业的发展路径告诉我们的一个经验就是，如果不走兼并之路，是很难在短时间内实现爆发性增长的。

我们的主业是图书，但在现阶段的条件下，我们在主业方面的增长差不多做到极致了。那么，下一步的增长点是什么呢？可以说，当前我们面临一个机遇。一方面，一些地方在加强行政壁垒；另一方面，行政力量在用政策的方式融化这种壁垒，而这正是我们的机遇。我们要提前做好思想准备，每个板块并购的主体不是集团总部，而应当是成员单位。集团总部的职能应该是把重要的资源配置给优质生产力，让我们的"老字号""国字头""新兴强社"做得更强。商务、中华、三联、人民音乐、荣宝斋等单位，完全可以走集团化的道路。

在集团化的过程中，集团总部和成员单位都要把握好两个层面的关键问题。在集团的层面要谋求横向的多元化，在各单位的层面要实现专业化，集团多元化的基础是成员单位的专业化，成员单位的专业化所提供的整合空间是集团实现多元化的条件。这就是集团战略与战术配合的问题。我们所有的战略都应该集中到集团这个层面，但如果一个战略里不含有战术，这个战略是没有用的。因此，我们成员单位的战术问题，实际上是整个集团的战略问题。集团层面应该适度展开横向多元化，甚至是做一些跟原来主业看上去没有关联、但实际上有关联的多元化，比如做影视是跟内容资源有关联。过去的计划经济体制，用行政的方式将内容资源切开了。所以，集团化必然会遇到多元化的问题。成员单位的专业化也不能做绝对化理解，专业化必然包括纵向的多元化。我们集团化、规模化、大型化的一个基本途径是：一方面对外扩张兼并，另一方面有能量的单位实现自我裂变。

集团化是现阶段中国出版业最重要的一个问题，因为它是研究企业主体问题，其他都是派生出来的。股份制实际上是集团化的组织形式，产业化实际上是集团化未来的指向。产业化主要指三点：一是规模化，二是效益最大化。这两点是"做大做强"。这次十七届六中全会在《中共中央关于深化文化体制改革、推动社会主义文化大发展大繁荣若干重大问题的决定》中有个明确说法，也是"做大做强"。过去有一段时间的说法是"做强做大"，当然不排除有的出版集团小而强。产业化的第三点就是政治导向、社会导向、文化导向，这是文化企业所特有的。

第三，与集团化有关的就是数字化，数字化是集团化未来竞争的制高点。谁抓住了这个，今后的天下就是谁的。一定要从积极的角度看，数字化给我们开拓了一个广阔的前景。数字化改变的不是阅读本身，而是阅读方式；改变的是生产传播的方式，而不是传播的内容。我们真正的底气和优势就在这里，目前的问题是，我们只能用传统的方式运用这些优势，而不是用现代的数字化技术。成功的数字化一定是内容人才、技术人才、市场人才在资本层面、业务层面的重新融合。新领域、新科技一定要相信年轻人。数字化发展的路径应当是编辑创新人才与技术人才在资本层面融合。

第四，跟集团化相关的就是国际化。国际化是中国出版集团相对于地方集团而言的一个很明显的优势，其中有几个问题值得关注。一是国外对中国的图书以及其他文化产品的需求有明显的增长，但不是普遍增长。明显的增长，是我们看到的未来和趋势；不是普遍增长，是指还不是市场的普遍需求。因此，在这个阶段，国际化处在一个尴尬的地位，即大举进攻一定大赔钱，不进攻又会失去机会。在一段时期内，我们国际化的主要任务，可能不是在国外赚得多少利益，而是在国外能够占几个桥头堡，培养一批人才。让他们在国外思考，一定比在国内想得好。我们真正要下力气的是选择一些人才，让他们置身于国外环境中，谋划中国出版集团的国际化问题。二是古代文化跟着战争走，近代文化跟着产品走，现代文化跟着资本走，中国的文化一定会跟着产业扩张而向国外渗透。三是国际化的内容。相比于其他地方集团，中国出版集团有能力掌握两个话语权，第一是中国传统文化的现代阐释，西方文明先天的不足正好由东方文明补充。目前国人对传统文化都不甚了解，因此我们对传统文化要有现代阐释和异国阐释。第二是中国特色社会主义道路呈现给世界一条与欧美现代化路径不同的发展道路，在经济、社会、文化、政治层面都是一条独特的道路。目前只有一些经验的总结，还未上升到学术著作和理论体系的高度。这三个问题，是我们思考国际化的阶段性、趋势性和着力点的重要角度。

股份化、产业化、数字化、国际化等，在当今中国都离不开集团化的主题。只有集团化做好了，才会具备人才、资源、资本、品牌方面的条件，才能在此基础上综合思考、综合运作。谁能综合好，谁就能领先，而综合好的基础就是集团化。集团化的基本方针是"一个中心，两个基本点"。"一个中心"是提升集团的综合实力，"两个基本点"一是集团总部的管控力，二是所有成员单位的活力、竞争力。成员单位的独立性不能削弱，该管的一定要管住、管好，不该管的一定要放开、放活、放手、放心、放胆。

第五，做好集团化，离不开集团总部建设。如果集团化的问题很突出，就意味着集团总部建设的问题很突出。如果没有坚强有力的总部，就搞不好集团化。总部建设主要是思想、作风、组织三个方面的建设。思想建设除了政治思想建设以外，还要有管理思想建设和经营思想建设。关于组织建设，我们马上就要面临一个问题，就是股份公司上市后，集团总部与股份公司本部是怎样的关系。如果不谨慎考虑，就会出现机构膨胀的问题。集团总部要强化投资，逐步演化为一个投资控股公司，基本要求应当是做强做精。做精是精兵简政，做强是目标要与上市公司区别开。凡是上市公司要做的，总部都不做；凡是上市公司该管的，总部都不管。这样才能够精兵简政，才能集中精力研究投资等重大问题。另外，上市公司的本部应该是我们的主业，主业就是要做大做实。成员单位应当是做活，如果不能做活成员单位，上市公司就不可能做大做实，集团总部也不可能做强。总部建设的关键是作风建设，总部建设的核心是管理。管理的前提是服务，管理的本质、要诀、基本内容都是服务。集团总部要研究：第一，我们要服务哪些内容？这是确定服务的边界。过度服务就是越权，服务不到位就是管理失职。第二，如果要服务好，人员的素质应该是什么？这涉及总部人员的结构问题。总部定位好后，考虑应该进什么样的人，应该用什么方式进人，以此来确保总部服务和管理的素质，提高总部的服务效率和水平。管理和服务是一对关系，要研究如何在做好服务的基础上，真正有效地做好管理，这是总部建设的核心。

第六，做好集团化也离不开企业文化。中国出版集团的企业文化总体做得好，有想法，有做法，有效果。企业文化要真正做到位，也有几个问题要讨论。把企业文化的问题单独提出来，是基于科学发展观思考企业长期发展的必然结果。科学发展观的第一要务是发展，基本要求是全面协调可持续，根本方法是统筹兼顾。对集团而言，最重要的是经济发展问题，但是只有经济发展还不够。我们跟其他出版集团竞争的是经济实力、制度和企业文化。企业文化的本质，是对人的思考，是对企业持续发展力的思考。因此，企业文化一定要围绕人来做文章。围绕人做文章有几个层面：第一是思想工作，实际是建立思想的秩序。一个企业如果主要干部员工的思想秩序是乱的，生产秩序一定是乱的。第二是道德秩序。第三是精气神。如果企业文化不能激励人，那么这个企业文化是有问题的。企业文化一定要结合企业的发展，而且要强调允许失败。毛主席告诉我们要在战略上藐视敌人，在战术上重视敌人。在通盘运作中，我们要宽容一些失败，但是在战术上要坚持做一个成功一个。只有战术上保持这种想法，才能保证不丢全局。从辩证法的角度看，回避风险就是回避成功，回避成功就是最大的风险。司马迁在《史记》中讲的一句话对我们，特别是对领导者颇有启示："无财作力，少有斗志，既饶争时。"如果抓住了一个重大机遇，就抓住了一个历史阶段，反过来说，失去了一个机遇，就失去了一个长长的历史阶段。抓机遇与企业文化也密切相关。抓机遇要靠抓项目，抓项目就存在投资风险。我们要谨慎做好每一笔投资，但是客观上讲没有常胜将军。有些项目不是不能做，而是要研究该怎么做，做这个项目的其他要素是否支撑好了。总而言之，最终还是归结于人的问题，归结于企业文化的问题。

9. 把握三大视角，建设三型集团 *

今年是十九大召开的重要年份，明年是改革开放四十周年。在这辞旧迎新之际，有些经历的人，懂得中国，知晓世界，尤其是懂得近代当代中国的人，心里一定是波澜壮阔的！

党的十九大特别重要，因为它站在世界和中国的高度，总结了过往，分析了矛盾，研究了实际，提出了问题，规划了未来；因为它所观、所指、所述、所论都放眼世界聚焦中国，纵论大势，深述策略；尤其是，它揭示了当代中国社会主要矛盾，形成了习近平新时代中国特色社会主义思想，明确了中国经济由高速增长向高质量发展这一变化。出版是全局的局部，思全局才能更好地谋出版，懂全局才能更好地发展出版。新时代要有新气象，新气象要有新作为，新作为要有新思考。最近中国出版集团主要在思考三个问题。

第一，国际间的文化交流会怎样，文化"走出去"的命运将如何？

自从15世纪地理大发现以来，人类社会经历了一场浩浩荡荡的全球化历史大潮。它促使了近代西方社会的兴起，推动了世界中心的转移，影响了人类文明的历史进程，改变了全球文化的格局。按照著名经济学家安格斯·麦迪森的计算：1500年，中国是世界第一大经济体；1820年，中国GDP占到世界总量的32.9%，远高于欧洲国家的总和；汉唐宋元明直到清晚期之前，中国文化以各种形式传播到南亚、东南亚以及欧洲广大的地区，出现一阵阵中国文化热潮，中国思想、中国制度深刻地影响了一批国家，那里至今处处可见中华文明的光辉。但是，中

---

* 这是2017年12月26日关于集团学习贯彻十九大精神的三点思考。

国1870年的GDP占比下降到17.2%；1913年，下滑到8.9%。在19世纪中后期，较之于经历了文艺复兴和两次工业革命的西方国家而言，中国的经济和文化地位逐渐由中心滑向边缘地带。

相反，1894年，美国GDP总量超越英国跃居世界首位。"一战"前的电力革命和内燃机革命使它赶超了德国和英国，成为世界头号工业大国。当时美国工业生产总值占据世界工业总产值的1/3。1916年，美国成了世界上最大的资本输出国，19世纪20年代，美国成为全球汽车王国。"二战"后的1948年，美国的工业产值占整个西方世界的54.8%，开始成为世界头号超级大国。与美国经济不断崛起相伴的是美国大众文化的崛起，特别是"二战"后美国用"三片"（薯片、芯片、影片）广泛影响了世界。1996年，美国的文化产业占GDP的25%左右，成为最大的出口产业。过去毛泽东同志说："不是东风压倒西风，就是西风压倒东风。"除了政治、军事上的意义，其实也透露了过去两千年东学西播、西学东渐的洞见。自然界有季风，人类文化大概也有季风，只是时间尺度很大，大约三百年左右。历史季风联系着国运盛衰，就全球看，也联系着人类文明的运动规律。

积四十年之功，中国已经成为全球第二大经济体、外汇储备第一大国、货物贸易出口第一大国、对外投资第二大国，中国特色社会主义道路正在成为世界现代化进程中的一个崭新的独特样本。这个样本具有独特意义：第一，此前的现代化都是经历了由封建社会再到资本主义社会的社会更迭，但是中国没有经过资本主义发展阶段；第二，此前的现代化是2亿人口的现代化，而中国的现代化是14亿人口的现代化；第三，此前的现代化的主体基本上是全球领先的发达经济体，而中国是后发国家。

显然，与西方发达国家相比，我们的现代化水平还有进一步提高的空间，但是力量对比正在发生变化，政治、经济、文化格局正在发生变化。美国著名经济学家加尔布雷斯指出，西方现代化面临着"丰裕中的贫困"问题，也就是在经济高速增长、物质繁荣的背后，存在通货膨胀不断加剧、社会鸿沟不断扩大、福利社会陷阱等诸多问题。它们在高平台上，存在着普遍的增长乏力、动力不强的问题。而中国的现代化还处于工业化进程的中期，处于跨越"中等收入陷阱"的关键期，处于一个爬坡的阶段。用历史的长镜头看，特别有趣的是"落日的辉煌"恐怕难免会落在西方文明的未来，而东方文明的旭日在吸收世界各种文明之后，必将再次升起。我们这个宇宙、这个世界的法则是走曲线的。这不是宿命而是规律，"一阴一阳之谓道""各领风骚数百年""你方唱罢我登场"是对这一规律的人文揭示。习近平总书记讲中国"日益走近世界舞台中央"，在这样的背景下，我们的软实力可能会越来越强大，国际话语权可能会越来强大，中华文明回归国际文明体系主流位置的可能性越来越大。拿破仑说："中国是一头沉睡的雄狮，当它醒来全世界都会震惊。"这是讲硬实力。基辛格说，中华文明会"作为一种永恒的自然现象在历史上出现"。这是指软实力。

因此，我们制定了国际化战略，明确了"短期做响、中期做开、长期做强、总体做实"的方针，明确了"深化欧美传统市场、开拓新兴市场和'一带一路'市场、壮大周边市场"的布局，明确了"跟着外交走，跟着国家战略走，跟着资本和产业走"的策略，明确了版权、项目、翻译、数字化、人才、机制为基础的六大要点，明确了内容传播的两大中心话题是"传统文化的当代阐释"和"中国道路的学术表达"，进而逐步实现内容国际化、生产国际化、翻译国际化、渠道国际化、传播国际化。一句话，要逐步成为"国际传播型"集团。

第二，伴随"两个百年"的进程，出版的地位和作为将会怎样，新的特征会是什么？

十九大报告最鲜明的主题就是中国特色社会主义进入了新时代。经过近四十年的改革开放，我国经济社会迅速发展，已成为世界多极化格局中的重要一极。新时代，我国日益走近世界舞台中央，也将必然与国际上的大国出现更多的矛盾与博弈。

美国著名战略学家布热津斯基在1997年出版的《大棋局》中指出，欧亚大陆是全球霸权角逐的决胜场。他将之形容成一个棋盘，分为中央、西部、南部、东部四个地区。中央区是俄罗斯，西部区有欧盟，南部区有印度，东部区有中国和日本。美国要维持全球霸主地位，就必须掌控好各个区域的政治平衡。从"二战"以后的历史看，美国一直在通过军事、经济、政治等手段推行亚太战略，目前又将其演化成印太战略，以期策动印度联合日、澳及南亚国家，遏制中国发展。今年12月18日，美国发布特朗普上台后第一份综合安全政策文件《国家安全战略报告》，中国被定位为"战略上的竞争对手"。

龚自珍曾说："欲要亡其国，必先灭其史；欲灭其族，必先灭其文化。"美国人说，他们花巨资，用外交、经济手段没有实现的和平演变目标，在他们新闻宣传和文艺大片中实现了。在中美关于矛盾争端的问题上，美国人直截了当地说：你们要么屈服，要么挑战。

可以看出，我国所处的国际环境中，有整体和平，也有局部战争；有合作发展，也有贸易保护。现在中国的发展越来越是国际性的问题，世界市场、世界贸易、全球资源、全球金融等交织在一起，国际关系中有鲜花也有陷阱，有合作也有对抗，有共享也有霸权。苏联的老二地位演化为解体，日本的老三地位落得三十年的停滞，欧盟崛起也在金融危机中低迷徘徊，其中都有美国的影子。当今国际关系，重温春秋战国就清楚了；当今大国格局，想想五霸七雄就明白了。"亡秦必楚"大概说的是人心，大概揭示的是屈原所代表的荡漾在楚国民众中的爱国主义。总之，在迈向两个百年的进程中，西方国家对我们的遏制，西方敌对势力对我们的西化分化，以及我们自身在社会转型中的问题矛盾重重交织，使得社会风险、经济风险、环境风险、政治风险长期存在。对外，我们要强调国防，国防的关键在心防；对内，我们要强调建设，建设的关键是精神文化和思想建设。中华民族的伟大复兴，必须要增强民族凝聚力，构建主流价值、主流文化：一是构建主流意识形态，二是构建主流价值观，三是构建主流文化。我们应该担负起构建这种主流文化、主流出版的责任。

所谓主流出版大概应有如下的考量：一是反映世界大势国家大势，二是反映各领域最新成果，三是反映现代国民素质整体状况，四是反映社会大众健康文化需求，五是反映当代有影响、历史上留得下的出版要求。

因此，中国出版集团主要在五个方面加强建设：一是做响主题出版，坚持正确出版导向，弘扬主旋律，传播正能量，形成重文化、重学术的主题出版风格。二是构建国家主流知识体系出版板块。三是构建主流产品集成。四是提升主流出版品牌。五是创新主流产业方式。这就是要"文以载道、商以传道、创新弘道"，就是要以企业的方式生产文化产品，以商业的方式传播文化内容，以市场的方式配置文化资源，以产业的方式增强文化的持续发展能力。这五个方面归结为一句话，就是要努力打造"主流出版型"集团。

第三，传统出版的数字化关键在哪里，产业方向是什么？

1995年美国麻省理工学院教授尼葛洛庞蒂出版《数字化生存》，其观点已经被时间所证实。20多年了，数字化已经成为一股席卷全球的大潮，改变了人类生活方式，还重构了全球商业生态系统，旧的生态体系不断分崩离析，而新的生态系统不断成长出来。展望新的数字化浪潮，有四种情况值得重视：一是虚拟成为新的技术主流。二是共享成为新的经济形态。三是移动支付成为新的支付方式。四是数字经济成为新时代经济增长的主要动力源泉。在这几个趋势中，我们可以看到，无论是人工智能、共享经济、移动支付还是数字经济，都离不开大数据作为基本前提。正是这些大数据的存在，使得机器人产品、共享产品、支付体系的创新等成为可能。

2004年谷歌启动了它历史上的第一个"探月"项目，即数字图书馆计划，准备将全世界一共 1.2 亿种图书进行扫描，转化成 PDF 格式的数字化资源。但是这个野心勃勃的计划失败了。因为在海量的、碎片化的、个性化的需求面前，内容资源的数字化不是关键，关键的是内容资源的数据化。数字化是把模拟数据转换成用 0 和 1 表示的二进制码，而数据化则是把现象转变为可制表分析的量化形式。一切皆可数据化，DATA 的拉丁文本意是"已知"和"现实"。我们可以把一切都看成是数据存在。它们过去是默默无闻的，因为没有数字化、云计算。在云计算、互联网的条件下，它们神通广大起来。

对于出版而言，数据包括：第一，营销数据。第二，生产数据。但是，还有一种最关键、最本质、最有用的数据，那就是内容本身所蕴含的全部知识数据，也就是说，**"内容即数据"**。

就出版产业而言，近十年的发展，第一波是转企改制驱动，第二波是上市融资驱动，第三波是数据驱动。在这个意义上讲，内容不再是一种传统意义上的资源，而是一种大数据时代意义上的数据资源。在传统时代，内容是出版业最大的资产；而大数据时代，数据是出版业最大的资产。出版业要努力做大数据资源规模，做大数据资产规模，做大数据增值规模。

2014 年，因为准备版权高级研修班的发言，我集中学习，心得是：第一，大数据无处不在，古已有之，云计算激活了它的蓬勃生机。第二，大数据的核心是预测，特点是大而全，样本即整体，因而放弃精确，拥抱混杂，反而更加精确。第三，大数据的关键在相关关系，一旦掌握了量化的相关性，就掌握了预测的钥匙。第四，大数据存在五个问题，要深入研究。第五，大数据再大、再神也是工具，传统出版可以在学习中掌握主动。

今年再学习，总的心得如下。

第一，新时代的主要问题是高质量发展，底层的最基本问题是创新，而创新的决定性因素是科技。

第二，传统出版还有发展空间，但中心正在转移，融合发展将逐步成为主旋律。

第三，在数字化网络化的浪潮中，对传统出版商而言，要害是内容数据，数字化的前提是内容的数据化，关键是内容数据的集成，核心是内容数据的研发应用，前景是成长为内容数据的提供商、研发商和服务商。

第四，在数据化中出版将真正成为内容的提供者和创新主体。内容数据的规模，它的资产化、集约性、增值潜力将越来越代表出版新业态的方向，总之，内容数据对我们来说是一的一切，是一切的一。

因此，从以上几个方面来看，中国出版集团要努力打造"融合发展型集团"。

第二篇 深化改革创新,做优经营管理

1. 立足"一止五升",做好"六个狠抓"*

今年是"十一五"的开局之年,上半年可以说是开局的开局。从2月22日工作会议以来,五个多月过去了,这个局开得如何,集团关注,大家也很关注。下半年如何把握,集团在思考,大家也在思考。一个关注,一个思考,这就是我们今天会议的焦点。下面说三点意见,供同志们参考。其中,第二点重点工作的内容,是工作会议的部署,也请党委各位成员传阅了解要点。因为是座谈会,第一点形势和第三点要求,是我个人的看法,说错了由我负责,也请各位批评指正。

一、认真分析集团形势,切实把住六个势头

年初的工作报告对国内外的出版业形势做了分析。因此,明确了集团今年乃至"十一五"的工作指导思想、总体要求、奋斗目标、"六大战略"和五个方面的任务。现在,我们应该来分析一下集团自身的形势。形势形势,形是看得见、摸得着的,势是蕴藏在形之中,看不见、摸不着但可以通过分析,能感知、把握的;形是已经发生、已经存在的,势是正在酝酿、将要发生的;有形必生发势,而势又产生于形。观形的目的在于察势,只有察势,才能更好地把握形。形是用眼睛看的,势是用思想看的。通过上半年各种有形的会议、文件、部署、措施,各种选题、造货、市场和数字,我们看到了六种势的变化。

第一,遏止了下滑势头。去年年底,集团是在主要经济指标大面积下滑的情况下关账的。与前年同期相比,去年经济总量降幅为5.09%,

---

* 这是2006年8月14日在凤凰出版传媒集团2006年年中工作座谈会上的讲话。

利润总额降幅则高达 19.38%。滑坡涉及编印发供各个环节，除发行集团及个别单位外，销售额都在下降。出版社整体下降 6.64%，最严重的下滑四成。物资公司销售大幅缩水。集团的总体经济形势全面吃紧。

今年一季度，尽管集团的利润总额同比仍在下滑，但下降幅度已经从上年同期的 13.69% 减到了 5.58%，而销售收入则显出上升态势。大部分出版社销售收入都有增长，集团的总体销售收入同比上升了 2.22%。幅度虽然不大，但下滑之势已被遏止。

到 6 月份，集团销售收入同比上升 10.66%，编印发供产业链全线呈上升态势，出版社上升 12.09%，发行集团上升 7.79%，新华印刷厂上升 26.14%，物资公司上升 32.25%。同时，集团完成利润情况同比上升幅度达到了 12.23%。这些数据告诉我们，凤凰集团去年以来的下滑趋势已经得到了有效遏止。

第二，增长的势头是好的。 今年一季度，集团销售收入完成全年预算指标的 25.77%，利润实现全年预算指标的 34.64%。有 8 家出版社销售增长，上升幅度为 6.81%，完成全年预算数的 27.11%。发行集团销售上升了 1.95%。

到 6 月份，集团完成销售收入 42.08 亿元，比去年同期增加了 4.05 亿元，完成全年预算指标的 52.35%；利润实现全年预算指标的 72.42%。

与去年同期相比，各出版社销售增加 9277.92 万元，完成全年预算指标的 52.67%。利润同比上升幅度为 6.22%，完成预算指标的 65.27%。江苏人民出版社（以下简称"人民社"）、江苏凤凰科学技术出版社（以下简称"科技社"）、江苏凤凰教育出版社（以下简称"苏教社"）、江苏凤凰美术出版社（以下简称"美术社"）、凤凰出版社（以下简称"凤凰社"）、江苏凤凰文艺出版社（以下简称"文艺社"）、译林出版社等都有较大幅度增长。发行集团销售增加了 21145.38 万元，完成全年预算的 54.26%，利润总额上升 14.57%。物资公司销售增加了 9798.77 万元，上升幅度为 32.25%。新华印刷厂销售增加了 380.08 万元，上升了

26.14%，同比减亏 179.94 万元。

除 4 家单位外，集团多数直属单位完成了年度预算的 50%，实现了时间过半、任务完成过半。

第三，出书的势头是好的。 到 6 月份，8 家图书出版社共出新书 1122 种，占全年计划的 51%。完成发稿 852 种，占年发稿计划的 41%。

同时，这一势头还表现在：一是在国家"十一五"规划中，集团入选项目数量居全国第四位，前三家分别是中国出版集团、上海世纪出版集团和辽宁出版集团。二是重点图书出版屡有亮点。上半年，集团先后两次在北京人民大会堂、中国社会科学院举办重点图书首发式，凤凰社 61 册的《全元文》，人民社 11 册本的《西方哲学史》，得到中宣部、新闻出版总署和省委领导的高度评价，也受到学术界的好评。特别需要指出的是，码洋一千元左右的《南京大屠杀史料集》，首印 1500 套和加印的 1000 套，基本实现销售。三是据开卷 6 月份的全国零售市场信息，集团版图书在全国同类集团中的排名由第 8 位上升至第 5 位。苏教社从去年同期的第 109 位升至第 99 位，人民社从第 329 位升至第 318 位，凤凰社从第 389 位升至第 381 位。江苏少儿出版社（以下简称"少儿社"）的"黄蓓佳倾情"系列，两个月发行 8 万册。译林出版社的《纳尼亚传奇》，销售 5 万套，计 50 万册。文艺社的"大家散文文存"常销不衰，成为支柱产品。美术社的"找朋友"系列丛书在今年全国书市上订货 2 万套，达 8 万册。四是积极出版配合党和政府中心工作的图书。美术社抢抓机遇，迅速策划了"知荣辱，树新风"丛书，发行达 30 万套。少儿社出版的《新童谣》发行达 50 万册。科技社的"金阳光"丛书，仅两个多月就完成了首期 50 种出版任务。省委领导张连珍、孙志军分别出席了这些图书的首发仪式。

第四，发展的势头是好的。 一是主业市场在逐步稳定的基础上有了新拓展。集团与外版教材的租型关系，几经反复，多次谈判，现趋于稳定。2006 年秋季教材的发行工作，尽管教材中准价平均降幅 13%、学生数同比减少 87 万人，但集团上下力争主动、多方协调，稳定了省内教材市场的基本格局。发行集团明确征订重点，做到"一个品种不漏，一个学校不漏，一个学生不漏"。针对今年价格因素导致的教材开印迟、印刷方式和用纸结构变化大、印制时间缩减 45 天等情况，总部和各有关单位齐心协力，保证了进度。为展开"六大战略"，集团党委决定，成立省外教材推广公司，目前正在顺利筹备。苏教社进一步强化在集团教育出版战略中的主体地位，今年又有 17 种选修教材通过审查，2006 年秋季起投入使用，同时省外推广成果也很显著。科技社积极延伸课标教材产业链，职业教育教材正蓄势待发。美术社重点规划了艺术类文教图书出版方案。少儿社对幼儿课程教育读物进行二次建设，初步形成了体系。文艺社重点建设的"全国中小学生阅读年选"迅速成型，已取得 4 万套的销售业绩。

二是对外合作取得重要突破。各出版社版权贸易总量同比增长 54%。集团 38 种图书入选本年度"中国图书对外推广计划"，从入选数量看，与湖南出版集团并列地方首位。同时，集团成为今年法兰克福国际图书展览会 12 家重点参展单位之一，与加拿大灵通集团的合作取得实质性进展，与新加坡大众控股集团达成了战略合作意向，与美国佩斯大学签订了人才培训合作框架协议，共同建立了"中美出版研究中心"，孔子学院也在积极筹建之中。在集团成立五周年前后，麦格劳－希尔、ETS、阿歇特等国际大型出版公司的总裁将陆续回访，进一步确定战略合作的意向。

三是重点建设工程有序推进。国际图书中心是集团的一号重点工程，自去年年底发现裂缝及渗漏现象后，党委连夜召开会议，果断决定，工期必须服从于质量，进度必须服从于安全，暂缓施工，全面检查，分析原因，从容应对。其间，工程指挥部根据国家相关法规，按照集团党委的要求，聘请中国建筑科学研究院、国家建筑工程质量监督检验中心等权威机构，先后对工程底板进行了两次检测，查清了裂缝的主要原因，出具了国家级的鉴定报告，提出了应对方案。其后，在江苏省住房和城乡建设厅的主持下，组织召开了多次专家论证会，评审并最终形成了地下室的底板裂缝处理与加固方案。6月，工程正式恢复施工。7月，党委成员集体察看了工地，并召开会议，听取指挥部的工作汇报。目前，工程正在按方案、按程序逐步展开，原定2008年交付使用的计划可望不受影响如期实现。

新港图书物流中心已基本建成。物资公司新港物流配送中心项目的可行性研究报告，已获得省发改委批准，一期建筑面积65982平方米，投资1.98亿元。同时，为盘活资金存量，集团进行了积极、稳妥、有效的资本运作，如两次通过中介申购新股，共获利两百多万元。一批业外发展项目也在积极论证之中。

第五，改革的势头是好的。一是3月底的改革会议和两个意见，明确了改革的基本思路、主要内容、当前重点和操作步骤。二是各单位根据集团的部署，积极推进机构调整、人员竞聘和双向选择，出台了新的分配方案。三是通过公开竞争，有38位同志走上中层岗位，42位中层调整做其他工作。在中层干部中，中青年比例提高了13个百分点，大学本科以上的学历比例提高了10个百分点。四是各单位都启动了分配制度改革，向业务骨干和关键岗位倾斜、奖惩分明的分配格局正在逐步形成。总的来看，改革有突破，有进展，取得了阶段性成果，为下一步深化改革积累了经验、打下了基础。

第六，领导班子的势头是好的。一是领导班子配备得到进一步加强。集团党委相继对部分领导班子调整充实，其调动人数占调整前领导班子成员数的27.14%，其中，7个单位一把手进行了调整。领导班子平均年龄下降1.3岁，本科以上学历人员占比提高了5.3个百分点。二是集团中心组学习、围绕"十一五"发展的讨论、总部为基层办实事的具体项目、社会主义荣辱观教育、党风廉政制度建设、治理商业贿赂专项工作、基层组织换届选举和党员发展、群团工作等有序推进。集团内各级领导班子和党组织的思想建设、组织建设和廉政建设都有新的进展。特别是集团在省级机关反腐倡廉大家唱活动中获得优秀奖，围绕年度工作会议精神组织的知识竞赛发动广泛、组织有力，参加员工达1593人。三是各单位领导班子精神状态良好，大家都在埋头干事、奋力拼搏，有朝气、有干劲。总体来看，领导班子的结构得到了改善，作用得到了进一步发挥，执行力有了新的提高。集团党委对绝大多数领导班子的工作是满意的。

以上这六个势头，一止五升，来之不易。我们分析这六个势头，一是要充分肯定大家的艰苦努力；二是要通过有形看无形，透过现象观本质，无形是精神，本质在改革。今年书业的宏观环境并没有大的改观，政策和市场的压力甚至更大。这六个势的变化说明精神状态非常重要，战略方针非常重要，领导班子建设非常重要，推进改革非常重要。面对困境和危局，关键在人，关键在思想，关键在精神。认识并坚持这一点，我们才能把住下滑的势头，保持上升的势头，引领集团的发展。

在分析形势时，我们要坚持越是八面压力、四处危机，越要振奋精神、敢于胜利，越是形势好转、数字上升，越要清醒冷静、聚焦问题。当前突出的问题在哪里？一是领导班子建设有待进一步加强。直属领导班子总体上仍处于调整充实期，现有领导班子成员的年龄、专业结构还有待改善，尤其是经营管理人才亟待抓紧培养。二是改革推进存在着不平衡现象，有的单位甚至有"走过场"现象。特别是分配，拉开了档次但还不到位。三是经济运行还不能排除再度下滑的危险。教材中准价下调的不利效应将在下半年显现出来，对我们实现全年经济目标仍将构成严重威胁。各出版社的库存，尤其是三年以上的图书积压仍然是个沉重的包袱。有些单位存货周转率、资金周转率不高，但负债率偏高。四是内容创新迫切需要政策支持。整个集团大众出版依然薄弱，重点书在规模上还不够大，一些深层次的结构性矛盾制约着集团主业的发展。这些都需要我们认真研究实际，制定内部政策，加大指导、支持内容创新的力度。五是发展需要具体的战略指导。要继续研究"六大战略"的具体内容，研究落实战略的具体措施，研究集团战略与各单位战术的联系与配合。尽管我们已经有了集团联动的初步进展，但要达到心脉相通、上下交融、步调一致、协同作战，在战略整合、思想整合、资源整合和实现整合的经济办法上，仍需付出不懈的努力。同志们，在目前的情况下，我们各级干部特别需要时常提醒自己，骄兵必败，盲目必败，浮躁必败；特别需要善于在情况好转的时候聚焦问题，善于在数字上升的时候把握变数，善于在身处顺境的时候发现危机；特别需要保持冷静、客观、辩证的头脑，保持胜不骄、败不馁的从容心态，保持进取不懈的旺盛斗志。

二、全力抓牢工作重点，切实把住工作进度

当前，全年时间已经过半，要完成年度各项目标任务压力仍然很大，担子仍然很重。

下半年工作的总要求是：坚决贯彻年初工作会议的部署，切实把握全年工作进度与节奏，逐步展开"六大战略"，重点推进年度目标，突出重点，带动全局，咬住目标不放松，沉下心来抓落实，全面完成年度工作任务。

（一）启动集团重大出版工程

目前，大家都在呼吁，集团应该搞一项有影响力的出版工程，不少同志建议叫"凤凰文库"，出版部也在积极筹划，有的出版社已经行动起来。面对各大出版集团的出书动向，考虑到集团未来的竞争力和影响力，结合集团的出版历史和出版现状，出于推进内容创新战略的考虑，我们感到，汇集团之力，集各社之长，聚多方智慧，共同打造"凤凰文库"的时机已经成熟，应该下决心把"凤凰文库"作为内容生产的一项重点工程来抓。

初步设想，"凤凰文库"应该是有其文化之魂，具备凤凰特色，联结凤凰出版的过去与未来，既对过去集团版精品书做提炼汇集，又展开未来出版的开放式构架。既有继承荟萃，更重创新力作，成体系、成系列，有规模、有分量，有特色、有影响。

构建"凤凰文库"，是集团提升大众出版、做精专业出版的重要举措，是对内容生产的一项中长期规划，对集团的内容创新和未来的品牌影响意义重大。下半年要力求通过集思广益、充分论证，勾勒出"凤凰文库"的总体框架，确定先期进入的学科领域，细化选题项目，并将其纳入各单位明年的选题计划，统一组织实施。

（二）召开两个全局性大会

8月22日，将召开人才工作大会，讨论并正式形成集团"十一五"人才队伍建设规划，并对今后几年的人才工作做出部署。这是集团推进人才强企战略的一次重要会议，同时又是集团总部有关部门正副职、直属单位领导班子部分副职岗位公开选拔人才的动员大会。集团发展之难在人才，希望之光也在人才。人才难得，难在发现，难在用其所长，难在取之适时。以众人目光看人，用民主程序选才，将竞争机制引入人才的选拔，再加上组织的培养、实践的磨炼，人才就会聚集，骨干就能形成，领军人物就有望造就出来。这项工作我们将认真吸收以往的经验，充分听取各方的意见，争取做得有影响、有实效、有导向性。

9月28日，将召开内容创新大会。选择在集团成立五周年之际召开，有着导向意义和象征意义。它将是集团集中思考、正式展开内容创新战略的重要举措。内容创新是内容产业的生命线，是集团一切工作的重中之重。上半年，集团对各出版社进行了初步调研，召开了相关部门负责人的内容创新务虚会，形成了一些有价值的思考。目前，这个会议的筹备工作正在紧锣密鼓地进行。开好这个会议，关键是要总结我们已有的经验，摸清我们自己存在的制约性问题，看清国内其他出版集团的出版动向，学习国外出版的先进理念，揭示内容生产的主要矛盾和矛盾的主要方面，从而理清基本思路，明确奋斗目标，研究导向性政策，制定鼓励性措施，形成创新性机制。希望各出版社和集团有关部门抓紧学习，抓紧调研，抓紧总结，抓紧策划。同志们，重要的事照一般方法做，只能做出一般的效果，我们只有加强学习调研，加强总结思考，才能产生不一般的策划。对于内容创新大会，我们一定要以创新的精神、创新的思维、创新的内容、创新的办法去开，开出创新的效果来。

开好这两个带有全局性、战略性和导向性的会议，对集团的长远发展将产生重大意义。

（三）出台三个重要文件

一是"十一五"期间集团的发展规划。上半年，各单位就规划内容做了大量工作，有的单位做得很认真，但也有些单位至今未拿出规划文本，有的拿出来了，却看不清战略如何、目标如何、进度如何、措施如何。制定发展规划，不是文字工作，本质是理清发展思路，明确发展定位，研究发展战略，确立目标任务，推出发展举措。看规划可以看到一个领导班子的思考，看到每个班子成员特别是主要负责同志的水平。希望各单位，特别是一把手重视起来，研究起来，切实把规划完善起来。请各单位9月底前全面完成本单位规划，向集团五周年献礼。年底前，我们将完成集团整体的"十一五"规划。

二是《进一步做强教育出版的规划纲要》，三是《大众读物出版规划指导意见》。这两个文件正在制定，形成初稿以后，要发动编辑人员来讨论，要请各位社长总编来指正，也要老同志、老专家、经营管理方面的骨干来提意见和建议，力争使这两个文件对集团的内容生产既具有指导性，又具有操作性，既能管眼下，又能管长远，体现出集团总结"十五"、展望"十一五"的思考水平。

（四）筹建四个新型公司

一是挺进北京的出版公司，二是与联想合作的网络公司，三是美术社进入市场的艺术品公司，四是开拓省外市场的教材公司。这四个公司经过长期酝酿，上下已经看准，各方已有共识。党委已经做出决定，要求在集团成立五周年之际正式揭牌。现在关键是抓紧落实，加快推进。只要我们看准了领军人物，明确了目标任务，创设了新的机制，制定了预防风险的监控机制，就要大胆地试、大胆地闯，就要以鼓励成功、宽容失败的心态，以打破平衡、实现突破的勇气，为新生事物营造发展的氛围，为领衔上阵者创造跑马舞剑的环境。

（五）推进五项改革措施

上半年，各单位改革势头不错，但发展不平衡，集团要适时进行检查、验收，缺项的要补课，走过场、搞形式、无成效的要坚决推倒重来。各单位要认真回头看，在自查的基础上以文字形式报集团，申请验收。下半年，集团内将推进五个方面的改革：一是实施总部的三项制度改革，二是制订集团整体改制方案，三是继续推进发行集团的改股上市工作，四是选择条件成熟的出版社推进报刊整合试点，五是集团系统中层干部的公推公选。我们想清楚了，改革是一项庞大的系统工程，是一个过程，因而改革必须看清阶段性，看清阶段性的突出问题，看清阶段性的改革目标。只要我们不好大喜功，不畏难停步，逐步深入，循序渐进，坚持不懈，就能减小震荡，将内部的机制改造好，将企业的机体调到科学发展、和谐发展、率先发展的良好状态。

（六）认真抓好六项重点工作

一是重点选题的策划，二是多元特别是向地产、金融和酒店业的发展，三是集团内的信息化建设，四是以国际图书中心和印刷物资物流中心为主的重大基础工程，五是法兰克福国际图书展览会和北京国际图书博览会，六是党的工作和反腐倡廉工作。

这六个方面的工作有的在年初工作报告里已做部署，有的在专题会议和专项工作中已做具体安排，请大家认真贯彻，这里就不展开了。

三、努力加强组织领导，切实把住全局主动

前面我们讲把住六个势头，把住下半年的重点和进度，这两条都离不开把住全局工作的主动权。要把住主动权，就必须加强组织领导。在当前，针对集团的实际，就是要做到"六个狠抓"。

（一）狠抓战略，促进成员单位战略整合。对一个集团来说，战略是生死攸关的大事。战略明才能方向明，战略清才能思路清，战略实才有实践意义。集团已经有了"六大战略"，但必须深化、细化，必须随着情况的变化逐步丰富完善，以求得对实践的指导作用。这是第一个问题，深入研究战略。第二个问题，集团的整合首先是战略的整合，要思想统一、目标一致，实现集团战略与各单位战略的一体化，注重集团战略与各单位战术的互动性。没有子战略支撑的总体战略是空洞的，没有战术支持的战略是无效的，没有共同战略指导的集团必然是散兵游勇、一盘散沙。

集团战略与各单位战术缺乏互动性，这是集团长期以来存在的突出问题。当前抓战略问题，核心是抓各成员单位的战略整合，使各单位的战术体现集团的战略意图。一个成熟的领导者，必须认识到战略思维和战略目标，对于统一步调、协同作战，对于整合资源、调配力量，对于集中优势兵力、形成取胜之势极其重要。一个领导班子的水平如何，很大程度上体现在能不能理解总体战略，能不能在总体战略指导下制定自己的局部战略，能不能在战术行动中贯彻战略意图，能不能在全局战略的指导下，顺势借力、做大做强。围绕中心、服务大局，在某种意义上就是围绕战略中心、服务全局战略。

（二）狠抓班子，促进人才队伍不断优化。战略靠谁抓？靠有远见的领导班子。战略靠谁实施？靠有战斗力的队伍。抓领导班子和队伍抓什么？一抓战略性的思维，二抓结构性的配置，三抓实施战略的创造力。这就是我们党关于抓组织建设、抓思想建设、抓能力建设和作风建

设在集团化实践中的具体运用。下半年，领导班子建设一要总结经验，在实践中学习、研究战略；二要通过公推公选发现人才，完善结构；三要加大培训力度，将我们队伍中的人才引导、培养好，同时面向社会，将社会人才吸引住、选进来。

（三）狠抓党建，促进企业文化逐步形成。集团党的工作，实质是把握人心的工作，这是我们党思想政治工作的优良传统。方向方向，人心所向，从一定意义上说，把握了人心就把握了方向。一个成熟的领导者应该有这种政治觉悟，懂得这个最基本的道理。政治是什么，在企业就是股东、职工和顾客各种关系的总和。政治不是空洞的原则，政治工作在企业就是调节各种经济关系。这种调节事关发展，事关稳定，事关人心，事关大局。思想工作是什么，就是企业文化，就是解疑释惑、凝心聚力的工作，同样事关发展，事关稳定，事关人心，事关大局。企业党组织要发挥核心作用，就是要抓人心，抓思想政治工作，抓企业文化建设。一个成熟的领导者，不仅应是抓发展、抓出书、抓效益的能手，也应是抓政治、抓思想、抓企业文化的专家。

各单位的党组织，要时刻注意发挥四个作用：一是把握导向，发挥政治核心的作用；二是保障监督，发挥服务中心的作用；三是调节关系，发挥凝心聚力的作用；四是创建企业文化，发挥激发信心的作用。要始终记住"五个把握"，即把握导向，把握人心，把握灵魂，把握人才，把握成事不败事、育人不毁人。

下半年，党的工作要围绕五个环节努力作为：一要加强组织建设，配强党务干部；二要着力文化建设，构建思想核心；三要努力发展党员，覆盖重要岗位；四要发现培养典型，宣传奖励先进；五要加强廉政建设，落实反腐措施。

年内，要完成各单位党组织的到期改选工作，集团直属机关党委也要完成到届改选工作。集团成立五周年前后，机关党委已经安排了丰富的群众性系列活动，要通过活动增强干部的集团意识，培养员工的荣誉感和归属感，激发从业人员的敬业精神、团队精神、创新精神和竞争精神。

（四）狠抓重点，促进"六大战略"逐步展开。战略是宏观的，但不是空洞的。年度工作会议提出"六大战略"，最终都要化为具体的工作项目和产品项目。实施"六大战略"，是"十一五"期间的长线工作，涉及的范围十分广泛，我们的基本思路是抓住重点、有序推进。所谓重点，就是影响核心竞争力的项目，涉及集团全局的工作。所谓有序，就是依据轻重缓急分年度逐步展开。

上半年，集团围绕企业化战略大力推进了三项制度改革，围绕市场拓展战略做出了筹建省外教材公司的决策，围绕数字化战略开展了出版管理信息系统的选型论证工作，进一步深化了与联想集团合作开发数字内容的商谈工作。围绕外向合作战略和人才强企战略，与一些世界著名大型出版集团进行了有意义的交流，与佩斯大学签订了联合培训出版人才的协议。下半年，"六大战略"还将随着重点工作逐步展开。各单位要善于在战略中排重点，在重点中演绎战略意图，从而使战略更具有实践性，使重点工作更具有长远发展的意义和现实的全局意义。

（五）狠抓落实，促进年度指标全面完成。目标明确，项目确定，关键在于落实。抓落实是一种素质，是一种能力，是工作水平的综合体现，也是工作作风的实际反映。抓落实，一是要求实、务实，反对形式主义。二是要懂轻重、知缓急，抓在点子上。三是要具体，凡事只有具体才能落实。四是要领导到位不越位，让各环节跳动起来，要害是务实、抓准、有度。要懂得抓具体与抓宏观的辩证法，懂得亲力亲为与上下互动的工作方法。

（六）狠抓考核，促进经营管理水平逐步提高。勿庸讳言，我们的经营管理是粗放型的，我们对绩效考核也还需要深入研究、逐步完善。如何建立具有出版业特征的考核体系和办法，比如既反映文化成果又反映经济绩效，既鼓励教育出版又鼓励大众出版和专业出版，既考虑获奖又考虑畅销，既促进主业发展又促进多元发展，既要有静态指标又要有动态指标，对这些问题，我们要善于向国际经验学习，善于在自己的实践中总结完善，善于创造性地研究与探索，通过抓考核来促发展，促经营，促管理，促效益。

以上"六个狠抓"，抓战略实质是抓方向和思想，抓重点实质是抓目标和任务，抓班子就是抓实现战略和目标的主体，抓党建重在企业文化，抓落实着眼能力、作风，抓考核着力经营、管理。"六个狠抓"看似独立，实则有机联系，听起来老生常谈，实践中做好不易。生活中常讲的话常常丢失了它的本意，说顺口的道理往往成了口号。我们要防止这种危险，真正做到"六个狠抓"，就要静下心来研究，就要结合实际，有针对性，就要不断总结，有创造力。

我就讲这些，归纳起来就是，在座的同志要共同努力，坚决把住六个势头，坚决把住工作重点和进度，坚决把住全局工作的主动权！

2. 注意五个关系，把握协调发展*

推进全年工作，既要抓住重点、实现突破，又要统筹兼顾、协调发展。今年发展的任务很重，改革的任务很重，稳定的任务也很重。因此，特别需要把握好以下五个关系。

一是文化使命与经济效益的关系。迎接党的十七大，宣传党的十七大，为党的十七大召开营造积极健康的思想舆论氛围和文化环境，是今年宣传思想工作的主线，也是出版工作的主线，更是全体出版工作者的重要政治责任。我们一定要进一步增强三个意识，即政治意识、大局意识、责任意识。要牢牢坚守三条防线，一是坚决防止出版与中央精神唱反调，给十七大召开带来噪音、杂音，危害社会稳定和政治安定，有严重政治问题的出版物；二是坚决防止低俗出版物引发恶性事件；三是坚决防止引起社会关注、损害国家利益的盗版盗印、侵犯知识产权的重大案件。各级干部，特别是社长、总编，一定要旗帜鲜明地坚持正确的出版导向，这不仅是政治要求，而且是出版纪律。要做到政治问题不含糊，敏感问题不糊涂，热点问题不出错，细节问题不马虎，确保导向万无一失。今年是总署的"出版物质量管理年"，我们要切实提高对质量问题的认识，严格三审制，把住内容关。同时对编校质量、印装质量、原材料质量、服务质量，都要健全质量监控措施。

追求利润最大化是企业发展的内在要求，但利润决定企业的效益，使命决定企业的品位。法国桦谢菲力柏契传媒集团首席执行官德罗

---

* 这是2007年凤凰出版传媒集团年度报告摘编。

克·莫雷尔在谈杂志的使命时说:"我们除了向广大的人群解释少数人的行为之外,也肩负着教育的使命。""只有临时编辑人员才会认为利润与道德毫无干系,更准确地说,认为利润与社会效益毫不相关。"培生集团首席执行官斯卡蒂诺在谈培生的出版理念时说:"盈利可以帮助一家企业持续发展,但是并不能定义一家企业。一个能够有良好发展的企业,通常是把盈利作为给社会带来一些产品和服务之后的东西,而不是作为目标。在培生,我们共同的理念,是帮助每个孩子更好地学习,帮助每一个大学生更好地学习。当然,我们的工作是为了改善生活,但是我们都有这样的热情,那就是广义上的教育。"柳传志说联想集团的使命是"振兴民族工业",张瑞敏说海尔的使命是"敬业报国,追求卓越"。在美国哈佛商学院和与之齐名的沃顿商学院,新生入学第一课都是政治课,课程内容都是商业使命、商业道德和企业家的使命、企业家的道德。这样的例子可以举出很多。这说明,讲使命不仅是因为出版作为文化事业要讲"两个效益",不仅是因为国家赋予了我们政治责任、社会责任,而且因为这应该是一个优秀企业、一个有抱负有理想的企业的价值追求。使命决定一个企业的品位,决定一个企业的胸怀,也决定一个企业的长远发展。当然使命不是空洞的口号,更不是影响消费的广告,作为企业应该在服务社会中取得效益,在取得效益、增强实力的基础上更加切实地回报社会。唯利是图的企业最终只会失去市场、失去信誉、失去利润,只有立志高远的企业才能赢得市场、赢得顾客、赢得长远的效益,这是很多企业的经验教训告诉我们的市场法则。现在各单位的经济压力很大,应该说追求效益最大化是一种进步,但成功企业的经验值得我们深思。凤凰集团应该有自己的远大理想,有建立在企业化、市场化、效益最大化基础上的文化使命感,在转企改制的关键时刻,我们不能迷失方向。

二是改革、发展、稳定的关系。今年集团将面临改制,把握好改革、发展、稳定的关系,具有特殊的重要性。中国三十年来的改革经验告诉我们，改革是发展的动力，发展是改革的目的，而稳定是改革的前提，是发展的环境。不改革就不能发展，就不能实现真正的稳定。但改革又是一个过程，在这个过程中有阶段性的主要矛盾和主要任务，我们只有抓住主要矛盾，完成阶段性的任务，才能一步一步循序渐进，在总体稳定的环境中取得重点突破，在重点突破的条件下推动下一阶段的改革。改革必须坚定，但切忌不分阶段贸然推进，切忌不分轻重全面出击。要注意既坚定不移，又把握节奏，既重点突破，又考虑总体平稳。中国的改革与苏联改革相比，成功之处在于，由农村到城市，由企业到事业到机关，从生产型企业到财税金融，从内部机制到产权制度，从单个企业的改革到社会保障的配套，在把握节奏中推进，在稳定的大局下深化。我们要认真学习这些基本经验，用以指导集团的改革，努力处理好改革、发展、稳定的关系，不求虚名，不图形式，不赶时髦，实事求是，确保持续发展，确保大局稳定，确保改革有效推进。

三是战略与战术的关系。任何集团型企业，都面临着战略实施过程中各个层面、各个单位之间的战术协同问题。集团企业必须有整体的发展战略，通过整体的战略推进，形成集团的整体优势，谋取市场的强者地位。我们强调加强集团化建设，核心就是要形成统一的战略思想，统一的战略目标，统一的战略举措。战略统一对我们这样的法人联合体构架的集团显得尤其重要。各单位的战术必须体现集团的总体战略意图，否则，集团必是一盘散沙，各单位必然孤军奋战。集团的整合首先是战略的整合，但是，战略一旦失去战术支撑就只能是空洞的口号，只能是纸上的文章。集团战略必须与各单位的战术对接起来。最近，畅销的《蓝海战略》一书，其中一个重要观点就是要把战略的执行作为战略规划的重要组成部分。战略与战术问题，也是决策与执行的问题。现在突出的任务，一方面是战略要适应发展的要求，逐步丰富并深化。另一方面是要在战略指导下增强执行力。增强执行力就是抓落实。抓落实既是工作作风问题，也是工作能力、创新能力的问题。我们要防止战略上的形式主义，提倡求实的精神，培养务实的作风，提高落实的能力，使集团战略真正落到实处。

四是竞争与合作的关系。外部竞争日益激烈，不可避免地导致集团内各成员单位的竞争。市场经济就是竞争经济，在集团内部保持一定的竞争，有利于激发活力，有利于提高集团整体的竞争力。著名的"鲶鱼效应"告诉我们，在一群沙丁鱼中放入一两条鲶鱼，虽然会有少数沙丁鱼被吃掉，但能激活多数沙丁鱼的生命力。这个生物界的例子给经济学的启示是：有危机，有竞争，才能有活力。我们一方面要强调集团的统一性、有序性和各种整合，但同时应该保留合理的竞争空间。整合是要整出竞争力，而不是牺牲竞争力。但同时，集团各成员单位的合作是主导方面和主要方面，只有统一战略，统一步调，整合资源，充分合作，才能形成合力，才能对外形成强大的竞争力。集团化成为全球出版业的大趋势，正是由于这个简单的道理。因此，在内部，我们要在实践中逐步把握竞争与合作的关系，该统的统，该分的分，该收的收，该放的放，在竞争中保持有序，在有序中保持适度竞争的弹性。

另一方面，集团对外要不断增强竞争力。我们现在的问题，不是竞争力强而是竞争力弱，增强竞争力是我们主要的也是长期的任务。国际大企业的经验告诉我们，兼并、重组、合作是企业迅速成长的主要途径。在目前国内兴起的集团化背景下，我们应密切关注合作、并购、重组的发展趋势，抓住机遇，做强做大。要认识到合作是谋求共赢的一种方式，也是竞争的另一种表现形式。通过合作控制市场份额，通过合作挤压竞争对手，通过合作形成产业优势，这是许多成功企业向我们展示的经验。因此，在集团化的过程中，在向外扩张的过程中，我们既要强化竞争，又要善于合作，努力处理好两者的关系。

五是制度建设与思想工作的关系。我们必须看到，企业管理不是纯经济行为，业绩的背后是人，数字的背后是精神。人的工作做好了，企业才能发展好。我们来看几个有趣的情况。20世纪80年代，美国五角大楼曾经有一个响亮的口号——向中国人民解放军学习。学习的主要内容是开展"谈心谈话"活动，甚至照搬了解放军的一些具体做法，要求军官经常找下级谈话，了解、解决他们的思想问题和生活问题，要求在谈话中进行"训导"和"感化"，要求经常召开意见听取会，进行双向对话。美国通用公司的杰克·韦尔奇说："企业领导人的工作成效与能否同下属沟通具有成百上千倍的正效用。为此，我每天都在努力深入每个员工的内心，让他们感觉到我的存在。即使我在很远的地方出差，我也会花上16个小时与我的员工沟通。"他把自己的工作描述为："我80%的时间是与不同的人谈话。"美国著名管理学家德鲁克说："让全体员工都站在上司的立场考虑问题，关键是要使他们感到自己是企业的主人。"他还说："何为经营之本，我认为就是造就人。"丰田公司董事长奥田硕在考察一家企业时说："贵公司的管理给我感觉很好，已经有了自上而下的执行体系……但从知识时代的发展趋势来看，应该尝试自下而上的管理理念、方法和模式。"从以上的例子和话语中，同志们可以感到，所有这些都是我们党倡导实行了几十年的思想，是过去国有企业传统的政治优势。这里之所以举国外的事例，绝不是因为外国人比我们懂得早、做得好，而是我们看到不少企业在学习外国管理经验的同时，丢弃了我们自身的优势，正像过去列宁所批评的"倒洗澡水却连同澡盆里的孩子一起倒掉了"那样。这些情况，值得我们领导干部，特别是青年干部深思。各单位的领导班子，要高度重视做人的工作，学会用有效的沟通化解矛盾、凝聚人心、激发活力。要一手抓制度建设，一手抓人的思想工作，把制度制定的过程作为统一思想的过程，把执行制度的过程与思想教育的过程有机结合起来。今年的各项工作任务很重，做好思想工作尤其重要。

3. 坚持改革不动摇，争创发展新优势，努力成为全国文化产业重要的战略投资者*

在中宣部、新闻出版总署和江苏省委、省政府的正确领导下，在江苏省委宣传部和省新闻出版局的直接关心下，近几年来，凤凰集团注意学习国内外各主要出版集团的改革发展经验，积极推进转企改制，保持了良好的发展态势。2006 年扭转整体下滑趋势，跃上销售收入 80 亿元平台，2007 年实现销售收入 92 亿元，2008 年总资产与总销售收入双双突破 100 亿元，提前实现了集团"十一五"的奋斗目标。最近，经过 20 个月的艰难奋斗，凤凰置业借壳重组终获证监会审核通过，凤凰新华 IPO 上市准备工作也已全面完成。今年年底全集团销售收入有望实现 110 亿元。

在发展的实践中，我们深切体会到，市场竞争的背后是体制机制的竞争，体制转换是根本，机制改革是核心，业态创新是关键。唯有改革，才能变危机为机遇；唯有创新，才能将企业做强做大。

我们将企业化列为集团"六大战略"的第一条，**一是**完成了全省发行环节 43 家单位的事转企，并在此基础上实现了公司化和股份制改造，构建了统一的连锁经营体系和国际一流的物流配送基地。**二是**启动了出版环节 21 家单位整体事转企，完成了企业工商注册，明确了产权关系和法人治理结构，实施了决策、管理和经营机制的改革。新的企业薪酬改革方案，经过近两年的调研论证，几上几下，即将由点到面，全面推行。**三是**跨地区发展取得成功，与海南报业发行公司重组

---

* 这是 2009 年 8 月 15 日在全国文化体制改革经验交流会上的发言。

后，当地新华书店转企、股改、集团化一步到位，当年新增书城面积1.1万平方米，销售收入和利润分别增长15%和30%。**四是**跨所有制发展取得突破，与美国、法国和民营出版机构实现了资本层面的合作。其中，与法国阿歇特的合作，可带来每年输出20%的增长，并打开它覆盖欧美的销售网络；与民营公司的重组已将集团在国内零售市场的排名提升至前列。印务、制版环节也实现了与民营公司的重组，体制转换和股份多元已涉及编印发供的各个环节。

在推进改革过程中，我们牢牢把握了以下五点：第一，认清改革的着眼点是促进发展，而不是形象工程；是坚持正确导向，而不是唯利是图。第二，改革的着力点是激发活力，而不是挫伤积极性。第三，改革的立足点不是简单地破除陈规旧制，而是重在建设新的体制机制。第四，改革的关键是以人为本，员工不仅是运营的成本，更是发展的第一资源。第五，改革必须下定决心，迎难而上，但同时必须把握阶段性，突出重点，平稳推进。

通过全面持续的改革，凤凰集团发生了四大变化。

第一，活力明显增强。过去出版社分配差距拉开20%都难以承受，现在逐步拉开到四至五倍。今年，绩效工资在收入比例中将达到65%。中层管理者能上能下已成常态，一批新人脱颖而出。全集团总销售每年递增10亿元，呈现出持续增长的态势。

第二，实力明显增强。集团的六项主要经济指标、出版能力和出版能力的成长性、首届中国出版政府奖正式获奖数均列全国前列，形成了以出版、发行为主体，以金融、地产、酒店、印务为辅的六大业务板块。近两年来，股权和地产收益反哺出版主业超过2.6亿元。

第三，竞争力明显增强。核心产品销往28个省、自治区、直辖市，省外市场销量超过省内市场；产生了一批销售20万册以上的畅销书集群，部分图书突破百万册，在全国各大集团市场零售排行榜的位次从2005年的第8位跃升至第3位；省内外拥有销售网点1721个；投资

"三跨"项目资金达 6.76 亿元；

第四，文化影响力明显增强。在今年"世界品牌实验室"公布的报告中，凤凰集团名列第 251 位，位于出版业前列；在国家统计局发布的《中国最大 1000 家企业》中名列第 398 位，比去年提升了 106 位，居国内同行业前列；近 3 年来，版权输出年均增长 47%，其中对欧美输出占 45%；荣获"中国图书对外推广计划特别奖"，进入中国出版"走出去"第一方阵。

今年以来，集团开展了"百亿之后怎么办"的大讨论，我们认识到：百亿这个数字，2008 年看大，未来看小；书业看大，业外看小；就中国出版看大，就国际出版看小。对凤凰来说，百亿是实力，更是压力；是里程碑，更是新起点。

最近，中央领导同志到凤凰集团视察，给予我们极大的鼓舞和鞭策。根据他在视察时的讲话精神，我们进一步理清了"四个新"的战略思考。

一是新定位：努力成为全国文化产业重要的战略投资者。

二是新思路：一要明确聚焦书业、聚焦媒体、聚焦文化产业的投资方向；二要拓宽跨地区、跨行业、跨所有制的发展路径；三要打造资本运营、数字内容和引进高端人才的竞争优势；四要突出分配制度、股权多元和上市公司的改革重点；五要形成结构调整型、资本拉动型、数字技术提升型的协调增长模式。

三是新目标：在未来 5 至 7 年，力争翻一番，销售收入达到 200 亿元，总资产达到 150 亿元。

四是新举措：中国出版业正在酝酿着大变局，这个变局的本质是生产的规模化和市场的集中度，这个变局的结果必然是几大集团的崛起，形成大型出版航母。前面已经分析过国际出版的发展经验，在充分的竞争中，是资本的长剑在切割着市场，是数字化的重炮在轰开未来出版的大门，是制度的盾牌在确保着企业的长治久安。因此，我们必须争创五个新优势。

1. 争创集团化建设的新优势。一要在完成体制转换的基础上，尽快实现全集团的股份制改造；二要探索有文化产业特色的现代企业制度；三要在分配机制上取得重大突破；四要通过整合，提高集约化程度，为集团持续发展提供动力和保障。

2. 争创内容生产的新优势。出版的本质是文化建设。凤凰集团注重经济效益，但不为经济效益所局限。在市场化的过程中，要努力成为出版商，更要努力成为出版家。要做大教育出版，保持在全国的领先地位；要做强大众出版，巩固在全国图书零售市场前列的优势；要做精专业出版，尤其是"凤凰文库"要在600种规模的基础上形成文化品牌；要做实外向出版，通过成品和版权输出、项目和资本合作等多种形式，使版权输出和海外图书销量翻两番。

3. 争创数字化出版的新优势。创新业态，通过数字化工程打开凤凰集团发展的新空间。一要在OA和ERP系统基础上打造数字集团；二要创立"第一读者"网络服务平台；三要与有关媒体进行资产重组，实现传统媒体与新兴媒体的内容共享；四要与有关网站合作，进军个性化印制；五要构建网络书店，实现发行业态更新。

4. 争创跨区域发展的新优势。一是扩大联合，携手构建"中国现代书业营销第一网"；二是择优联强，推进跨地区、跨媒体和跨所有制的内容产业重组；三是在美国建立合资图书销售公司，努力开拓国际市场；四是并购社会印务资源，组建凤凰印务集团。

5. 争创资本竞争的新优势。一要奋力构建上市融资平台，在完成凤凰置业的借壳上市后，凤凰新华要确保今年9月向证监会申报上市材料，争取尽快实现IPO上市；二要争取8月完成20亿的融资项目；三要在投资银行、信托业务的基础上，积极而慎重地进入保险、证券的投资领域；四要积极筹建财务公司，为集团发展构筑投融资平台。

各位领导、同志们，经济实力、体制改革、业态创新、人才集聚和企业文化是凤凰集团全面协调可持续发展的五大支柱。我们将按照科学发展观的要求,贯彻这次会议的精神,统筹兼顾,突出重点,艰苦奋斗,永不停步,着力打造综合竞争力,早日实现翻番目标,努力成为全国文化产业重要的战略投资者,为社会主义文化大发展大繁荣做出应有的贡献!

4. 不学将落，知行合一[*]

今天是学习会，用几分钟时间讲讲有关学习的问题。

第一，想到了一句话，就是《左传》里的"不学将落"。上学的时候，对这句话不是太懂，只是知道不学将要落后，但是后来有人提出了一条体会，我觉得讲得还是蛮有道理的。他说，你再往深里面去想，人是怎么离开动物的，是因为他不断地学习，不学将落，会落到什么地方去，又回到动物界了。所以学习多么重要，甚至关系着我们的整个人生。

第二，想到了一个王朝，就是清王朝。过去我们认为清王朝到了中晚期才开始落后，把国家搞得危机四伏、民不聊生，但是现在的统计数据告诉我们，清王朝在整个19世纪，其经济总量，也就是现在所谓的GDP，在全球都是第一位的，一直到1890年美国才超过了清王朝。清王朝虽然GDP很高，却不是一个强国。世界列强从来没把当时的中国看作是强国，这跟我们讲的学习有关，这跟我们现在所谓的"百亿""行业内第一"有相似之处。所以，大是不是就是强，多是不是就是好？可以肯定地回答，不是。清王朝也不是不讲学习，但是它有一个问题，是精英分子在学习，是少数人在学习，而国民没有受到现代教育。你看西方19世纪中期以前，德国的义务教育率已经达到95%，不读书的人极少极少。而清王朝，这少部分人大都是为了皇权而学习，也就是为了升官发财而学习，因为没有民生思想，所以就必然导致了封闭，不看世界不看新潮，只学旧学，这方面大家都很熟悉，不用我多说。

---

[*] 这是2009年8月3日在凤凰出版传媒集团2009年中层管理人员学习会暨年中经营管理会上的讲话。

第三，想到了一个人，这个人请大家记住，叫稻盛和夫，被称为日本的"经营四圣"之一。为什么？因为他打造了两个企业，都是世界 500 强，这在世界上是绝无仅有的。一个是京瓷公司，另一个是日本电话电器公司。这个人第一要让我们记住的是，他考中学三次落榜，考大学三次落榜，最后上了一个勉强可以称之为大学的县立大学。在这之前，他的身体病怏怏的，几次接近死亡。等到这个不是名牌大学出身的大学生出来就业，处处碰壁，后来好不容易进了一家企业，半年以后也被辞退了。被辞退的有七个人，这七个人歃血为盟，创立了京瓷公司，可是一直非常困难，困难到这位老先生卖血给工人发工资。但即使困难到这个程度，他也坚持了下来，把这个企业做到了世界 500 强。在 53 岁的时候，他开始建立自己第二个企业王国，又做成了。这跟学习有什么关系？他讲，人生有一个公式，成功等于几个因素相加。第一是思想观念，而我们大家都知道，一个人跟他的思想观念的学习是完全结合在一起的。第二是愿望，这种愿望不是随着挫折而减退，而是随着挑战越来越强烈。第三是能力。他有两句话我们要记住，是跟学习有关的。他说，答案，我们解决问题的答案，始终在现场。第二句话是，现场有神灵。这句话说得好，现场有神灵，就是你了解实际、深入实际，你到一线去，跟普通的员工在一道，你就有神在助你，你就心有灵犀，你就能找到解决问题的方法。我们要记住这个人，他告诉我们一条学习方法——始终要了解、解决实际问题。

第四，想到一份报告。这是去年美国人做的，要回答人是不是有天分，成功者是不是因为天分才成功的问题。第一他回答有天分，第二成功不成功跟天分没有太大的关系。他做了一个实验，说一个人在一个领域里面，只要坚持一万小时的学习，当然包括多种方式，比如书本的、实践的学习，坚持一万小时肯定会成功。一万小时大家算一算，如果一天 3 小时，要学 9 年；一天 9 小时，要学 3 年。所以过去老话讲，三年出徒，八年成师，有一点暗合。这是讲我们坚持要学习。

第五，想到一个方法。中国传统中有相面、看相。过去我们开玩笑，说刘备这个人双手过膝，两耳垂肩，这很有意思。刘备有一个本事，他耳朵生得好，会听。你看《隆中对》，严格地讲不是"隆中对"，是"隆中听"，听出了一个三分天下，就是听了诸葛亮的。这给了我们一个启示，一个学习的方法，要倾听同僚、同事、同行下级员工的意见。你会听出一些名堂，听出你的江山来。

第六，想到一条经验。我们看毛主席。你如果把《毛泽东选集》拿来看，他始终有条主线，就是研究中国的现实问题，从来没有偏离过。他从来没有虚无缥缈地研究中国文化问题，但是他在很多文章里面都涉及了中国文化问题。你看他早期的文章，基本上看不到马克思主义，主要是用传统文化对现实进行观照，可是到后期你就看到了。不管早期还是后期，他身上始终有个特点，始终把理论、知识和现实中的问题紧密结合。王明也是了不得的人物，当时刚从苏联回来，在延安做报告，滔滔不绝地讲了十个小时，手上一张纸也没有，把高级干部全讲呆了。但是这不管用，放的是空炮，讲了半天不结合中国的实际，这种学习是没有用的。所以毛主席的伟大就在于把理论与实际结合起来。同时，这也告诉我们一个经验：我们的学习始终要围绕着现实问题，但是也要注意把传统文化和现代知识理论相融合。

我们集团要想，我们的干部要想，凤凰不学将落，一个企业也一样，学则于飞。今天借这个学习会，给我们全系统的干部员工提四个希望。**第一是希望形成一股坚持学习、善于学习的风尚。**工作这么忙，应酬少不了，什么时候学习呢？要合理安排，要形成一股坚持学习、善于学习的风尚。**第二是希望产生一种围绕实际研究问题的氛围。**我们的学习跟大学生不一样，跟学校的学者也不一样，我们始终是要研究实际问题的。这样的一种氛围我们集团已经有了，还可以再加强一些。**第三是希望强化一种突破局限解决问题的能力。**学习不是目的，关键是要落实在能力上，这种能力不是离开我们集团发展的其他能力，而是围绕集团如何发展的能力。第四是**希望修炼出一批德才兼备、知行合一、视野高远但又脚踏实地的人才**。集团有没有希望就是看这批人能不能成长起来。

我们今天的学习会，希望大家研究学习省委省政府的会议精神，研究学习苏宁电器的领导刚才给我们做的深刻的报告，共同学习、善于学习，在我们集团形成一种良好的氛围。

5. 凤凰集团过百亿之后 *

深秋时节,在世界金融形势风声鹤唳、实体经济遭受重创的大背景之下,我们聚会香山,共同回顾中国出版业的发展历程,放眼世界出版业的发展潮流,探讨中国出版业面临的重大问题,彼此分享各自的有益探索,至为必要,意义重大。感谢中国出版集团的邀请,感谢大家让我在这里汇报凤凰出版传媒集团的有关情况,与大家共同分享凤凰集团在即将迈上百亿平台之时的初步思考。

我的发言分四个部分:凤凰集团的基本情况,我们近几年来的基本工作,我们在即将迈上百亿平台之时关于加强管理控制的基本考量,以及值得各位同仁关注的若干问题。不揣浅陋,以就教于大家。

一、凤凰集团的基本情况

凤凰集团是植根于江苏的出版传媒集团,她起始于1953年成立的江苏人民出版社。凤凰集团自2001年成立以来,不断取得新业绩,规模不断扩大,目前有直属单位22家,集团净资产63亿元。2007年实现销售收入92亿元,利润总额7亿元。今年有望突破百亿元。年出版图书8200种,其中新书3200种,出版专业报刊24种,拥有图书销售网点1701个,其中省内1228个,网点已经拓展到海南、浙江、贵州等地;义务教育阶段国标教材23种,教材市场覆盖28个省、自治区、直辖市。

根据2007年新闻出版总署公布的数据,凤凰集团六项主要经济指标名列第一;出版能力和出版能力的成长性名列第一,是中国出版政府

---

* 这是2008年11月6日在中国出版集团公司香山论坛上的演讲。

奖获奖单位，是首届"全国文化企业30强"中出版发行类的第一名。凤凰集团是中国服务业500强企业，在"世界品牌实验室"2008年《中国500最具价值品牌报告》中，凤凰集团是唯一被列入的出版集团，凤凰品牌价值位居第251位。今年国家统计局调查中心发布的"中国1000家最大企业"中，凤凰集团居第504位，居出版业首位。凤凰集团还是江苏银行和南京证券的第二大股东。

集团内容生产连续多年稳步发展，获得国家图书大奖的图书累计超过100种。在去年首届中国出版政府奖评选中，获奖数名列第一；《中华大典》《全元文》《册府元龟》《中国近代通史》《南京大屠杀史料集》等重大出版工程产生较大社会影响。集团的学术出版、外国文学出版、教育出版、少儿文学出版基地初步形成，文化影响力不断扩大。

我们清醒地意识到，一方面，凤凰集团形成了五个优势格局：一是形成了图书生产与国内主要出版集团各有优势、各具特色、相互竞争的格局；二是形成了图书发行在全国处于领军地位的格局；三是形成了发行网络、图书出版、教材教辅生产、酒店经营、光盘生产等多元并进跨省发展的格局；四是形成了以出版业为主的相关多元发展的格局；五是形成了既重视生产经营，又重视企业文化，着眼精神建设和人的全面发展的格局。

另一方面，也存在五个突出问题：一是在市场和政策的双重压力下，经济运行如何走稳走好，特别是在转变发展方式上，如何处理规模与效益，品种与质量，增长与质态的关系，如何调整产业、产品、市场、投资和人才结构；二是在内容生产方面，如何保持重点图书的出版优势，扩大常销书的比重，形成内容创新力和品牌影响力；三是如何争取政策支持，快速推进出版环节的转企改制工作；四是数字化建设如何适应管理与发展的客观需求；五是集团化建设如何进一步加大推进力度。

按照科学发展观的要求，从全面的角度看，就是要兼顾集团的经济发展、基本制度建设、集团组织架构和企业文化建设。要突出发展这个主题，以人为本，注重企业文化。在当前转企改股上市的关键时期，要特别注重研究制定以现代企业制度为核心的企业基本制度，以保证企业的有效发展和长治久安。

从协调的角度看，一是统筹编印发供各个环节，二是统筹出版发行主业和多元发展，三是统筹省内省外发展，四是统筹教育、大众、专业出版这三个板块，五是统筹传统出版与数字出版。这"五个统筹"包括了企业的众多问题，关系到如何又好又快地发展。

从可持续的角度看，集团需要统筹把握"五个注重"。一是注重文化导向，坚持社会使命，在企业化中实现社会效益与经济效益的统一。二是注重结构调整，转变发展方式，努力实现又好又快发展。三是注重科学治理，健全现代企业制度，探索集团化的发展与管控模式。四是注重专业化，着力规模化，在专业化基础上适度多元发展。五是注重科学激励，倡导企业文化，形成物质激励与精神感召相统一的内生动力。

汶川大地震后，凤凰集团捐资1000万元，集团员工个人捐款近200万元，充分表现了凤凰出版人的社会责任感。有领导说，出版是一个小行业，凤凰集团的1000万元，相当于兄弟行业集团的10亿元！集团所属各家出版社在第一时间出版《防震救灾手册》《向生命敬礼》《坚强的理由》《汶川挺住 中国加油》等图书、宣传画，免费送往灾区，支援抗震救灾工作。

二、奋力实现"五个突破"

凤凰集团在2006年提出了"实施六大战略，建设百亿集团"的总目标，"六大战略"即企业化战略、内容创新战略、市场拓展战略、数字化战略、外向合作战略和人才强企战略。我们根据"六大战略"的推进方向，将工作目标具体化为"五个突破"。

1. 实现百亿目标的突破

目前，国内出版业大改革、大整合、大发展的趋势日趋明显。从国际经验看，金融的大动荡，呼唤着大智慧，激发着大变局，孕育着大并购，催生着大集团。我们认为，只要审时度势，杂于利害，按照科学发展观的要求，有效调整产业、产品、投资、市场和人才结构，张弛有度地加强管理和监控，就有可能实现稳步发展。现在看来，提前两年实现百亿目标成功在望。

2. 实现内容生产的突破

一是努力建立全国一流的学术出版基地。集团近两年资助出版的高端学术著作有《中国美学通史》《中国哲学通史》《世界佛教通史》《世界现代化道路》《16世纪以后的世界史》《大国通史》《中国植被与环境》《长城志》《中国旱区农业》等。还规划了"凤凰文库"，在"十一五"末要努力实现600种左右的总体出书规模，使"凤凰文库"成为中国学术的创新平台和中西文化交流的桥梁。目前，已出图书124种。二是努力提升大众出版，建立全国一流的世界文学出版基地。凤凰旗下的译林出版社在业内外有一定口碑。我们将不断扩大"名著译林""20世纪经典""21世纪外国文学大奖丛书""传记译林""名家文集""诺贝尔文学奖丛书"的规模，使之成为世界文学出版的坚实基础。三是努力建立全国一流的儿童文学出版基地。江苏少儿社多年经营，基础扎实。我们将进一步挖掘新的儿童文学选题，多层次、多形式地出版优秀儿童文学作品，稳固江苏少儿社在全国儿童文学出版上的优势地位，保持国家级大奖的获奖势头。四是努力建立全国一流的教育出版基地。凤凰集团的教育出版，优势明显，资源丰富。我们已拥有基础教育国标教材的完整体系，将进一步整合资源，掌控市场，并大力开发职业技术教育教材，以较为完备的教材体系、教育理论读物建立起全国一流的教育出版基地。

集团还将着力构建动漫出版、外向出版的新平台。

3. 实现机制、体制改革的突破

机制改革方面。一是多轮次组织中层管理干部竞聘,干部提拔和交流成为常态。二是建立以岗位绩效工资为主体的多元化分配制度。三是全面实施全员聘用制和全员岗位合同管理。四是聘请华中科技大学专家项目组进行薪酬设计,推进新一轮薪酬改革。

对接资本平台方面。从企业的内在冲动出发,对接资本平台谋求快速扩张是必然要求。近年来,凤凰集团在坚持不断整固、优化、提升编印发供产业链效能的基础上,以强化风险防范、提高综合实力为指向,将单一产业结构逐步转变为一业为主、相关多业拓展的产业发展模式。目前涉及的相关产业是地产业和酒店业。

集团一方面针对资本市场以及证监会关于上市公司主营业务突出的要求,对产业结构进行梳理,谋求分立上市,另一方面希望通过业务的分立,进一步提高集团各业务板块的专业化水平。

江苏新华发行集团是中央文化体制改革试点单位,转企改制率先整体推进,上市工作万事俱备。目前已经完成了全省市县新华书店的公司制改造,完成了资产清理和资产划转,组建了凤凰资产管理公司,选择了弘毅产业基金作为战略投资者,增资工作及工商登记备案也已完成。

地产业务的上市是通过凤凰置业借壳推进的。凤凰置业的地产业务是集团发展文化产业战略中的一环,经营特点是文化地产,开发项目以图书城、文化城和文化街区为主,同时进行同地块的商业地产或住宅开发。集团已与耀华集团签订了资产重组与股权转让协议。第一次股东大会虽然遭受挫折,但我们没有气馁,而是矢志不渝,坚定不移,继续推进。凤凰置业如能成功上市,将成为国内A股第一家以文化地产为主业的、兼有文化和地产双重属性的公众公司。

转企改制方面。在中宣部和新闻出版总署的推动下,在江苏省委省政府的关心下,凤凰集团在今年9月28日全面启动转企改制,下属9家出版社正式注册为集团的全资子公司。具体的考虑和做法如下。

一是将凤凰集团实体化，成为集团型企业的控股总部，成为战略规划中心、资源配置中心、投资中心和利润中心，构建新的管控模式，建立新的基本制度体系，努力成为全国文化产业重要的战略投资者。

二是各出版社事转企，成为集团的全资子公司。下属全民所有制企业转变为公司制企业，成为凤凰集团的全资或控股子公司。

三是根据中央"老人老办法，新人新办法"的政策精神，以改企时点为基准日，所有事业在编职工的身份存档封存。江苏省出版总社不再从事经营，仅用于空挂事业员工档案和管理落聘人员。身份存档人员按事业保险标准缴纳养老保险，退休时享受事业标准待遇。落聘人员发放基础工资。

四是包括身份存档人员在内，全员参加集团总部或各子公司的竞争上岗。上岗人员执行企业岗位工资标准，岗变薪变。与此同时，尊重离退休老同志的意愿，解决好离退休人员的归属问题。

4. 实现跨省拓展的突破

凤凰集团跨省发展的战略目标是构建"中国现代书业营销第一网"，集聚北京高端出版资源。今年5月9日，海南凤凰新华出版发行有限责任公司在海口挂牌成立，此次重组为中国出版发行业跨地区全方位整合资源发挥了良好的示范作用，也为凤凰集团与更多兄弟省市的跨区域合作提供了合作模式。7月13日，江苏与陕西签订战略合作意向书。

投资3000万的北京凤凰天下文化发展公司已经正式运作。用新的运行机制创立新的出版平台，开辟新的出版领域，寻找兼并、并购等合作机遇。这是集团向外拓展的战略性举措。元旦前，该公司将有一批新书与读者见面。

5. 实现数字化建设的突破

数字化是出版业未来竞争的制高点。在今年 9 月 28 日孔子诞辰日，凤凰集团的国际图书中心正式交付使用，加快信息化建设已经成为集团的一项重要而紧迫的任务。集团经过慎重考察，已选定 IBM 公司为规划商。我们还启动了按需即时印刷工程，江苏凤凰数码印务有限公司已注册完毕。为加强数字化战略实施，成立了江苏凤凰信息技术有限公司，规划管理和协调建设数字化管理平台、内容平台和出版信息服务平台。

三、凤凰集团对迈上百亿平台后如何管控的思索

凤凰集团规模在不断扩大，子公司、上市公司在不断增加，业务在不断拓展，发展地域在不断延伸，但集团在管理模式上还存在着诸多问题，推进集团化建设还面临着不少实际困难。我们深切地感受到，作为一家法人联合体的大型文化企业，既加强管控，又充分激发每个成员单位的活力，这是一个集团保持长盛不衰的必要前提。尤其是股份公司及上市公司的出现，标示着企业形态发生了新变化，管控模式的取舍成为一项十分紧迫的课题。

国资委的领导说："增强集团公司控制力，是企业集中资源做强做大主业的重要措施，也是企业加强管理、规避风险的必然要求。集团公司要学会做股东，以行使股东权利的方式增强集团公司的控制力。"有学者指出："未来很多企业的竞争将更是集团化管控的竞争，是集团与集团之间利用综合管控手法，在资产组合上竞争，在产业组合之间竞争，在协同效应层面上竞争，在集团的知识管理和组织智商层面上竞争。"集团化及母子公司管控命题，已经成为有全球意义的中国本土问题。海尔集团张瑞敏也认为，海尔的未来就在于集团管控。

1. 明晰集团公司与子公司的关系定位

在集团化进程中，集团公司实施正当有效管控，本质上是对国有资本的管控，是政府授权下的一种责任体现。大多数集团公司，把控股（或相对控股）股份公司（包括上市公司）与其他子公司同样看待，一视同仁。国有公司对股份公司管理的依据就是国家有关国有资产管理的一系列政策法规。集团公司作为国有独资公司，是政府授权的国有资产经营者，保证国有资产的保值增值是国有资产授权经营者的责任，而加强管控则是必然选择。与此同时，政府对国有资产行使监督权，客观上要求大股东也必须在法律的框架下加强国有资产管理，并不会对股份公司产生法律上的问题。上市公司是公众公司，但在集团公司内部看，它是在法律框架下的一种新形态的子公司。控股的概念既包括股份在51%以上的绝对控股，也包括股份低于50%但为第一大股东的相对控股，绝对或相对控股并不实质性影响管控。

从国际上看，公众公司的治理结构，基本上有两种：以美国为代表的股份分散的治理结构模式，以德日为代表的大股东控股的治理结构模式。但以美国为代表的经理人控制公司的治理结构模式，在发生了安然公司、世界通信公司财务丑闻后，尤其是在发源于华尔街的金融风暴愈演愈烈后，开始受到重新评估。有学者认为，从大股东层面上看，公司治理中所有权与控制权被一体拥有和行使，大股东拥有决定公司董事会成员的能力，董事会则按照授权的契约内容负责公司的经营事务。

以国资为大股东的上市公司，事实上形成了大股东控股的治理结构模式。有研究者指出，母公司与上市公司的关系，从资本的角度看，是投资与被投资的关系，但母公司作为上市公司的主要投资者，应该比其他股东更关心上市公司的经营。母公司作为上市公司的控股股东和整个集团的最高决策管理层，必须对上市公司的重大经营决策、重要人事任免、重大投资行为及收益进行管理控制。在集团公司内部，董（监）事是一种职务，它在履行职责时体现的是一种职务行为。也就是说，委派人员在履行职务时，必须体现大股东的意志，其本人没有自由表达与集团公司相左意见的权利。

2. 实施有效管控的基本路径是制度化建设

集团总部对股份公司包括上市公司进行全面管理，同对其他下属企业并无实质区别。涉及控股公司重大事项的决策，如重大投资决策、重要干部任免等，都有相应的制度保证，用制度来规范管理，用制度来规范决策程序。

从国家对国有大型企业管理的政策演变，也可以看出管理力度在不断增强。1999年国家发布《国有大中型企业建立现代企业制度和加强管理的基本规范（试行）》，明确"国有资产实行授权经营。……国有大型企业或企业集团公司，经政府授权，对其全资、控股或参股企业的国有资产行使所有者职能。……被授权企业应当有健全的资产管理、股权代表管理、全面预算管理、审计和监督管理制度，对授权范围内的国有资产依法行使资产收益、重大决策和选择管理者权利，并承担国有净资产保值增值责任。"国家还相继出台了一系列政策法规加强国有企业管理，对规范投资决策、重大投资事项报告制度、投资损失责任追究等做了具体规定。

制度建设是根本性的，实施有效管控的基本路径是制度化建设，公司治理的核心是通过制度的方式保障公司控制权的正当行使。只有通过有形与无形的制度安排，才能有效行使资本话语权。管控的强度取决于围绕正当行使资本话语权做出的制度安排的强度。在集团化进程中，集团公司应当把制度建设提上重要议事日程，主导重要制度的设计，借鉴已有的成功经验，结合自身实际，研究出台股份管理规范、子公司管理办法、职务董事、监事选拔任用规定等重要制度。

3. 战略与投资管控处于关键地位

在集团的管控体系中，战略管控居于领导地位、关键地位，是管控的最高层次。集团战略规划最关注的是三件事，即产业组合、投资组合和横向战略，子公司战略规划必须与集团战略保持一致，同时保持战术上的协调。大型投资项目，要提前履行程序。要召开年度股东会、董事、监事会会议，讨论决定上一年度经营管理目标完成情况，确定下一年度经营管理目标，以保持集团战略目标、股份公司发展目标、企业执行目标之间的协调一致。根据集团决策意见对会议议题进行调整和修改，不同意或未达成一致意见的，不列入会议议题。

集团根据实施"六大战略"的指导思想，制定投资战略规划，提出在资本市场、金融市场、房地产市场的发展目标和投资战略。"十五"末，凤凰集团面临的形势相当严峻。一方面，随着教材定价不断下降，产业垄断被打破，市场竞争日趋激烈，出版主业的盈利水平不断下降。另一方面，我们只拥有单一的产品经营模式，没有分散风险的有效应对措施。截至 2005 年年底，集团资产负债率很低，闲置的货币资金存量巨大。而从经验来看，经济高速发展时期，现金资产必然存在较大的贬值风险。要完成"十一五"末净资产规模达到 60 亿元，销售收入超 100 亿元，年均增长率不低于 6.2% 的战略目标，必须借助资本的力量。我们长期从事图书出版，小本买卖，自我封闭，对资本运作因为陌生而感到恐惧，疑虑重重。但我们靠管控来操作，靠制度来约束。从实践来看，由于我们管控得当，操作规范，集团在资本运作方面业绩喜人。在金融市场运作方面，集团以接近每股一元的成本价格参股南京证券和江苏银行，完成投资的第一年，税后分红就超过 7000 万元，股权增值超过 10 亿元，2008 年也将有 7000 多万元的分红。新股申购、购买基金和信托产品的收益累计超过 2.5 亿元。今年股市震荡，风险剧增，但我们仍将有 1 亿元的收益。在房地产市场运作方面，凤凰置业举起了领跑文化地产的大旗，正在运作的五个项目全部位于地铁沿线等黄金地段，项目的利润总额将超过 20 亿元，已逐步成为集团的另一个核心业务板块。在资本市场，江苏新华发行集团和凤凰置业有望于今明两年分别登陆 A 股市场。集团收购的太平洋印务有限公司和北京苏源大厦公司目前运作良好，土地和房产均获得明显增值。

历史的经验和教训告诉我们，企业的资本运作失败往往就是因为缺乏管控和战略规划，企业的投资活动是在一种盲目的方式下运作的。有鉴于此，我们始终坚持将做好和不断完善集团投资战略管控与规划作为第一要务来抓。在具体项目运作过程中，我们始终高度重视风险防范工作，有一套管控制度，程序和决策机制都要按制度办事，从项目的提出、可行性报告、评估、投入产出分析，到决策，都有标准化流程。坚持量入为出的原则，发展需要规模扩张，但要保持理性，循序渐进，冷静清醒，防止头脑发热，急于求成，急躁冒进。恪守不直接从事股票、期货、金融衍生产品等高风险投资的原则。

4.人力资源管控是集团公司的核心环节

企业的兴衰成败，关键在人。人力资源管控有四个关键。一是干部管理原则和程序。按照党管干部的原则，研究决定重要干部的任免事项。凡是大股东派出的董事长、副董事长、总经理、副总经理、董事会秘书、财务负责人，都要由集团公司提名，总部职能部门组织考察，提交党委研究决定。二是内部董事、监督的职务规范。集团公司派出的董事、监事不兼薪，行使权利时受大股东意志的约束。三是注意掌握在经理层担任职务的董事比例。四是把股份公司经营领导班子纳入集团公司考核范围。工资总额由集团下达，高管薪酬要经过集团公司审核批准。

集团下属的出版社都是独立的法人机构。出版社是内容生产的主体，社长是内容生产和经营管理的第一责任人。出版业作为创意产业，需要有专业素质、有文化追求的人来管理，来具体实施自主经营、自我发展、自我约束、自负盈亏。选拔任用出版社的管理者，不仅要看他有无出版社的经营管理能力和专业知识，也要看他有无文化素养和文化理想。要始终围绕出版的专业化，造就一支富有创新能力、执行能力和应变能力的出版团队，培养一批优秀的出版人才，为凤凰集团的可持续发展打下牢固的根基。

5. 财务与风险管控是战略管控的重要支柱

起源于华尔街的金融风暴，至今仍在疯狂蔓延。许多学者纷纷发言，总结教训。这其中教训固然很多，所谓哈耶克的新自由主义和凯恩斯主义也在彼此争论不休，但大家几乎都认为是金融机构的管控出了问题，曾经被奉若神明的格林斯潘也站出来为此公开道歉。世界上没有后悔药，但挫折会让我们吃一堑长一智。规范的集团公司，都会对财务与风险控制有相关的制度安排，建立内部审计与稽核机制，加强对经营风险和财务风险的防范和控制，包括财务制度管理、预算管理、资金管理、投融资管理、资产管理、财务风险管理、财务人员管理等各个方面。各直属企业财务负责人实行委派制。以资产为纽带，通过各项规章制度来管理，统一会计制度，制定对外投资管理规定、大额资金管理办法、对外担保制度、基建资金拨付管理办法等。凤凰集团的结算中心运作多年，成效显著。我们也实行了财务负责人委派制度，但是还不彻底，工作还很不到位，还有很大的提升空间。

6. 对内容生产主业的有效整合是凤凰集团的立身之基

凤凰集团逐步将多年的实践和思考凝结为六大发展战略，其中内容创新战略是集团发展的核心战略。作为企业，我们追求经济指标，看重市场份额；但作为文化企业，我们更追求文化成果，更看重价值取向。为了实践内容创新战略，促进集团内容生产的可持续发展，我们做了以下两项工作。

第一，转变观念，抓好规划，形成合力点。

凤凰集团在做强教育出版的同时，也在大众出版和专业出版方面谋求突破。根据集团现有的出版优势，首先是抓好集团和下属出版社两个层面的重点项目、重点板块的开发和出版，努力强化已有的领先领域，充分发挥自身的比较优势，出版一批重点项目，以及由适销书、常销书构成的品牌系列，在此基础上形成品牌板块，并努力打造畅销图书。其次是进一步提高专业化、市场化水平，做好出版的结构调整，提高以优良品种和优良结构支撑的规模化水平，并做好核心教育出版资源和报刊资源的整合，积极培养专业化的数字出版人才和团队，占据未来出版的制高点。今年，我们下决心把江苏文艺出版社的文教图书调整到江苏教育出版社，让文艺社专心致志攻关大众出版，打造畅销图书。该社的保健类图书影响渐具，《温度决定生老病死》有望发行30万册。最后是做强教育出版，做精专业出版，提升大众出版，建立全国一流的、以"凤凰文库"为核心的学术出版基地和世界文学、儿童文学、教育出版基地，实现综合出版竞争力。

第二，充分沟通，反复磨合，找到连接点。

凤凰集团根据自身情况和发展潜力，基本确定了集团层面内容生产的重点板块，使内容生产的思路进一步具体化。在基本明确各个出版社的专业方向之后，坚持择优扶重，资助重点板块、重点项目。2008年共资助重点项目和重点板块1700万元。集团还统筹相关出版社组织实施了国家重点出版项目、江苏省十大文化工程之一的"凤凰文库"，让世人和后人知道百亿集团的内核是一批好书。

在一般图书选题管理上，既强调自主，又进行有效管控。遵循大众出版和专业出版在集团内部充分竞争的原则，以市场竞争形成的专业分工突破行政审批规定的出版分工，促进内容生产的创新和繁荣。

四、值得各位同仁关注的若干问题

第一，改革的政策配套问题。诸如转制以后的保障政策问题，出版业的跨区域并购及重组之后发展专项资金政策性支持资助的落实问题。

第二，关于数字化建设的问题。数字化建设是大势所趋，但普遍进展缓慢。原因很多，主要是资金投入大、盈利模式模糊，将有较长的产业培育期，亟须国家政策性扶持。

第三，关于教材招投标的问题。希望有关方面深入研究教材出版发行的历史与现状，高度重视教材出版发行这一关乎整个出版行业的问题。教材招标投标当前更是直接影响出版业与资本平台的对接。建议有关方面从法律角度审视目前教材的出版招标措施。

第四，金融危机的问题。众所周知，出版行业这几年来，成本费用压力加大，经济效益下滑；流动资产周转放慢，产销衔接水平下降；负债水平上升，财务风险加大；受政策因素影响，部分企业生产经营困难。

投资方向正确与否直接决定着企业能否实现可持续发展，特别是在复杂严峻的经济形势下，非理性投资、超能力投资、非主业投资，都会增加企业的经营风险。要坚守资金链，有效应对快速发展带来的强劲资金需求与融资环境收紧之间的矛盾，注重对现金流量的管理，加强现金流量分析，采取有效措施控制财务风险。

目前，金融市场已经缩水不少，房地产市场阴霾难散，后奥运经济也以北京星级酒店意想不到的低入住率为标识，有飒飒秋风的凉意。国企"过冬"似乎已迫在眉睫。但"冬天"也是重大机遇，在此艰危时刻，特别需要各位同仁携起手来，分享经验，在防范风险的同时寻找机会，抓住机会，以实现稳步发展。

6. 争天时，抢地利，促人和，高目标*

今天听了一天的发言，感觉大家讲得很好，让我感触比较深的有四点：一是凤凰新华发行集团大局思想明显增强，在大局中的作为明显增强，尤其表现在教材教辅和社店联合上；二是现代理念明显增强，尤其可贵的是，用现代理念研究实际问题的能力明显增强；三是集团化程度明显增强，增长的能力也明显增强；四是理性思维明显增强，把握发展的能力也明显增强。总体上感觉"精气神十足，天地人相合"，发行集团这支队伍有思想，有知识，有干劲，发展平稳，业绩明显，对凤凰出版集团的贡献重大，三分天下有其二。

一、讲四个想法

1. 凤凰集团的战略定位

年初出版集团主报告讲过，凤凰集团的战略定位是全国文化产业重要的战略投资者。这个定位回答了三个问题，一是在全国同行中的定位，二是在市场中面对消费群体的定位，三是在自身发展历程中的定位。战略定位决定了投资方向将会发生变化，投资方向又决定了发展方向，这将会形成三个聚焦：聚焦书业，聚焦媒体，聚焦相关文化产业。这里面就会有一个问题，这个问题在今年的数字中有所显现：主业销售占销售总额的67%，主业利润占利润总额的61%。数字要求我们思考未来的定位。再过两三年，主业有可能在经济结构中不再是主体，如果坚持主业为主体的话，会把集团做小，所以，必须放开手脚，解放思想，

---

* 这是2009年12月16日在江苏凤凰新华发行集团2010年工作研讨会上的讲话。

不能束缚自己。与有些集团这几年的发展路径相比，凤凰出版传媒集团在全国一级出版社数量、重要奖项获奖等方面优势较为明显，一方面因为我们有丰厚的历史积淀，另一方面，这两年对出版环节的投入大约为2.6亿元，光是对北京凤凰联动文化传媒有限公司（以下简称"凤凰联动"）的投入就有五六千万元，单品种销售超10万册的有十几个品种，销售还在增长，生活健康类形成品牌。

总的来说，必须放开手脚，甩开膀子搞多元化，但是要认识到，多元化的基础是专业化，表现在集团层面就是要形成几个核心板块或者核心产业。

2. 发展路径

战略定位之后必须考虑的是发展路径，即"三跨"，跨地区、跨媒体、跨所有制。

3. 竞争优势

我们清醒地认识到，集团的竞争优势有五个。第一是资本竞争优势，拥有两个上市公司，投资基金、保险、证券，几乎覆盖金融的全领域。这样的投入是为了吸收更多的资本，以及掌控资本的专业人士、专业判断和专业决策。第二是数字化优势，这关系到集团竞争能否占领制高点。第三是领军人物优势，这关系到创新能力和运作能力。第四是内生动力优势，包括工资分配方案、股份多元、公众公司，这些均是未来三到五年的内生动力。第五是增长方式优势，包括投入拉动型、结构调整型、技术提升型，其中，要关注实体网、虚拟网和物联网的建设。

4. 凤凰新华发行集团的战略定位

发行集团的战略定位是要构建以图书为核心的文化消费的终端网。研究这个定位必须要研究两个案例，第一个案例是诚品书店。它成功的首要原因在于品牌经营。虽然书城只占诚品面积的三分之一，但是在大家心目中定位它是书城，然后通过书城带动其他消费。这跟凤凰集团主业关系是同一个情形,我们以后不提主业而要提主导。虽然图书所占比例小,但是占主导地位。诚品书店把书城做到了极致,环境安静,书香浓郁,设计温馨,感觉像走入自家的书房。它成功的第二个原因在于资产经营。书城是不挣钱的,主要是靠多元经营来支撑。书城品牌吸引的客户主体是白领,而它的相关多元也都是围绕白领,走中高端路线,通过白领把图书与其他产品联系起来。第二个案例是亚马逊。亚马逊的成功告诉我们,必须要有强大的技术平台,必须要有对上游丰富内容的掌控力,必须要有争做第一的精神。研究这两个案例,能帮助我们解决传统经营问题和现代化问题。

特别强调的是,要加大结构调整的力度,现在效益持续增长,在原有的领域中要突破的确很难,必须要跳出传统,跳出去发展。

二、企业本质是以人为本

企业进步固然离不开资本运作,但是,在技术层面进步的同时,不能忘了人才的问题。科学发展观的核心是以人为本,这个不能一般化地理解,可以分为三个层次。一是鼓励全体员工敬业爱岗,争做贡献;二是关心职工的实际困难,提高他们的生活水平;三是造就企业的同时,造就人才,这是企业持续发展的核心问题。大家要有企业的责任感,其中,最大的责任就是发现、培养、教育和引导人才,使之成为某个方面的领军人物。

三、发展的根本方法是统筹兼顾

科学发展观告诉我们,发展的根本方法是统筹兼顾。联系到发行集团,要把全局中的主要问题统筹起来,研究"五个统筹",一是教材教辅与一般图书的统筹,二是省内经营与省外开拓的统筹,三是图书(产品)经营与资产经营的统筹,四是实体销售与网上销售的统筹,五是企业基本制度与企业文化精神的统筹。

四、持续发展的四大要素

1. 争天时

要抓紧时间上市，上市不仅提供融资平台，更提供优质资源的平台。当前要打造几家大型文化产业集团，这意味着不会每家出版发行单位都能上市，也意味着上市平台就是兼并平台。大型企业集团的重点就是抓机遇，如果抓住了上市平台，就能在资源整合上走得更远，成为国家战略的体现者。

2. 抢地利

《周易》里两个字很重要，一是时，一是位。对企业来讲，得其时，获其位，就是要把眼光放长远，尽可能多地争取商业地块，这样就可以在与其他集团的竞争中，预先站到制高点上。究其原因，第一，这是战略定位的必要前提，文化消费的终端网没有大量土地资源无法实现。第二，这是资产经营的内在要求，资产经营就是让别人给我们打工，而不是简单地做房东，如果没有土地的积累是行不通的。第三，这是与其他兄弟集团竞争的战略高地。

3. 促人和

就是要做好党建工作、企业文化建设、廉政建设等核心工作。党建工作在关键时候起到关键作用，它的本质是做人的工作，与企业文化、廉政建设是相通的。

促人和要养四股气。一是正气。包括人的境界、品格，养好自己的正气，带好队伍的正气，否则企业必亡，人心必散。二是锐气。现在竞争激烈，没有这股锐气是不行的。要改变舆论，释放人才的创造性。凤凰和鸣的鸣就是一鸣惊人，就是敢为天下先，和就是争先不逞强，这是企业文化背后的战略思考。三是和气。这在一个团队中相当重要，现代企业不依靠团队将一事无成，依靠团队就要讲和气。每个领导干部都要养自己的和气，善于调节不同意见，避免企业在你争我夺中搞得四分五裂。四是静气。企业机会多了后情况比较纷繁，光靠锐气是不行的，要静下来想清楚。我们提倡急事宜缓，热事宜冷，大事宜静，要用写书法的心态研究大事情，谋事的阶段要慢，行动的阶段要快。

4. 高目标

这个高是定高，涉及指标问题。大家都感觉到完成指标有困难，我们能理解。今年遇到金融危机，江苏的指标没退，昆山指标不仅没掉，还抓住了背后的机遇，与其他地方拉开了差距。这就是指标的辩证法，关键要看如何在困难的条件下创造自己的局。静态地看，指标是困难的，但从长远来看，发展极限还远没有来到。建议大家在定指标时考虑这几个思路，一是在转变观念中定指标，不能只看眼前，总是盯着图书是不会增长的，要跳出去发展；二是在调整结构中定指标；三是在产业链延伸中定指标；四是在兼并重组中定指标；五是在电子商务中定指标。定指标要实事求是，但也要有奋斗性，体现出年度增长的奋斗性。领导带企业就是目标带企业，讲指标问题是一个重要的领导方法问题，数字背后体现的是精神。指标要辩证掌握，这是拉动全局、拉动全员的关键环节。

7. 释放资本能量，努力做大做强*

"十一五"就要结束了，回顾过去的五年，改革始终是集团发展的主要动力。我们深切体会到，市场竞争的背后是体制机制的竞争，体制转换是根本，机制改革是核心，业态创新是关键。唯有改革，才能变危机为机遇；唯有创新，才能将企业做大做强。

五年来，在省委省政府的重视关心下，在省委宣传部和省新闻出版局的领导支持下，凤凰集团在六项主要经济指标、出版能力和出版能力的成长性、首届中国出版政府奖正式获奖数全国排名第一的基础上，今年更进一步。在今年中国首届新闻出版产业调查中，凤凰集团总体经济规模和实力评估以 3.19 分再次位居第一，与第二名 1.44 分、第三名 1.17 分拉开了较大差距。特别是五年来，销售收入每年以 10 亿元以上的增量快速增长，今年可望冲击 135 亿元。

可以说，凤凰在出版业奋斗了五年，在经济规模上领跑了五年。但是，凤凰人是清醒的，我们知道百亿这个数字，在书业看大，在业外看小；就中国出版看大，就国际出版看小；从现在看大，从未来看小。对凤凰来说，百亿是实力，更是压力，是里程碑，更是新起点。我们时刻提醒自己：骄兵必败，盲目必败，浮躁必败。提醒自己在发展中找问题，在增长中防风险，在市场竞争特别是数字化技术迅猛发展中居安思危。提醒自己努力养成敢为不妄为，做大不贪大，争强不逞强，自信不自负，抢先不恐后的良好心态；努力形成急事宜缓、好事宜冷、大事宜静、难事乐观的行事风格。提醒自己，保持谦虚谨慎、荣辱不惊的从容

---

* 这是 2010 年 11 月 17 日在江苏省文化改革发展工作座谈会上的发言。

心态，保持团结一致、同舟共济的合作精神，保持改革创新、敢于突破的旺盛斗志。

2009年以来，我们一直在想百亿元以后怎么办，新的五年怎么干。总署的出版强国和省委的文化强省目标为我们指明了方向，凤凰集团新的战略定位已经明确，这就是努力成为全国文化产业重要的战略投资者；新奋斗目标也已经明确，这就是在"十二五"期间总销售收入和净资产分别实现两百亿。这就是说，在未来五年，我们将在出版发行主业、数字技术领域、文化贸易、文化物流、文化地产以及相关文化产业领域投入巨资，将在跨省、跨国、跨行业、跨媒体、跨所有制上迈出新步伐，将在内生动力、竞争优势和增长方式上采取新举措，以提升规模化、多元化、专业化的水平，以加快数字化、集约化和国际化的进程。

中国出版业正在进行着两种形式的整合，一种是政府主导的行政整合，一种是资本主导的市场整合。行政整合的优势是快速形成大规模，市场整合的优势是有效形成竞争力。凤凰集团已经形成了资本竞争的优势，这表现在100亿元的融资能力，100亿元的股权变现能力，到明年将有两家上市公司，一个财务公司，还有每年近10亿元的内生投资能力。因此，我们进一步发展的基本方针是，以资本融合带动资源、市场和产业的整合，以资源融合实现人才、创意和技术的积聚。

我们认识到兼并重组是今后发展的重要路径，而在兼并扩张中，资本是手段，资源是核心，技术是关键，人才是根本。兼并看上去是资本、业务、项目、技术、资源、市场的融合，但其本质是掌握这些要素的人才，特别是领军人才的融合。因此在兼并问题上，我们的理念是：与人合作，诚信合作，共谋大事，共创大业；我们的原则是：优势互补，资源互通，互利互惠，共同发财；我们的重点是：资本融合，技术集成，内容积聚，创意创新；我们的理想是：留下传之久远的精品图书，创造类型更多、数量更多、影响更广、社会欢迎的各类文化产品和文化服务；我们的基本政策是：对合资企业加大投入，以资金汇聚人才、换取资源、整合市场、赢得品牌，从而形成内容创新力、市场竞争力和品牌影响力。

中国出版业的当代改革，正在酝酿一个百年未遇的重大机遇，600家左右的出版机构和几千家民营工作室，将会在未来的十年，在行政、资本、市场和企业战略的共同作用下，实现大重组、大整合。这是产业的潮流，市场的潮流，时代的潮流，顺应这一潮流就可以顺势而起，顺势而大，顺势而强，而漠视这一潮流则可能捉襟见肘，难以为继，甚至退出市场。

在这场整合的大棋局中，资本具有强大的整合力，但仅仅依靠资本是不够的。历史经验告诉我们，有容乃大，和气生财，得人心者得天下。资本竞争的背后是集团气质和器局的竞争，集团化的关键是开放的气质和宏大的器局，这就是算大账看长远，知大势成大局，大视野大运作，大谋划大格局。器局大才能格局大，器局大才能真正地集团化。在集团化的进程中争天时，抢地利，求人和，三位一体，缺一不可。但和为贵，和为上，和为大。

今年以来，我们明确了以市场整合应对国家层面行政整合的策略，明确了以数字化应对网络冲击的思路，明确了以股份制应对强势竞争的方向。放大了资本的杠杆作用，扩大了对文化资源的并购。在这方面，我们有几项成功的案例。

一是在5月14日深圳文博会上签署十个并购项目。这些项目都紧紧围绕出版主业，涵盖儿童文学、青春文学、网络出版、专业出版、教育出版，为"十二五"进一步做强出版主业打下了坚实基础。

二是9月28日，在凤凰集团成立9周年之际，以"招商引智共襄大业"为主题，力邀业内100多家企业的300多位有识之士参加恳谈会，控股成立了6家股份公司，聘请了10位产业顾问，签约了28个合资项目，接受了5家金融机构100亿元的授信额度，为"十二五"拓展动漫、影视、新媒体等文化产业领域的竞争提供了新的增长点。

其中，并购的一家图书公司，今年销售可达 7000 万元，利润超过 1600 万元，单本销售 10 万册以上的图书达到 23 本，这三项主要指标取得了一年翻一番的成绩。并购的三个印刷厂，使集团印务板块的销售收入从 6000 万元上升到 3 亿元，从亏损达到盈利 1400 万元。并购的两个物流企业已经实现销售 3 亿元。从目前的情况看，年内可完成并购项目 15 个，共需投资 3 亿元，预计可创造 10 亿元的增长。

在百亿平台上高位运行，在高位运行中持续增长，这对我们来说是一个考验。我们将继续积极而审慎地运用资本的力量，实施并购重组的扩张策略，将集团的产业面拉大，将产业的专业性做强，为文化强省建设不断做出我们应有的贡献！

8. 面向"十二五",我们需要做什么?*

这次务虚会开得很好,所有参会人员都讲究认真二字。我参加了小组讨论,也听了其他小组同志的反应,大家讨论很认真。从已出的简报来看,大家都紧扣"十二五"规划,同时联系自己工作实际,提出的意见、建议都是有内涵的,看得出是经过思考的。今天下午,集团党委的各位领导也都做了认真准备,讲得很好,对我启发很大,对我们整理"十二五"规划有很多教益。制定"十二五"规划,应该怎样做?一是分管领导领一个板块,要做规划;二是相关部门、相关单位要搞几个相关的研讨会,也就是说规划不是少数人写出来的,是研究出来,如果没有前面的研究环节,规划水分就比较大,操作性也谈不上。规划怎么做,要抓四个环节。第一就是判断,相关部门提出问题,请这个板块的同志共同研究。第二,在判断明确之后,提出"十二五"的任务,任务包括项目、产品等。第三就是思考完成此任务需要的举措是什么,已有的举措是什么,新增加的举措是什么。第四是制定关于任务的一系列量化指标。大体上这四个环节抓住了,规划就比较实在,就能有前瞻性、操作性。现在的规划,总体上看,提出意见就是对集团最大的贡献,这句话好就好在,我们议事一定要有民主氛围,一定说真话,要虚心认真研究大家的意见。

大家提的意见,总的问题是冲击力不够,在定性和定量上要求指标不够,还可以进一步完善。我们讲规划,实际上我们考虑一些问题,就是"十二五"凤凰集团的发展需要什么,听了大家的发言,"十二五"

---

* 这是 2010 年 12 月 30 日在盐城举办的 2010 年凤凰集团务虚会上的讲话。

凤凰集团要发展，一定要按科学发展观思考全局工作，科学发展观要求我们全面协调可持续地谋发展，考虑好主要矛盾和主要因素。"十二五"期间需要我们进一步解放思想，转变观念。盐城过去就是农业城市，经过"九五""十五"，尤其是"十一五"，从农业到工业，从传统到现代，从土地到市场，核心就是观念变化，观念一变，思路眼光就不一样。我们讲解放思想，解放思想要落在实处，转变观念要实事求是，实事求是的功夫很难做到。我们要有研究的功夫，把握社会发展的趋势，如果你研究得好，你就知道这个观念怎么转变，否则一定是空话。但是转变什么观念，其实在集团层面转变观念和成员单位转变观念是有区别的。各自的实际不一样，所以**转变观念的标准应该实事求是，转变观念首先要发现新的增长点，要发现新的板块，要发现新的投资领域**。我们在"十二五"期间如果有一个大发展的话，基本不是在存量上多做文章，而是在增量上多做文章。我们的发行集团一方面高位运行持续增长，在全国连续十七八年保持第一，相当不容易。换一个观念来看，跟出版社比，出版社有一亩地，你大概有二十亩地，网络相当于土地，资源怎么释放出来，过去我们主要做的是产品经营、渠道经营，但是这个网络本身是可以经营的，而经营的第一点就是我们一直在讲的文化MALL。第二要有新布局。这次到盐城来的另一个目的，就是要把眼睛盯在二三线城市，要赶上二三线城市将要兴起的文化和消费高潮，每年增长率就会大幅度提高，且增长点都是在新领域、新板块。农业自身不会有大的增长。**转变观念不是虚话**，请各位想一想各自单位转变什么观念：**一是精神层面和思想层面的观念要转变，二是围绕发展的观念要转变**。第二条更重要。如果我们思路打开，观念转变，可以预计有一个更大幅度的增长。

一、面向"十二五"，我们需要进一步解放思想，转变观念

现在的规划冲击力不够。要理解这句话，慢进也是退。如果没有

前瞻性、引领性和奋斗性很强的规划,"十二五"很难带动。讲具体目标,要具体到每个成员单位。省委按照江苏在全国的排名,对我们集团有所要求。我们要在全国出版集团中排第一,这是建立在成员单位排第一的基础上,没有强劲指标的拉动,三年五年后很难保持第一。有些单位的现状有历史原因。首先你没有想法,你没有目标,就没有增长。一开始讲百亿,一提这一目标,实际上是把自己挂起来了。我们提双百亿,我们也经过认真测算,但一定要有奋斗性、冲击力,关键是项目要有冲击力,要有好的思路、定位。如果没有项目,这些都会成为虚话。我们有几个板块增长比较好,主要是较大项目尤其是重大项目的带动,项目要有冲击力,发展要有跨越性。**我们所处的社会大背景,就国际范围讲,重要的战略机遇期并没有发生变化;就国内来讲,将会以内需为重要的推动力,将会有重大政策出台。**我省人均GDP达6000美元,**按国际消费水平标准,中国已经进入中下等消费水平**,也有专家说是中上水平。但明确讲,到"十二五"期间一定要到中上水平。**在这样的背景之下:**第一,集团算大账,自身条件有一定的实力;第二,经过改企有一定的制度竞争力;第三,以在座各位为代表,凤凰集团有一定的领导力。这三条加上我们所处的背景,**凤凰集团应该有跨越式的增长。定性:一是国内竞争力。**也就是在未来5~10年之间一定会有几强出现,凤凰集团一定要在这几强之中有明显的竞争力。有人问,国外经济温和回暖,对中国书业有什么影响。我觉得这对中国没有直接影响,但是有间接而长期的深刻影响。外国人感觉中国强大了,会对中国的文化、现实、社会、经济诸多领域感兴趣。**二是国际影响力。**凤凰到"十二五"期间,可以提国际化了。中国出版集团在"十一五"就提了国际化。**三是这两个力合在一个共同的基础上,就是集团内部的凝聚力。**集团的各个成员都要争这三力,"进三争一"就是讲的国内竞争力。我们的改革、制度建设、内部建设讲的都是内部凝聚力。译林出版社开始做并购时,反对的声音比较大,统一思想后，支持的声音逐步多起来，总的情况很好。**内部凝聚力不仅影响着我们原有板块的发展，更加影响我们进一步的扩张与发展**。总之，第一个需要的是解放思想，转变观念。

二、面向"十二五"，我们需要永远保持谦虚谨慎的心态

凤凰集团在社会上有一定影响，自己也总讲得了多少个第一，比较容易犯骄傲自满的毛病。我们所有成员单位都要保持谦虚谨慎的态度。我们集团到了这个层次，再保持一两年第一，是没有问题的。我们怎么在这样的环境之下始终保持谦虚谨慎，对集团所有员工都是一种考验。理性和情绪不一样，情绪会干扰你，讲多了，就有点飘飘然的意思，建议大家读一读《周公诫子》。其中讲了一个基本道理，就是谦虚。这个"谦"表现在恭敬、节俭、谦卑、警备、大智若愚、放低姿态等六个方面，所有事业、生活、各种社会关系离不开的。我曾经在2006年人才大会讲到，**中国文化最重要的是诚德和谦德，诚心待人，赤诚相见**。凤凰集团**做到一定程度，要有大企业思维，越大越谦虚，你只要谦就是虚，就是空，你就要学习**。面向"十二五"，集团高管更要培养谦德，对同仁谦虚谨慎，对下级也要保持谦虚谨慎。毛主席说"只有做群众的学生才能做群众的先生"。老子也有这样的思想。建议大家去查一查，看一看。

三、面向"十二五"，需要有一批注重出版发行主业、注重新媒体、注重文化产业领域的，有前景、有带动力、有关联的重大项目

数字化的潮流不可阻挡，数字化的趋势非常清晰，数字化的阶段性还不够明显。趋势已平稳，什么时候颠覆还很难说。**重大项目是指这批项目着力点是扩大视野、扩大领域、扩大投资范围，要做新项目、新板块、新的增长点，总之做增量**。前面讲到，第一点需要转变思想观念，落脚点就是奋进。第二点谦虚谨慎，落脚点就是留有余地，什么时候都

要谦虚，什么时候都不要自满。天时地利，整个环境、形势，我们能看清楚一点就不错。如果发生重大变化我们没有余地，就会很紧张。第三点重大项目，重点是做增量，"十二五"期间，**我们要保持现在的领先地位，同时和其他集团拉开距离，就必须做增量，就是要有重大项目**。我们所有的高管要经常看行业报纸，经常关注你的同业分管领导、主管领导在想什么。讲国内有竞争力，无非是三个点要踩住：行业变化、对手变化、自身能力条件变化，这三个变化踩住了，就需要做增量，要有一批项目，特别是重大项目。我们的规划需要充实，这是"十二五"期间的重要问题。

四、面向"十二五"，需要在产业、产品、投资经营、人才等方面调整结构，促进发展方式的转变

我们讲新定位，全国文化产业重要的战略投资者，有了调结构的空间，有了产业调整的空间。所有的成员单位都意识到我们有个优势，就是产业链优势，但这个优势并没有完全发挥出来。中国出版集团是比较委屈，它没有发行，但是我们有一个完整的产业链，内在优势没有发挥。这两年印务板块优势开始显现。**现在大家都认识到，产业链长，就意味着机会多，是我们的优势所在；调结构更重要的是顺应社会需求的变化，产生新的板块、新的产品。调结构本质是抓需求。**"十二五"期间可能要把二三线城市文化 MALL 作为主要着力点，才能赢得更多的主动，才能比较好地避免融资的压力，也会对我们即将上市的出版发行主业带来利好。

五、面向"十二五"，需要加强人才队伍建设

"十二五"期间的人才问题，这也是我们纲要上要突出的。我们要研究一下，怎样培养自己的干部，怎样引进高端人才。**人才结构调整主要靠引进，人才素质提高主要靠培养。**过去说过经营人才、房地产

人才、资本运作人才、新技术人才等都很重要。**对"十二五"来说，最重要的是领导人才**。我们现在的领导人才不够，因为规模在扩大，我们后备干部要大范围、大力度地培养，好的人才一定是爱我们这个行业的。我们在人才建设上取得一定成效，力度还可以加大。换句话说，领导班子建设特别重要。我们不是没有这样的人，当了多年领导，还基本上不知道怎么当领导，不知道领导最重要的环节在哪里。**当领导讲容易不容易，讲复杂不复杂，就是：能吃苦、能吃亏**。领导不能吃苦你怎么服人？你不吃苦你怎么会有高见和市场？吃亏也是一样，不能做到每事都吃亏，但我们应该做到不和同僚、群众、集体争利益，在集体中吃点亏才有凝聚力。什么事你占便宜，长此以往，谁能忍得住？所以**吃苦、吃亏是一个干部最基本的素质。保持两个距离，与被领导的人拉开认识距离**，别人知道的你不知道，别人认识深刻的你认识肤浅，你怎么当领导？领导就是战略、思想、精神、人格领导。你平时不学习、不积累，没有高于别人的想法，没有有别于别人的角度，长期下去你怎么当领导？**另一方面，要缩小和群众之间的感情距离**，感情距离越小越好，你的真知灼见怎么提供？群众的信息虽是支离破碎，但它们是真实的，你得加以分析和综合，你才会有较高的认识。你认识比较高，你在领导位置得到的信息更多，你综合的条件更好。**我们需要领导型的干部有抱负、有眼光、有胸襟。我们的干部队伍总体是好的，但也存在三个问题。一是不思进取**。如果一个单位不思进取，"十二五"怎么搞下去？**二是不认真**。这两个都属于态度问题。**三是比较肤浅，不学习，比较患得患失**。领导班子特别是一把手的建设，对"十二五"至关重要。这是共产党的老传统、老话，要有新内容、新理解。开阔视野、熟悉市场很重要，但是最根本的东西不能忘掉。国有企业应该这样，即使当私企的老板，不这样也做不好。做事与做人是统一的，不凝聚人心你怎么做事？总之，领导班子建设、一把手培养，在"十二五"里是非常重要的。

六、面向"十二五",需要一个既有激励性又有控制力的基本企业制度

一是学习现代企业制度,并尽量运用好。要认识到现代企业制度是西方企业经验的总结,里面没有中国企业的文化总结和实践内容。可是我们有纪委,有监事会。仔细研究,建立现代企业制度,研究我们的组织构架问题,做了一些讨论,一些规定我们学了、看了,但实际问题解决不了。要结合实际,贵在创新。集团作为控股公司,下面的部门、公司以后办事怎么办,是一层层打报告?这是官僚化。我们要学习现代企业制度的内在精华,而不是形式主义这一套。一定要创造性地体现集团高速运转、节约组织成本的框架,而落脚点是学习西方企业的激励机制和管控机制。**二是学习它的既能有效整合,又能充分释放各成员单位单兵作战能力的工作机制**。在生产经营范围内能授权的必须授权,前线指挥人具有充分的生产经营的权力。与此相关的公共资源的问题,需要搭建公共平台的,要提高效率,靠管理形成一个专门机构。专门机构的作用是服务,不是简单的管。我们集团总部各部门,包括发行集团,一定要急基层之所急,确立为基层服务的思想。比如一段时间内抓工作,会议会很多,是不是所有的会都要开,是不是所有的会都要一把手参加,是不是所有的会都要搞文字材料,值得我们研究。总部建设的核心是为生产一线服务,服务水平有多高,不是看是否把下属单位指挥得团团转。参加会议人员要根据会议的内容来确定,该谁来就谁来,各单位也要有制度,不因某个领导的作风和风格而改变议事程序。

七、面向"十二五",需要构建鼓励创新、促进和谐的企业文化

企业文化的着力点,一是鼓励创新,二是在内部形成合力、凝聚力要讲科学。用科学发展观来看,我们"十二五"期间需要什么,对凤凰集团而言,特别重要的方面和因素是什么。把这些方面抓住,"十二五"

就抓住了纲，我们的规划就比较全面，有重点，有协调发展的带动力。

我们这个规划要有奋斗性，讲究协调性，方方面面都能点到，方方面面都要有重点。企业文化讲得好也是做得好的一方面。没有企业文化的规划纲要是不行的。我们"十二五"规划，要按照科学发展观，把重要环节拎出来。虽然具体情况每年都会有变化，但只要抓住主要方面、重大项目、主要措施、主要指标，其他暂时想不全问题也不大。希望各个成员单位要按照科学发展观把重大项目抓住，把主要措施和主要指标都明确下来。

9. 关于如何建设出版"国家队"的调研思考*

2011年8月，经组织安排，我调到素有出版"国家队"之誉的中国出版集团公司工作。国庆节后，我和集团公司领导班子成员一起到七个成员单位调研，对于解决当前集团公司改革发展的问题做出了初步思考，归纳如下。

1. 关于如何建设出版"国家队"的观点。大家都说中国出版集团公司是"国家队"，什么是"国家队"呢？"国家队"在国内做到第一是应该的，关键是要与国际上的同行比，看能否在国际上占有一席之地。我们就是要同国际上的出版强者比，找差距，找原因，找出路，找办法，最终把自己打造成强者。我们要想成为名副其实的"国家队"，一要研究发展定位和目标体系，二要研究发展趋势和思路，三要研究发展方向和路径，四要研究影响发展的突出问题，五要研究发展的内容和品牌，六要研究发展的动力，七要研究发展的人才资源，八要研究服务发展的保障体系，九要研究发展的保障措施和手段，十要研究集团公司发展的战略布局。如果我们把这些问题想清楚了，把思路理清楚了，进而把各项工作落实了，过上三五年，我们就会有一个大发展、大变化，就会成为名副其实的"国家队"。

2. 关于集团公司发展战略突破口的观点。我们目前的困难到底是什么，这一阶段应该做什么，应该怎么做，哪些不应该做，都要从自己的实际出发进行深入研究，这样才能找到快速发展的突破口。要发展，就

---

* 这是2011年10月到中国出版集团公司七个成员单位调研的思考汇总。

要敢于直面问题，善于研究问题，这是一个重要的工作方法。问题找到了，思路理清了，就要抓落实。不落实，再好的思路也等于零。抓落实关键是要具体化，要不怕失败。失败乃成功之母。我们要容忍敢于作为的失败，但不容忍不作为，更不容忍消极怠工。研究问题就不能回避问题，如果不知道企业的问题在哪里，就找不到突破口；如果不知道企业的实际情况是什么样的，也是很危险的。中华书局的实践证明，有困难的企业是可以重生的，关键是要有好的思路，要转变观念，要带好队伍，要培育人才。发展起来以后怎么办？要持续发展，绝不能止步。

3. 关于深化企业改革、加快企业发展的观点。改革具有实践性和时效性，要逐步推进，一个时期要突出一个重点。改革发展的力度可以再大一些。我们要学会把握时机，时机来了，条件成熟了，目标定高一点好。商务印书馆的目标可以再高远一些，要和国际上的同类社去比，你们可否定一个计划，三年超越国际同类社。经济发展的目标应当高一些，要强化利润指标，强化销售指标。在跨地区经营上商务印书馆有条件，要加快步伐，一年两年就有大变化。指标你们去扛，办法你们去想，有什么问题我们一起解决。项目建设很重要，没有项目什么事也干不成。

4. 关于集团公司多元化发展的观点。要搞多元化，多什么元，怎么多元，要认真思考。影响多元化的问题是什么，如何改，方向要明确。各单位应该是纵向的多元化，通过延伸产业链来搞多元；集团公司应该是横向的多元化，通过跨领域来搞多元。这些问题要研究，关键是研究形势。形是可以看见的，势是看不见的，需要用思想去分析。企业领导人一项很重要的本领就是会看势，要结合自身情况把握势、利用势。比如，现在是国学热，而且还有发展的趋势，中华书局就要用好这个势，搞国学的多元化。你们提出搞国学培训，就是多元化的东西。国学中有许多可以挖掘的东西。于丹图书的成功就是一个国学出版多元化的范例，要顺着这个思路研究下去。有专业性，必然有稳定性。

5. 关于强化企业动力建设的观点。企业的动力在哪里,"长治久安"的办法在哪里?面对市场经济的新形势、新问题和新情况,我们必须有自己的新思考。搞企业最怕没思想,没思路,也怕有行动,无思想。只有在行动中有思想,在竞争中有忧患,才能取得大发展。企业竞争实际上是产品的竞争,本质上是人的竞争,是人的素养的竞争。为了寻求大发展,希望大家都要做到"四个用"。一要用心。干工作就怕分心,一定要心无旁骛。二要用力。用力要恰当,不能用到别人没有积极性。我看集团可以管三分,七分给大家自己管,上下形成合力,何愁不发展。三要用资源。四要用人才。搞出版,资源很重要,如果我们能够圈到两个资源,一个是人才资源,一个是文化资源,出版就会大发展、大繁荣。

6. 关于进一步解放思想、创新发展的观点。思想解放无止境,观念更新无止境。我们的思路是,在解放思想中改革,在改革中发展。解放思想不能空,企业做事一定要实。转变观念转哪些?解放思想解放哪里?一个阶段解决一两个限制发展的思想观念问题,最终目标是解决问题。目标要高一点,思想要解放一点,也就是说胆子要大一点,要有魄力。时机到了,没有魄力就抓不住,没有抓住时机,我们要后悔的。传统不是包袱是财富,但要补一点锐气,补一点豪气。文化人有文气是好事,但是要多一点锐气、豪气。一个单位如果没有锐气,工作很难推进;一个人如果没有一点豪气,工作很难有创新。希望商务印书馆在国际上要走出个样子来,顶多不成功,那也没关系,做了就是好的,即使不成功还可以锻炼队伍。创新就有可能失败,我们如果不容忍失败,就是回避成功。

7. 关于加强领导班子建设和人才队伍建设的观点。领导班子很重要,骨干很重要,团队精神很重要。领导班子一定要建设好,在此基础上带动整个队伍学做人,在造就企业的同时造就人才。做事要昂扬,做人要低调。自己做人要做好,要把干部团结好。大家在一起工作一定要相互包容，要宽厚待人。应该鼓励大家提出不同意见，设置反映的渠道，但是反对编造谣言，反对人身攻击。要闻过则改，闻过则思，进而达到闻过则喜。搞集团化建设，建设好"国家队"，一是"资金池"，二是"人才池"，两个池里的水都要满。领导人的责任就是选好人、用好人，这一点对于企业太重要了。如果选人上有可持续性，企业发展就会有持续性，所以，最大的问题是选人。选对一个人，树立一面旗，带动一片人；选错一个人，影响一片人，破坏一个企业。如何把人才优势的能量发挥出来，既与改革有关，又同发展有关，还同企业文化建设有关。

8. 关于加强集团公司党的建设的观点。 国有企业党的建设和企业文化建设都很重要。国有文化企业更要重视党的建设和企业文化建设。同西方比，我们的优势是什么，我们的优势就是有一个严密的、坚强有力的组织，这个组织就是各级党组织。有优势就要发挥作用，不能弃之不用。党的工作特别重要。党的工作是什么？从根本上说，就是做人的工作，要团结人、调动人的积极性。一个企业的党组织，如果不研究人，是不可能做好工作的。党的书记做工作，就是做凝聚人心、鼓舞士气的工作。中国大百科全书出版社就是依靠加强党的建设、企业文化建设走出了困境的。实践证明，越是在困难时期，政治的力量和文化的力量就越重要。

9. 关于加强集团公司企业文化建设的观点。 办好企业，企业文化很重要，人才很重要，爆发力很重要。人是要有精神的，企业也要有精神，有精神才有爆发力。企业要有文化来滋养，这样的企业才会大度。企业文化的本质是培育企业精神，集团和各单位在企业文化方面有深厚的积淀和丰富的资源，企业文化要转化为载体，要有活动，有仪式，长期坚持下去，逐步转化成内部主旋律。创造好的企业文化，提倡什么，反对什么，要旗帜鲜明。企业管理的本质是做人，做人做好了，企业就会大发展。困难企业怎么办，一不能等，二不能靠，从根上说，还是靠自己，这是企业文化的根本。如果一有困难就向上级伸手，自己不主动想办法解决，那不是企业文化，只能是乞丐文化。大百科社的发展证明，一个困难企业，只要人气旺，只要思路对头，只要坚持自力更生，就一定能走出困境。

10. 关于大力加强集团公司总部建设的观点。提出九个问题请大家研究。一是总部的定位是什么；二是方向和战略是什么；三是重大项目如何抓；四是驱动力和控制力是什么；五是如何配置好资源；六是如何发挥人才优势；七是如何调节各种利益关系；八是如何抓好思想建设、组织建设和作风建设；九是如何服务大局，服务一线，讲究效率，追求效益。

11. 关于善于总结经验、探索工作规律的观点。总结经验很重要，基本经验是什么，要成为今后一个时期的指导方针和原则。毛主席说过一句话，我没有什么本事，就是会总结。其实这是一个大本事。干好工作，一是靠运气，二是靠思路，前者概率不高，还是思路最重要。要有好的思路，就要善于总结经验。总结不是向后看，而是向前看，要找出规律性的东西，作为今后的指导原则。典型经验的功效是很大的，要从集团层面发现和培养典型，推广典型经验。

12. 关于发挥自身优势做大做强的观点。中国出版集团只有做大做强，才能成为"国家队"，这是中央领导的要求，也是我们立足的根本。关键是如何做大做强，要深入研究，提出具体的思路和办法来，这些都想清楚了，就要快出手，就会有成效，慢腾腾的不可能有大成效。要急，但不能太急，不能在重大项目上出现失误。做大做强有一个原则，就是一定要发挥优势，比如，商务印书馆在学术、专业方面是强项，要继续做好，发展大众化学术，发展数字出版。中华书局明年要庆祝成立一百年，新的一百年怎么起步，要认真思考和布局。三联书店提出办"大三联"，是一个很好的概念，就是做大做强的思路，但是要研究可行性和实际操作步骤。

13. 关于实现两个效益相统一的观点。搞出版，内容应该放在第一位，但是，也要把经济指标看得很重；没有好的经济收入做支撑，内容出版就失去了依托。要强化文化指标，但是不能弱化产业指标和经济指标。作为文化企业，搞好经济效益是一项经常性的工作，这也是社会效益的基础；只有经济效益好，社会效益才能真正好。三联书店书、刊、店形成了良性互动，经济效益越来越明显，证明两个效益是可以统一的。

14. 关于实现良性发展、推进全面发展的观点。要坚持改革、制度、文化、党建齐头并进，全面发展。管理就是这些要素的综合管理，采取综合措施，取得综合效果。明年 4 月是集团公司成立十周年，既是十年的总结，又是新十年的开始。这是一个关键时期，我们要看十年，想五年，抓当年，全面扎实推进各项工作。各单位的问题是什么，如何解决，拿出办法，立即做。要不断地提气，不断地加压。要创新，思考的方向是向前的，而不应该是向后的。企业发展了，有两个危险要防止，一个是经济犯罪，一个是胡乱投资。这是保证企业良性发展的保护伞。

15. 关于集团公司发展战略的观点。中国出版集团经过了十年的历程，已经有了一个很好的发展基础。现在到了该发力、发大力、发好力的时候了，这是对我们大家的一个考验。当前，我们要集中精力研究集团公司的发展战略问题。一要研究战略定位，集团公司是"国家队"，"国家队"的任务是什么要清晰。二要研究战略目标，建设国际一流的出版传媒企业。三要研究战略思路，如何履行"国家队"职责，如何实现国际一流目标，要有具体的路线图。四要研究战略重点，抓不住重点，就等于没抓。重点抓好了，可以带动一个面，带动一个时期。五要研究战略力量，战略力量包括人的力量、企业文化的力量、科技的力量、制度的力量和资本的力量。六要研究战略措施。措施就是过河的桥和船。战略确定后，方法是决定成功的关键。

10. 把经营管理作为中心工作抓紧抓实抓好＊

今天和大家交流的主题，是把经营工作作为我们的中心工作，抓紧、抓实、抓好！

把经营工作作为中心工作，这个提法我想了一段时间。能不能这样提？最后的结论，还是应该提。我们是文化企业，当然要抓住文化这个根本；但我们是企业，不管我们愿意不愿意，主动不主动，经营管理工作每天每月每年都在我们身边，逼着我们去努力，去思考。我们必须下决心把经营管理工作作为集团的中心工作，旗帜鲜明地抓紧、抓实、抓好。在这个问题上我们不坚决，就会影响今后几年的产业发展；在这个问题上我们有疑惑，就会影响我们在全国的竞争力；在这个问题上我们不清晰，"三六构想"就是一句空话。

按照惯例，集团在年中的时候要做一次全面的工作总结。今年我们调整一下，用经营工作会议的形式来总结上半年的工作，就是要突出经营管理这个中心，体现我们把经营管理作为产业集团中心工作抓紧、抓实、抓好的决心。

我们用了一天时间来听各企业的经营状况以及对经营管理的思考。听了之后，我的突出感受是有信心。我们经营状况的主体面，增长是行的，不能说很好，但确实还是行的。部分单位的总结，能听出领导班子的思路，能听出做法背后的经验，讲得很好；有的单位对存在的问题不回避，不掩饰，对企业的病状把过脉，也初步开出一些药方，讲得很实在。像这样的工作作风和思路，是我们完成全年任务、完成长期发展任

＊ 这是在2012年中国出版集团公司上半年经营工作会议上的讲话。

务的坚实基础。所以我讲，听了有信心。会上我们还与六家单位签订了"双效"考核责任书，讲解了集团"特别奖励"的办法，通报了审计机构的整改意见。总之，这次会议紧紧围绕经营管理这个主题，内容很丰富，很实在，达到了总结经验、寻找差距、制定措施、鼓舞斗志的目的，有利于推动集团上下形成扎扎实实抓经营、齐心协力谋发展的良好态势。

经营工作是我们的主线，我们的中心。在4月份经营管理工作会议上我说过，肯定成绩和找出问题是形势分析的两个重点，也是我们集团内经济运行形势分析的两个重点。抓住了主要成绩和主要问题环节，就抓住了形势分析的关键。未来怎么运行，怎么用力，也就心中大体有数了。

半年过去了，我们有必要认真地分析这一阶段的经营状况，做到心中有数，掌握主动。

一、肯定成绩

今年上半年，我们紧紧围绕"三六构想"目标，扎扎实实推进经营工作。财务数据反映，我们的资产总额达到99亿元。这件事情要辩证地看。一方面是一件大好事。如果今年集团整体资产超过百亿，我们的影响力会提高，我们的合作机会会增加。更重要的是，它提醒我们如何把资产经营好。我们现在比较多的是在日复一日地消耗资产，还没有产生让资产增长的能力。从另外一方面看，我们资产大，不代表我们经营能力强，更不代表我们的销售好、利润高。如何将资产运营好，也是集团化的一个课题。如果资产的增加是东存一点西存一点，没有一个专业的团队和长远的规划来支持，恐怕是不能持续的。但如果是一下子用"一平二调"的方式，也是绝对不行的。所以一定要找到中间路线，中间路线就是兼顾各方利益，以增量为标准。

营业收入超过30亿元，实现利润2.84亿元，净资产突破40亿元。

具体来说,有五个方面的成绩值得肯定。

第一,营业收入稳定增长。上半年实现营业收入 30.57 亿元,同比增加 2.73 亿元,增幅 9.81%。离 10% 还差一点。其中股份公司累计实现营业收入 13.40 亿元,同比增加 2.33 亿元,增幅 21.05%,这个数字值得玩味,表面上看增幅还是比较高的,反映出主业部分的企业总体良好。然而股份公司累计实现营业收入占集团总收入的 43.83%,比重不小,说明我们盘子小。

上半年营业收入增加最多的企业是中图,实现营业收入 13.47 亿元,同比增加 1.73 亿元,增幅 14.74%,这个数字还是比较喜人的,大体相当于股份公司这块那么多单位的总和。原来我们担心中图盘子大、基数高,增长有困难,但是现在中图的领导班子以实际行动打消了我们的疑虑。中图是我们集团块头最大、增长幅度最大、绝对贡献也最大的单位。说明万事在于领导班子。平台高不代表不能高台高位运行。其实严格地说,中图再有一点时间,再做一点努力,还可以实现更高的增长。我们要相信一点,平台高的企业,掌握的资源也多,可能的增长点也多,问题是如何激活增长点。集团领导班子最近要去一次中图。中图做了很深入的研究,我看了一夜的中图的汇报材料,很有收获。中图已理出了一些战术性的年度动作,也理出了一些战略性的长远想法。我觉得非常好。这个例子告诉我们,我们的成员单位当中,盘子大的不要只看一面,它也有另外一面,盘子大,资源多,增长的可能性也大。北京中版联印刷物资有限公司(以下简称"中版联")实现收入 3.22 亿元,同比增加 1.42 亿元,增幅 78.89%。中版教材有限公司(以下简称"中版教材")实现收入 8129 万元,同比增加 2247 万元,增幅 38.20%。中版教材在我们集团内的单位当中也是值得研究的。原来中版教材可以说基本一无所有,现在回头看,公司发展历程并不长,但是每年增长幅度很大。数字增长背后是企业精神,数字增长背后也同时是企业文化。

第二,利润总额大幅增长。上半年实现利润总额 2.84 亿元,同比增加 5303 万元，增幅 22.96%。

第三，三项费用（营业费用、管理费用和财务费用）控制合理。

第四，资产负债率继续降低。 6 月末资产负债率 59.45%，较年初减少 2.25 个百分点（3 月末时减少 0.88 个百分点），降幅较大。这是在几年来持续降低的情况下实现的，说明现金流状态较好，整体经营风险得到控制，偿还债能力有所提高。

将资产负债率指标对应我们的发展情况来看，可以判断，我们大体上处于一个良好的状态。也不是完全没有问题，但是基本良好。

第五，预算完成情况较好。 上半年营业收入完成全年预算任务的 48.81%。虽然没有实现时间过半任务过半，但从各企业反馈的情况看，主要是受账期、季节性等影响。下半年可能好于上半年，但是不能松懈。下半年市场上会不会有突发情况，现在很难说。现在市场分析人士唱衰的比较多。我感觉这个说法有点消极，但是基本的分析不是没有道理。全国的经济形势乃至全球的经济形势都有两重性，都有双面的局限。中国的主要财政支柱是地产，但是地产现在很难。大环境想清楚，我们才能想清楚我们出版业的问题。出版行业的规律是，上半年收入占四成，下半年占六成。但是下半年实际收入怎样，我们还要未雨绸缪。

二、分析问题

总体上看，集团经营运行情况比较好，作为经营状况综合反映的各项财务指标也普遍呈现出良性状态。但是，还有一些值得相关企业关注的问题。

一是部分企业营业收入同比下降。 收入下降的企业数量比第一季度减少了许多。下降的企业中，多数属于账期、季节性等原因造成收入延期实现，也有经营原因。我和有关单位的负责人交流时强调，一般而言，当你觉得最黑暗的时候，咬紧牙关，光明就来了；当你迷惑的时候，坚持一下，清晰就来了；当你痛苦的时候，不要放弃，快乐紧跟着就来了；而当你懈怠的时候，前方一定是黑暗的。

我们和有些单位都要给自己提个问题：对一件事情，我是不是真伤脑筋了？如果你没有伤脑筋，你不要谈；如果不伤脑筋，就能把它做好，那前人不早就把它做好了？没有几天几夜睡不着觉，你凭什么就能舒舒服服地把问题想清楚呢？前面讲到选干部要特别注重人品。什么是人品？就是要为大家奉献。如果没有这种觉悟，怎么可能半夜三更不睡觉去苦苦研究问题？没有这样一种奉献的精神，如何能把队伍领好？我们所有的处在后进的单位（包括亏损的单位），都要立下决心，要有百折不挠的精神，再加上一点谋划。中国出版集团的出血点和潜在的出血点不算少，同志们要有危机感。中国出版集团产业板块太单一，很难经得起大的风浪。上午现代出版社谈自己的出版板块，我觉得讲得非常好；但是有个问题，就是如果没有看家吃饭的东西，始终是在市场的风浪中攀来攀去，就应了那句俗语"常在河边走，哪能不湿鞋"。一方面，它体现了现代出版社的活力；另一方面，它体现了企业的脆弱性。一个富裕家庭，总是有一部分资产放在那里，是抗风险的，不断地给它产生增值，再从增值中拨出一点去搞投资。但是穷人家庭就不一样了，只能去搏。所以目前增长较好的单位，也要找一些自留地，留点看家粮。商务印书馆的经验告诉我们，因为历史上传承下来一批常销书，现在再做一点引领潮流的东西，就会比较从容。商务印书馆做一点大的投资，不会担心来年吃不上饭。总体上讲，中国出版集团拥有的大企业少，小企业多，强企业少，弱企业多，因此我们要增强忧患意识。我们的产业机构、人才结构、产品结构、投资结构，都有普遍的脆弱性。今年1月份以来，收入下降的企业，如果是因为经营方面的原因，请特别注意。

二是个别企业亏损或利润下降。上半年集团的27家企业中，有7家亏损，其中有些是处于亏损状态的新设公司，有些是经营困难。虽然这些单位的情况比较复杂，也有多种原因，但也必须引起高度重视。

第三，成本增幅偏高。上半年主营业务成本同比增长9.81%，高于收入增幅1.22个百分点。其中出版企业成本增幅低于收入增幅，意味着非出版企业成本有所上升，毛利空间被压缩，经营难度有所加大。

第四，存货增幅过大。计划财务部将在8月、9月对存货管理情况安排一次专题调查分析，希望各企业结合实际，现在就抓紧研究存货的管理措施。

三、总结经验

一是抓好主业。对于集团来说，主业特点明显，所占分量较重，是生存和发展的基础。其他业务或新的增长业务虽然也有一些拓展，但份额不大，需要一定的培育和发展过程。各企业普遍从主业入手，结合产品线建设，通过加强品牌产品维护、新产品或新项目开发、市场营销、账期和回款管理等措施，确保主业稳定发展。

二是层层落实。做完预算指标核定并签订"双效"业绩考核责任书后，各企业普遍将指标进行了认真的细化和分解，并转化为业务指标，层层落实到下属各公司、各部门甚至各岗位，形成全面预算、全员参与的好局面。俗话说，"人心齐，泰山移"，大家能为一个共同的目标去努力奋斗，这个目标就一定能够实现。这里也要指出，有的企业至今还没有将任务指标分解落实或者落实还不到位，应该采取补救措施，抓紧落实。

三是调动积极性。包括调动下属公司、分部、部门、员工的积极性。有的企业进一步完善了内部考核奖励办法，加大了考核奖励的力度，进一步调动了部门、员工的积极性和创造性。只有大家的积极性被调动起来，业绩才有基本保证。

为了更好地调动积极性，集团人力资源部和计划财务部根据总裁办公会的决定，起草并下发了一个针对营业收入增长超10%的特别奖励办法（征求意见稿）。这个政策体现了集团的一个想法，就是要大力鼓励那些增长好的企业领导班子。为了制定这个办法，集团人力部做了大量调研，总裁办公会专门讨论，现在下发的是征求意见稿，听取大家意见后再正式印发。

在座的都是领导干部，我们要想这样一个问题：我们自己对企业最终负责到底的是两件事，一是可持续发展，就是后来人接班的时候要比我们现在的情况好；二是对企业员工负责，企业大部分人的收入应该不错。你要想，我们凭什么吸引人才，高端人才凭什么来我们这里。收入问题必须解决。现在当然还做不到，但从长时期来看，我们的主体人员的报酬应该按市场来取价，应该努力实现高于市场20%的目标。

毛主席讲过一句名言，"政策和策略是党的生命"，对于企业来说也是这样。对于这次试行的特别奖励办法，请各单位领导班子切实做好研究，对应一下你的企业情况，模拟一下。我觉得有这样几个思考点。第一，真正把奖励政策理解清楚，还是要费点劲的。第二，模拟一下，各单位能不能得到奖励。立足点是要得到它。第三，要提出问题。比如我这个单位虽然努力了，但是拿不到奖励，那么政策要不要修改？制定政策的过程，也是一个民主集中的过程。现在还处在大家提意见、大家修改、大家决策的阶段，一旦定了，哪怕错了，也要执行。政策必须要有严肃性。请大家一定重视，一定把它研究好。这是一个集团内部的长期的大政策。

营业收入对企业的生存与发展十分重要。一方面，营业收入是企业的主要经营成果，是企业取得利润的重要保障。企业要想获得更多的利润，必须扩大企业规模，做大营业收入。另一方面，营业收入体现了企业的规模实力、扩张能力和发展态势。要想增强行业竞争力，必须做大营业收入，扩大市场份额，提高市场占有率。

从集团目前的实际情况看，无论着眼于"三六构想"的实现，还是与其他出版集团的竞争，规模不大，实力不强，是我们最大的弱势和不足，因此这是集团阶段性经营工作的重点。

要想营业收入快速增长，仅靠现有业务的常规发展是很难做到的。现有业务的常规发展能增长5%~6%就是一件不容易的事情。今年"双效"业绩考核的目标任务下达后，一些企业反映，感觉压力很大。之所以感觉压力大，其实主要还是局限于现有业务常规发展的思路。

集团要求企业营业收入快速增长，迅速壮大实力，扩大规模，是希望企业在现有业务的基础上，通过超常规的发展思路、有效的举措和切实可行的激励办法，大力拓展新业务、新领域，促进企业快速发展。

总之，特别贡献奖是为充分调动各企业生产积极性而建议的激励机制与措施。由于没有经验，先试行。为慎重起见，再征求大家意见，力争做到充分体现激励性、责任性和合理性。

四是加强管理。过去我们的管理更多地放在选题、发行、出版业务方面，而从经营的角度考虑这些问题考虑得不够，这在一定程度上影响了经营管理水平和经济效益的提升。上半年，部分企业从存货、账期、选题、费用控制等方面完善了制度，强化了经营管理；有的通过机构调整、岗位调整，合理配置了人力资源；有的通过制度完善，合理控制了账期、回款和费用支出。这些管理措施，明显提升了经营成果，我们要不断总结和完善。

除此之外，一些企业在开展跨媒体合作、加快新产品开发、实施重点产品或项目带动、做好教材出版、做精做细主业、加快分部建设、控制账期和库存等方面采取了一系列措施，进行了积极的探索，取得了明显的效果，这些也将对下半年的经营产生较好的影响。

从交流材料看，很多单位的管理意识明显在增强。请总部各有关部门在各单位找一些可以作为跟踪试点，总结以后能加以推广的经验。譬如说，有一家单位讲到了考核机制的问题，涉及正副职之间怎样合理地体现出责任、业绩和分配的关系。这件事我觉得总部应该做跟踪研究，做试点指导，做总结，然后广泛推广。

我对集团整体经营状况做一点归纳，从以下几个层面来分析。第一个层面是经营层面，我们整体稳中有进，但是增长不够强劲；全局上来说，起多落少，但是结构比较脆弱。第二个层面是产业层面，我们产品量多，重特（重大的项目、特色性的项目）偏少；出版较强，产业薄弱；利润较大，规模太小。第三个层面是业态层面，我们小企业多，大企业少；传统业态重，新型业态轻；生产能力强，营销能力弱。第四个层面是战略层面，我们的经营性增长基本可控，主体面是增长的，但是我们的投入性增长亟待加强，战略性增长尤须抓紧。一方面，我们要抓紧当期的经营性增长；另一方面，实事求是地讲，我们今年很努力，明年很努力，后年很努力，但是经营性的增长额依然会与兄弟出版集团越拉越大。别说我们的目标是10%，就是目标定在20%，差距依然会增大。对集团来说，投入性的增长，特别是战略性的增长尤其要抓紧研究。像国际化的问题，像数字化的问题，像人才强企的问题，这些都关乎战略性的增长。如果我们在这些问题上统一意志，并且有实招，持续去做，五年以后中国出版集团大幕一拉开，就不一样了。但是现在不敢说这些话，我们在投入性增长方面还比较迷茫，战略性增长上也还不很清晰。我们在经济上真正增长的希望就在这里。三年看不到，五年有希望。这四个层面的情况，我单独挑出来，请大家来研究。

四、对下半年工作的几点要求

从国际国内经济形势来看，继世界经济危机之后又出现了欧洲主权债务危机，造成发达经济体增长乏力，新兴经济体经济增速回落，世界经济复苏进程艰难曲折。复杂多变的内外部环境使得我国经济下行风险加大，必然提出经营发展方式的调整与转变的战略问题。我们国家采取了积极的应对政策，在这些政策的指导下，预计下半年我国经济有望逐步企稳回升。

从新闻出版行业的形势来看，数字出版、多媒体对传统出版业的冲击明显加大，宏观调控政策影响也有所显现，传统业务增长速度放缓。

面对国际国内形势和行业发展状况，我们要联系集团的实际，积极采取应对措施，扬长避短，规划、实施好各项工作。

时间已经过半，下半年更为关键。下面讲四点意见。

（一）再接再厉，确保实现2012年各项任务指标

在各企业的辛勤努力下，今年上半年全集团的经营状况比较好，营业收入同比增长9.81%，利润同比增长22.96%，为确保完成全年的任务提供了可靠的保证，为实现两个10%增长打下了良好的基础。按照集团出版企业的经营规律，今年下半年的经营状况会更好一些，但也不确定。我建议会后各单位再分析一下自己的情况，用忧患的意识眼光去审视自己。当我们研究问题的时候，我们要放得大一点，看得重一些。

各企业总有这样一种想法，总认为自己的品牌好。问题是，这个品牌在我们手上是一分功力，在别人手上是三分功力，再换一个人可能是九分功力。如果这样想，可能就会想得晚上睡不着。此外，我们积累性的东西做得很好，可是我们创新性、时代性的东西做得不行。不是光把自己的强项做好就行。希望各单位研究问题要聚焦，研究问题要放大，想清楚后，把忧患意识讲给干部听，讲给员工听，让上下都有危机感。

（二）强化经营管理，提高管理水平

在市场经济条件下，特别是转企改制之后，加强企业的经营管理是我们面临的新课题。要通过管理提高效益，通过管理促进发展。目前，我们集团各单位的经营管理水平参差不齐，对经营管理重要作用的认识各不相同，因此在企业经营效益上也有较大差距。今后，我们要多组织一些有针对性的学习和交流，发现和培养懂经营、会管理的各种层次的人才，全面提升经营管理水平。

财务管理是经营管理的重要组成部分，在财务资源的配置、开发、

整合、使用、管理中发挥着重要作用，在经营决策信息支持方面发挥着重要作用。各级企业财务部门要在不断提高会计信息质量、实现科学理财、提供决策支持的同时，强化效益优先意识，对资金、资产进行全过程的参与和管理。

随着股改上市和管理规范化，作为文化企业，我们要适应、要完善的财务管理事项很多，包括内部控制制度和信息系统建设、资产和投资管理、资金管理、效益考核等诸多方面，任务很重。希望各级企业切实重视财务管理工作，合理配备财务人员，并组织好培训和考核，不断提升财务管理的质量，为集团的改革发展服务。

目前集团面临的突出问题是财务人员严重不足，尤其是熟悉现代企业制度和具有股份制公司财务工作实践经验的专业人员匮乏。为了适应工作的需要，除了适当面向社会公开招聘之外，最重要的是要立足于自身进行培养，这项工作要列入集团层面的人才培养计划中，各单位也要加大这方面工作的力度。

在这里我还要强调一下，各单位财务部门的同志，一定要严格按照国家和集团各项财务制度，既要当好领导的参谋助手，也要发挥把关的作用。审计机构针对 2011 年决算提出的管理建议书，内容很重要，希望各单位按照集团布置，高度重视，认真整改。

管理建议书中指出了一些问题，为大家的工作提供方便。实事求是地讲，我们不可能短时间内把这些问题都解决掉，但是有可能在短时间内把最危险的问题优先解决。第一，要解决法律风险问题。第二，要解决资产风险问题。第三，要解决投资风险问题。第四，要解决个人廉政风险问题。如果这四个风险抓住了，解决了，其他的问题可以逐步解决。

（三）进一步解放思想，开拓创新

创新是社会进步和事业发展的动力与源泉，解放思想是创新的重要基础。今年集团提出了"三六构想"和"三化"的奋斗目标，目的是要加快发展，做大做强。我们目前常规的、传统的业务模式和业务板块是历史形成的，严重制约着发展速度和规模。要改变这种状况，必须进一步解放思想，开拓创新；既要立足于出版主业，又要不拘泥于出版，要有新思维，要有大手笔。

我讲几个集团内部有创新举措的单位。第一是大百科社。按照传统观点，"中国大百科全书第三版"就是一个扩容的问题，但是现在这还是一个新业态的问题。我们要认识到，国家数亿元的投资，对中国出版集团的数字化建设来说是一次重大机遇。这次"百科三版"的编纂指导思想由重纸质书转向重网络版，实际上带有转型的意义。这就是我们常讲的，新业态、新领域、新媒体、新手段。

第二个要讲的是中图。中图的数字大平台有积聚内容的功能，有内容交易的功能，有内容审查的功能，可能还会有其他的功能。而且中图采取了一个好的发展方式，和海外的出版技术企业搞对接。这家企业在全球的发行网点达到数万家。如果这件事情做妥了，抓住了，我们的"走出去"工作将会改观，而不仅仅停留在成品和版权交易上。

第三个要讲的是中译公司。中译公司经过两年时间的谋划，取得了一个新技术。目前中译公司的语联网项目可以从技术上领先别人，问题是如何在提高融资水平和打开市场两方面占领制高点。

第四个要讲的是东方出版中心。东方的新一届领导班子，用三个多月，谋划了一件大事。他们把看上去不起眼的、收益很低的资产激活了，并且是用概念的方式激活的。他们这种积极探索为集团今后整合、配置资源，加快全集团数字化出版进程，提供了思路与启示，值得提倡。

我们集团内部一些创新的东西，经过一段时间的谋划和力量的积聚，将会一个个出台。进一步解放思想，开拓创新，这句话不只在会上说，更要落实在我们的工作上。其实我们集团面临的最大问题就是缺乏创新。我们领导干部坐在这里，最小的风险是坚守的风险，最大的风险是创新的风险。我们这个年龄段的人，坚守没有问题，但是创新有问题。因此我们都要有两个意识：一是知道思想上要创新；二是要善于发现创新的人。我们要发现一批对事物敏感、善于接受新事物并且有创造力的人，把他们推到前台去。

总之，在国内出版体制机制改革走向深入、国际出版产业格局重新洗牌的大背景下，我们必须保持清醒的头脑，积极应对数字化、信息化、国际化可能带来的复杂局面，一方面要具有深厚的危机意识，要有机不可失、时不我待的发展的紧迫感、焦虑感；另一方面要有坚定的决心和稳健的战略，坚持推动集团的产业转型和新业态建设，在新一轮产业竞争中占据先机。我们的许多成员单位具有辉煌的过往和优秀的品牌，但如果不思变、不改革，随时都可能被产业的汹涌潮流吞噬。我们的竞争对手发展迅速，在改革发展方面采取了一系列措施，我们如果满足于现状，就会被迅速拉开距离，成为掉队者，迅速被人遗忘在历史的角落里。我们一定要从战略、发展的层面去思考经济发展的问题，为企业的长远发展铺垫道路。

（四）坚持两手抓，争取两个效益的最大化

我们这次会议主题是经营工作，围绕经营谈得比较多，但是，千万不要误认为出版导向、方向问题就不重要了。我们是社会主义文化企业，坚持正确的出版导向永远是第一位的。只有导向正确，所产生的经营效益才有实际意义和价值。否则，将被一票否决。我们要高度重视内容生产，绝不能触碰底线，绝不能存在内容风险。坚持两手抓，实现社会效益与经济效益的统一，争取两个效益的最大化，是我们文化企业必须遵守的准则。为了加快出版主业的发展，下半年集团将召开内容创新大会；继续推动"百科三版""二十五史""辞源"三大出版工程；抓好服务大局四大系列图书出版工程，特别是要花大精力组织好党的十八大图书的出版和宣传工作。

前面讲了出版集团四个层面的状况，再讲十个问题，我们来共同研究。

第一，思想如何进一步解放。

第二，观念如何进一步转变。解放思想、转变观念，泛泛地讲讲很容易，但是一结合实际就比较难。比如说，中国出版集团现在要转变什么观念才有意义？花了那么多时间去转变观念，但如果这个观念跟工作没有关系，转变它干什么呢？我们就要理清楚，对我这个单位、对我们集团，哪些思想要解放。而且我们当领导的，心里要有数，不是为解放而解放，为转变而转变。是为解放生产力而解放，是为完成这个阶段的发展任务而解放思想、转变观念。

第三，视野如何进一步拓宽。有些基层单位的做法，我觉得很好，就是带着干部出去看。在家学也是很重要的，但有时候出去看，对你观念的转变有直接影响。这次我们总部领导干部去上海新园区看了一下，很多同志和我讲，很震撼，原来数字化是这样的。我们坐在办公室讲数字化，却不知原来人家的数字化是那样的。我们现场看了一遍，听了一遍讲解还搞不懂，而人家已经获得了市场的效益。所以如何进一步开阔视野，建议各家单位有意识地、有计划地安排一些针对性的考察。考察活动一定要有思想在里面，要知道看什么，回去以后大家开会讨论一下，每个考察人员说说跟各自的工作有什么关系。

第四，我们的业务如何进一步拓展。商务印书馆就要在职业教育上大做文章。

第五，我们的重点项目如何进一步强化。刚才我讲，集团产品数量多，重点项目少。这件事，我们总部自己议论过，也听过外部的意见，都有这种共同的感觉。一方面外部对中国出版集团这样一个高层次平台期望很高，另一方面我们确实在重点项目上比较薄弱，尤其是在产业项目上。

第六，改革如何进一步深入。前面讲的这些事情，离开了改革都很难。我们把所有的改革归并一下，实际上就是两条，一条是人的问题，一条是分配问题。合起来，还是人的问题。我建议，各成员单位重点考虑分配问题。因为人的问题在中国太复杂，会有意想不到的阻力。但是分配问题在企业中解决起来相对容易一些。当我们把分配问题解决好，人的问题自然就会好一些。其实，从古至今，各种各样的管理者，万变不离其宗，所重视的就是一个分配问题。中国历史上，凡是分配没解决好的年代，农民战争就起来了。凡是解决好的，例如唐朝，天下就安定，国家就强盛。所以分配这个概念，要时刻放在各级领导的脑子里，它不是单纯的利益分配问题，而是人心问题，是队伍问题，是战斗力问题。各个单位基础情况不一样，所以分配这件事，集团不能统一搞，但是要立场一致。各单位呈现的生产形态不一样，经营形态不一样，分配很难一致，但是各单位有条件有能力在本单位做好深化分配改革这件事。

第七，生产要素如何进一步优化。各单位都有可以一一列举的多种生产经营要素，怎样优化？从集团层面来讲，也有一个生产要素如何优化的问题。

第八，集团总部的功能如何进一步发挥。这件事讲起来好像是总部的事，实际上跟所有的成员单位都是有关系的。因为总部的功能说到底就是服务功能。所有的功能都可以并在服务里面。总部的指导功能、协调功能都体现在服务之中。

第九，我们的资源如何进一步整合。

第十，我们的领导班子、我们的骨干团队如何进一步加强。

这十个问题，是每个单位都要思考的，对我们的长期发展至关重要。在这些问题上，我们中国出版集团应该按照科学发展观的要求统筹好。我们虽然开的是经营工作会，但是我们不能离开观念层面的问题，不能离开人的问题。这十个方面的问题，如果我们都抓住了，就会比较好地回答中国出版集团的科学发展是什么。科学发展说到底，在于统筹。但问题是要统筹什么。统筹一筐西瓜和统筹一筐萝卜是不一样的。这些问题是不是抓住了，是不是抓准了，请同志们研究。

总体来说，我们下半年的工作，甚至更长期的工作，就是要抓住这些节点问题，用统筹发展、科学发展的思路，来指导我们的思考，有针对性、有重点、有节奏地把我们集团的工作和各个单位的工作抓得更好一些。

11. 牢牢把握集团发展态势，在增长中进一步提高质量与效益*

刚才，我们隆重表彰了荣获 2013 年特别经营奖的先进单位，又与被纳入"双效"业绩考核的所有单位（前几年总有若干家单位因为各种原因而缓签）签署了 2014 年"双效"业绩考核责任书。去年在一季度的经营工作会上，我们提出：增长、增长、再增长是集团经营管理工作的主旋律。最近两年的实践结果表明：我们这个主旋律唱得响、唱得亮，集团的经济增长又一次实现了历史性的跨越与突破，即便剔除商务印书馆《新华字典》的因素，我们的营业收入和利润也实现了大幅度的增长。

习近平总书记最近指出，经济工作要以"提高经济增长质量和效益为核心"，"增长必须是有效益、有质量、可持续的增长"，这为我们下一步发展指明了方向。在集团经济整体持续较快增长的时候，我们就有必要也有条件对自己提出更高的要求：在牢牢把握集团经济发展态势的前提下，进一步向增长要质量，要效益。基本的看法是：首先要增长，增长是效益的前提；关键在效益，效益是增长的目标；核心是质量，内容的质量是增长的意义，也是品牌的生命。这是我今天想和大家一起探讨、交流的主要话题。围绕这个话题，我讲三点意见。

---

* 这是 2014 年 4 月 29 日在中国出版集团公司 2014 年第一季度经营工作会议上的讲话。

一、牢牢把握经济发展态势

1. 正确把握中国经济增长的基本态势

改革开放30多年来,中国经济始终保持着高速增长,成为世界经济的一个奇迹。一些人认为,中国经济高速增长后即将辉煌不再,将像一些发展中国家那样,掉进"中等收入陷阱"。针对这些疑虑,中央有明确的判断,就是中国发展的战略机遇期没有变,经济增长的基本面没有变。著名经济学家、世界银行前副行长林毅夫的分析值得认真研究。他说,未来20年中国只要能够比较好地利用现有资源,采取必要的反周期措施,加强技术创新、产业升级和基础设施建设,就还有潜力维持8%的GDP增长率。林毅夫对中国经济的未来大势的这种预测,至少有四点基本依据。

第一,改革开放带来的生产力水平的提高,创造的社会财富为未来的中国经济增长打下了雄厚的基础,其"后发优势"还将持续显现。

第二,中国的技术创新速度不断加快。这里有两个数据:一个是专利数据。2013年中国以21516件的专利申请总量超过德国,位居世界第三,增幅在专利申请量排名前十的国家中居首位。中兴、华为分别以2309件、2094件的企业专利申请量(PCT)位居全球第二、第三,日本松下公司位居第一。2013年,经国家知识产权局授权并维持有效的国内外发明专利总数103.4万件,中国大陆每万人发明专利拥有量达4件。另一个数据是版权产业的数据。最近发布的《中国版权产业经济贡献(2011年)报告》指出,2011年我国版权产业的行业增加值为31528.98亿元人民币,已占到全国GDP的6.67%,在促进经济增长、创造就业机会、扩大对外贸易中发挥着日益明显的作用。

第三,历史经验数据的支撑。根据美国著名经济学家安格斯·麦迪森的估计,中国2008年和美国的人均收入差距相当于日本1951年、韩国1977年和美国的差距。而日本在1951—1971年间国内生产总值的年均增长率为 9.2%，韩国在 1977—1997 年间年均增长速度则为 7.6%。从人均收入水平与经济增长的关系来分析，中国应还有维持 20 年年均增长 8% 的潜力。

第四，中国正在继续全面深化改革，不断释放改革的红利，新一轮的城镇化也将成为中国经济持续增长的引擎。4 月 25 号召开的中央政治局会议指出，要加大对实体经济的支持力度，夯实经济发展基础，其中有几大亮点。具体包括：加快中西部铁路建设，继续支持西部大开发；推动京津冀协同发展和长江经济带发展；出台促进信息、旅游、体育、养老、健康服务业等领域发展的若干政策，促进居民扩大消费。这些举措对推动实体经济领域的增长将产生强力作用，成为拉动新一轮投资和消费的亮点。

因此，我们有充分的理由相信，增长依然是中国经济的大趋势，文化产业包括出版产业增长依然有巨大空间。

2. 正确把握中国出版业的发展态势

中国出版业继续增长的深层原因，在于中国社会的城市化和知识化，以及网络化和信息化。增长的基本动力是城市化，主要空间在知识化，挑战和机遇在网络化和信息化。这个大势十分清晰，不可逆转。从现实情况来看，过去 10 年，文化产业增加值年均增长速度都在 17% 以上，在国民经济中所占的比例也逐步增加。2010 年，我国文化产业增加值达到 1.1 万亿元，占同期 GDP 的 2.75%。2012 年，文化产业法人单位增加值占同期 GDP 的 3.48%；文化产业对当年经济总量增长的贡献为 5.5%。最近，连续下发的《国务院关于推进文化创意和设计服务与相关产业融合发展的若干意见》(国发〔2014〕10 号)、《国务院关于加快发展对外文化贸易的意见》(国发〔2014〕13 号)、《国务院办公厅关于印发文化体制改革中经营性文化事业单位转制为企业和进一步支持文化企业发展两个规定的通知》(国办发〔2014〕15 号)等三个重要文件，对推动文化产业与相关产业的融合、大力发展对外文化贸易、加强对转企改制文化企业的优惠给予了新的政策支持，这必将有力地促进我国的文化产业迎来新一轮的大发展。这些文件十分重要，我们要善于通过学习文件找到增长点，拓宽发展空间，寻求融合性增长的新动力。

从图书出版业的发展态势看，就2010—2012年这三年而言，全国图书出版单位的营业收入平均增长19.17%，利润总额平均增长18.89%，其增幅大大超过前10年的平均水平。这说明传统出版产业在近几年已经进入了高速发展的快车道，呈现出一种新的增长态势：整个产业发展态势是扩张而不是收缩，是上升而不是下降，是动力强劲而不是衰竭。2006年就有人说到了拐点，但各种数据还在上涨，原因不只在书业本身，更重要的是城市化释放了巨大需求。我们要有一个基本认识，中国的增长优势在城市化，城市化还有数十年的发展历程，对于书业来说它不仅是外在的环境，更重要的是，它是内在的需求。看到这种需求，就看到了书业的增长，看到这种需求越来越细分化、个性化，就看到了增长的着力点和发力处。增长的问题不在于生产本身，而在于捕捉需求，满足需求，诱发需求，引导需求；一句话，在于内容创新能力。就业知识类的需求、文化生活类的需求、思想精神类的需求、休闲趣味类的需求、审美怡情类的需求，这些需求将无限地扩大。为了满足这些需求，出版业增容扩量是可想而知的。

3. 正确把握集团经济发展的基本态势

数据表明，集团正处于一个上升发展的经济周期。过去12年集团主营业务的年均增长率超过12%，近6年平均增长率超过14%，近3年的年均增长率超过20%；以清产核资后的2006年为基数，利润总额7年来年均增长34.61%，其中近4年年均增长达到41.81%。集团近几年的利润率都保持在11%左右，在业内保持着较好的盈利水平。在一个不断上升的经济周期内，集团的营业规模不断扩大，经济增长的速度不断提高，推动经济增长的潜力不断释放，盈利能力也高于同行业的平均水平。而且经过十多年的改革、演化和积累，集团正在生成一种可持续发展的态势。去年年初我们说集团开始出现十亿元量级的增长，开始涌现出精神的、物质的、品牌的、人才的四股增长之"势"。去年一年的业绩表明，无论是《新华字典》的成功，还是中图、荣宝斋、商务印书馆、中版教材、三联等几家企业的快速增长，都是这种势能爆发的鲜活体现。

中国经济、文化产业、集团自身的发展态势，值得我们牢牢把握。《周易》云："动静不失其时，其道光明。"《史记》里说："无财作力，少有斗智，既饶争时。"这两句话讲得极其深刻。作为企业的负责人，首要的责任就是审时度势，进而顺势驾形，从而乘势而为，事半功倍。

二、密切关注增长隐忧

看大势是要看出方向感来，看出士气来。但辩证法告诉我们，只要发展就会有发展的问题，只要增长就会有增长的隐忧。当前有五组比例关系问题需要我们高度关注并着力解决。

一是畅销书与常销书的比例。俗话说，无常销书不稳，无畅销书不活。常销书是稳定的利润源，也是出版企业抗风险的减震器。畅销书是最具爆发力、最具拉动效应的产品，也是最大的利润增长引擎。去年集团出版了14169种书，其中销售10万册以上的图书占比还不够高。国际上诸多大的出版集团，并不是因为其生产规模有多大，而是因为它的单品种销量很大，单品种利润贡献率很大。像兰登书屋，2012年一年就有250多种图书登上了《纽约时报》的畅销书排行榜，几乎占据半壁江山。其销量在10万册以上的畅销书比例大约占所有生产品种的1%。三联书店去年利润增长的一个重要拉动就来自《邓小平时代》。它累计发行80多万册，毛利达到1300多万元。

二是新书与重印书的比例。2011—2013 年，集团图书重印率分别为 47.98%、49.93%、50.03%。总体来看，重印率有所增长，是一件好事；但是也有一些单位的重印率低于 30%。

三是本版书与合作书的比例。我们鼓励与民营企业合作，但应该是以我为主、优势互补、利益共享、大道正途的合作，绝不能搞体外循环，逐步空壳，失去主导地位。

四是自费书与市场书的比例。有少数单位的自费书占比不小，虽然看上去能带来一些收入，但挤占了编辑资源、生产资源和经营资源，真正收益并不大。更为严重的是，这些自费书不少质量平平，有的根本不可能进入市场流通，更谈不上转化为常销书，成为资源积累。如果为了这些蝇头小利而损害出版社的形象与品牌，实在是得不偿失。

五是发货、回款与库存的比例。近几年来，集团营业收入和利润总额都保持着 10% 以上的增长，规模不断扩张，品牌影响力彰显。但与此同时存货也逐渐增长，必须引起高度重视。今年要探索黄牌预警和红牌警戒的具体办法，把无效的库存控制住，压下来，防风险，增效益。

为开好本次经营工作会，中国出版传媒股份公司财务部和出版部联合做了细致的调研，采集了数据，听取了意见。因此，我们上面所说的隐忧，是实实在在地存在于我们当下的业务之中的，并非空穴来风。各级领导班子对此要密切关注和高度重视，采取切实措施予以调整和改善，使之处于一种合理而适当的状态。

三、扎实推进经济增长的五项措施

1. 向企业思维要效益要增长

德鲁克《管理的实践》中有一句名言："企业的本质，即决定企业性质的最重要原则，是经济绩效。"他还说："管理层只能以所创造的经济成果，来证明自己存在的价值和权威。如果未能创造经济成果，就是管理的失败。"这番话很深刻，也很犀利，抓住了企业思维的核心理念。

经济成果首先是经济的增量，关键在经济的质量。没有量，无从谈质；没有质，则量没有意义。所谓企业思维，就是既要讲规模，又要控规模；既要重增长，又要重效益；既要讲品种规模，更要追求单品种规模。大道至简，关键在度。各单位情况不同，度的把握会有差异。度就是比例关系。这些重要的比例关系，应该说在各个企业的掌门人心中。法国著名出版家加斯东·伽利玛说："在这个行业里干了四十年之后，我只能告诉你一件事，就是我们永远也无法预知一本书的命运。"法国著名文学出版家阿尔班·米歇尔说："出版这个行业虽然有一定的技术含量，但涉及更多的是冒险精神。这是出版人最大的回报。"这两句感言说明，出版是有风险的，但成功就在风险之中；敢于冒险又防范风险，恐怕是出版人终身的课题。有规模就有风险，但风险也孕育着成功；无规模看上去无风险，但也会招来更大的风险，因为它没有成功。如果我们确立了创造经济成果的企业思维，规模就不是简单的数量，而是市场的份额，是效益的来源，是增长的资源，是质量的前提。一句话，所谓企业思维就是：关键在增长，重点在效益，核心是质量。

2. 向单品种规模要效益要增长

今年年初的全国宣传思想工作会议上有领导指出，当前我国文化产品的供求矛盾，有数量不足的问题，但更主要的是质量不高的问题；为此，要进一步增强质量意识。质量，不仅包括内容的质量，还包括产品的效率。大家都知道，在市场营销领域有一个"二八定律"——20%的产品带来了80%的销售额和80%的利润。对于出版业而言，这个规律同样存在。它表明，追求单品种规模是扩大经济规模、增强经济效益的最佳切入点。我们要专题研究单品种规模问题，把单品种规模作为内容创新的主要考量指标，着重在单品种上扩大经济规模，提高经济效益，提升内容质量，增强品牌影响；要把单品种规模作为优化结构、优化内容创新的重要抓手。

上周我们找了 9 家单位进行调研，发现一些单位印数在 1 万册以上的图书只占本单位总量的 30% 左右。如果我们大量出版只有几千册的补贴书和合作书，这样的单品种就谈不上什么效率和质量。有人也许会说，整个图书市场大气候不好，单品种卖到 10 万册以上的书很少。这只说对了一半，还有一半可以借用海尔集团老总张瑞敏说过的一句话："没有淡季的市场，只有淡季的思想。"我们自己身边的案例也说明了这一点，三联书店的利润基本都是靠《三联生活周刊》的收入支撑。但是，近几年来他们优化产品结构，加大改革力度，加强单品种的运作尤其是畅销书的运作，仅用了一年的时间就实现了图书的扭亏。

当然，出版产业具有较强的文化积累性和文化传承性，一些经典和精品也是经过日积月累积淀而成的。以辩证的眼光来看，20% 的畅销品种，需要有一定数量的产品作为积累、作为基础，否则这 20% 也很难冒出来。这也是出版业的一个基本规律。对于我们而言，关键问题是：20% 到底是 100 种产品中的还是 1000 种产品中的？

需要说明的是，我们期望提高单品种效率，并不等同于简单地压缩出版规模，缩减现有品种，关键还要看我们的产品规模能否与市场的需求相匹配，与消费水平相契合。也就是说，我们在努力提高单品种效率的同时，也要注意规模的有效性。事实上，这些年少儿图书、经管图书、青春读物、职场成长、励志读物等类型都很受欢迎，这样的需求我们越是抓住了，就越有市场竞争力，越有新的利润增长点。前面我们讲过，根据林毅夫先生的估计，中国经济还将有 20 年的 8% 左右的高速增长潜力，人均收入水平将达到日本和韩国在 1971 年和 1977 年的水平，而这个人均收入相当于美国的 65.6% 和 50.2%。换而言之，到 2030 年，中国的人均收入有可能达到美国的 50%，中国的总体经济规模按购买力平价计算可能达到美国的两倍，按市场汇率计算的经济规模有可能至少和美国相当。中国有可能再次成为世界上最大、最强的国家。在这个令人兴奋的时候，人们的文化消费能力和消费水平都将有较大提高，自然会有更多的文化消费需求。如果我们的产品能够吸引更多有消费能力的人群来购买，我们的产品规模再扩大一点也无妨。

3. 向数字出版要效益要增长

去年，集团数字出版初显效益，总销售收入达到4.6亿元。其中，中图的"易阅通"上线，带动数字产品的进出口收入突破4亿元，中译公司的"译云"上线，带动数字化翻译业务收入增长，大百科社、《三联生活周刊》杂志社等单位的的数字化产品的营收也有不同程度的增长。对于集团的数字化转型而言，这些都透出了希望之光。

我们必须看到数字化正在成为出版业不可逆转的新业态。全球出版业前10强的收入中，数字化收入占到41%，这说明数字出版将会是未来竞争的主要领域之一。因此，传统出版单位要积极开拓探索数字出版的突破点和盈利模式，不断向数字出版要增长，向技术进步要效益。

4. 向深化改革要效益要增长

中央领导同志在全国文化体制改革工作会议上指出，要继续推进转企改制，加快公司制、股份制改造，尽快形成符合现代企业制度要求、体现文化特点的资产组织形式和经营管理模式。集团已经成立12年了，随着我们事业的快速发展，也面临激励乏力、动力不足的问题。因此，今年3月底我们召开了人事和收入分配两项制度改革的专题会议，出台了"改革30条"，目的是给我们各个单位创造新的改革红利和制度红利，注入新的发展活力和前进动力。"改革30条"不是应景举措，不是花拳绣腿，是真刀真枪的改革措施，是经济增长的发动机。今天，我们再着重强调两点。

第一，要立知立行，迅速行动。"喊破嗓子，不如甩开膀子。"一些单位只要具备了条件，就不要有顾虑，也不要边等边看，而要敢于先吃螃蟹，先行先试，边试边总结，边总结边推进。

第二，要以点带面，蹄疾步稳。在两项制度改革中，要抓牛鼻子，抓关键之处。例如，在人事制度改革中，坚决破除论资排辈的思想，要抓公开竞聘、重点培养、特殊人才引进等方式，为那些善于抓选题、做市场、搞经营的人才搭更高的梯子，建更大的舞台。在收入分配环节，要加大绩效考核力度，特别要敢于重奖重赏，逐步拉开收入差距。对于新成立的合作企业、新运行的业态，有条件的单位要大胆在员工和核心骨干中试行股权激励，鼓励那些能干事、会干事的优秀人才真正地把自己的命运和团队的命运、企业的命运捆绑在一起。当然，我们强调积极落实"改革30条"，不是要求大家一窝蜂地上，也不是要求大家不顾实际地蛮干，各单位要根据自身的实际情况，结合自身的发展特点，胆大步稳地推进改革，切实通过新的改革举措，进一步激发发展的动力。

5. 向品牌经营要效益要增长

今年也是集团的品牌经营年，我们旗下拥有众多历史品牌，这是一笔巨大的财富，也是集团的核心竞争力之所在。但是，如果这些品牌单位不能够与时俱进，就会使企业逐渐失去发展的机遇。我们的这些品牌在历史上本身就拥有丰富、多元、开放的内涵，我们不能教条主义地继承品牌，也不要形而上学地弘扬品牌。最好的继承传统、光大品牌的方式就是一代人超越一代人，让品牌不断在新的时代释放能量，不断在新的人群中闪耀光彩。禅宗里有句话说得很好："见与师齐，减师半德；见过于师，方堪传授。"这句话值得我们深思。

今年我们要重点加强10个品牌企业的品牌运营，推出一批品牌产品，进一步做精做优品牌服务，从而为各单位聚合更多发展动能。在这个过程中，我们要理解品牌的真谛，谨防品牌泛化和庸俗化，正确处理好品牌专业化与多元化的关系。一方面我们各个单位要在细分市场努力做到全国第一，至少全国前三，将品牌的专业化优势发挥到极致；另一方面，要积极拓展新兴业务，创新产品经营方式，构建基于产业链的品牌集群，培育新的经济增长点。

今年一季度的经营业绩为我们完成全年任务打下了一个比较好的基础，但是全年的工作任务依然繁重艰巨，尤其是对部分企业来说，还存在一定的压力。希望大家牢牢把握好国家、产业、集团的发展态势，全面深化改革，不断增强经济增长的动力，不断提高经济增长的质量，为确保完成全年经济任务不懈努力！

12. 学会忧患、理想、学习、合作、坚韧、修身*

对中国出版集团公司中层管理岗位后备干部培训班，集团党组、总裁班子高度重视。今年集团人力资源部在党组领导下，做了几件大事。第一是开了一个人才大会。第二是出台了一个《人才规划》。第三是做了一次实际动作，选了103名后备干部进入集团后备干部库。第四就是举办了这期后备干部培训班。再下来就是任命一批干部。

我的发言是有压力的，考虑了几天到底该讲些什么。讲工作？我们工作的会开了很多。我想来想去，我们和其他兄弟集团之间客观上形成一种竞争，当然也有合作的关系。考察历史上中国共产党和国民党两大党之间的斗争，我们得到一个基本经验——关键在人，关键在思想，关键在精神，这个道理大家读过党史都非常清楚，那么我跟大家的交流就是这个题目。正好我也在中央党校学习，目前也是学员，今天的发言算是我们学员之间的交流，我把我感觉到的我们这个集团这一阶段在思想层面、精神层面比较关键的东西跟大家做一次交流，或者说集体的谈心。

一、学会忧患

我们看孟子很多文章，其中绝对化的说法不是很多，但有一句话非常肯定，他说"无敌国外患者，国恒亡"，斩钉截铁，不留任何余

---

* 这是2012年10月13日与中国出版集团公司后备干部培训班学员座谈时的讲话，根据录音速记稿整理。

地。孟子生活在战国那样一个充斥着战争的年代，他做了这么一个论断，其实在我们现在的和平年代，情况依然如此。我们都知道，在军事斗争逐步减少的同时，会有经济之战、文化之战，都打得有声有色。但是我们能不能在和平环境下有忧患意识？能不能在好的情况下自觉地找到毛病所在，特别是致命的关键所在？这对我们集团来说，对我们坐在这里的所有干部来说，是一个思想层面的考验，也是一个心态的考验。

去年三月，我还在江苏工作，江苏凤凰去年发展到一个转好的时期。我也是想给他们输送一个强烈的信号，想来想去讲了一个《红楼梦》的《好了歌》。《好了歌》比较直白，但认真往里面想，就会觉得惊心动魄。它告诉我们，历史现象可以罗列一大堆，从"好"到"了"。再深下去，它告诉我们，历史规律是"好就了"。如果我们这么来理解，我们奋斗，奋斗是为了"好"，可是一"好"就"了"。你看是不是惊心动魄？但这个困境是有办法破解的，历史上有这样的智慧。孔子特别推崇一个人——战国时期赵国创始人赵襄子。当时赵襄子派兵攻打翟国，结果很顺利，一朝而下两城，举国欢庆。但赵襄子面有忧色，襄子曰："夫江河之大也，不过三日；飘风暴雨不终朝，日中不须臾。今赵氏之德行无所施于积，一朝而两城下，亡其及我哉！"他说，赵氏之德还不能让本国人生活得很富足，也不能让夺取来的国家的民众生活得很富足，一朝而下两城，下面败亡的结果就会到来了。孔子闻之曰："赵氏其昌乎！夫忧者所以为昌也，喜者所以为亡也。"赵国会繁荣昌盛的，为什么？忧者会昌，喜者会亡。再看老子。老子也为"好就了"开了一个药方。老子从来都讲对立统一，A的时候向B走，B的时候向A走。老子认为，"多易必多难"。把事情看得很容易的时候，就会很难，"是以圣人犹难之"。一般的事情都要如履薄冰，难的事情就更要注意了，所以结论是"故终无难矣"——最终是没有困难的。我们个人，我们单位，我们集团，我们民族，都应该有这样一种心态，何况我们还没有到"好"的时候。我们集团，随便说说都是有危机的。我们出版强，产业弱；专业和大众出版强，教育出版弱；出版人才强，经营管理人才弱；战术行为多，战略考虑少，这些都是根本性的危机。所以在目前情况下，我们当然要非常周密地考虑战术行为，因为最终还是要把事情一件件做好，但在这之上，我们要有怎样的集体意识、群体心态？我认为就是危机意识。我们七月份到上海调研，讨论的时候有领导同志就讲集团要有危机感，我觉得讲得很好。我过去不敢讲，但是现在我来中国出版集团一年了，我已经完全融入这个集团，这个集团的荣辱与我紧密相关，所以我们讲问题不是为了批评集团，而是为了找出真正的病因，让集团发展得更好。

现在看看我们集团的危机。如果我们保持现在比较好比较快的发展速度，每年经济增长20%，但这20%的贡献量不如其他集团增长10%。也就是说，未来三年五年十年，如果我们没有新的招数，我们和其他集团在产业层面的差距不是在缩小，而是在扩大。我们现在心里都有一点儿惶惶然，我们叫中国出版集团，到那一天，晚上还怎么睡觉？这就是危机意识。大家联系实际，可以找到很多这样让人坐立不安的因素。

二、学会理想

我们集团有良好的传统，过去有很多提法，都很好。现在的问题我认为有两条。

第一，是不是真有理想，真相信理想？

当前的欧洲，债务危机严重，静静想一想，所有经济问题背后都是人心问题。欧洲人心出了什么问题？理想少了。这是一个时代问题，风尚、潮流问题。经济发展创造人民福祉，本来很好啊。但把握不好就会怠慢、松懈、缺少理想。我们去欧洲，一开始没有认识，很欣赏他们的生活方式，沙滩、阳光、啤酒、聊天，整天休闲。后来就慢慢想到，一个家庭天天这样不就败了吗？一个国家天天这样不就败了吗？现在一些国家的政府意识到了，但是他们的民主制调解不了啊！你要缩减开支，减少福利，民众就游行，让你政府倒台，欧洲已经有五个国家政府换马，这是人心出了问题。政治出了问题，经济才会出问题，它不是简单的经济问题。你看希腊。希腊社会保障费用增长高于GDP增长，能积累下来多少？像一个家庭一样，没有钱，那我借债过好日子。人心出了问题，理想出了问题，至少说这个时期这个国家这个民族缺少理想。理想是躺在沙滩晒太阳，可是晒太阳能晒出一个强国来吗？我想到我们江苏，当时我到苏北，当地领导形象地跟我讲，苏北有一个地区特别贫穷，但是他们生活得很幸福，早上扛一个锄头到山坡上睡一觉，晒太阳，然后中午回家。我们是在贫困的状态下晒太阳，他们是在靠借债表面富裕的状态下晒太阳，惊人的相似啊！所以有没有理想，并不是一个高调，现在要引起我们注意。一个国家，一个民族，一个单位，一个人没有理想，是没有什么未来的。我在凤凰的时候跟大家讲，我们非常赞成大家日子过得富足一点，但是你要知道危险就跟在后面。你看咱们国家在世界奢侈品消费中占了60%~80%，这是时尚吗？这是潮流吗？大家都读过历史，中国最奢靡、最极端的时候是魏晋南北朝，那时比现在不知道奢靡多少，厕所里满是香料、各种糕点，像餐厅一样，迎宾的路都挂有丝帛，一挂四五十里。所以我们这些读书人要清楚，潮流的东西不一定是好东西，真正好的东西还是理想。我们集团真要实现自己的目标，没有理想，没有为理想艰苦奋斗的精神，就只能是口头上说说，只能是做个梦。所以我们这些干部要经常勉励自己。我们的行为不是我们个人的行为，而是一个群体的行为。我们在这个上面丢分，就是一个群体在丢分；不仅是少数领导丢分，而且是全集团八千人丢分。

第二，我们的理想坚定不坚定？

我们不是没有理想，但是很多情况下理想是飘忽的，朝令夕改，自己心里面打晃，不断地问倒自己。考察世界上、历史上的成功案例，都有一个重要因素，就是坚定不移。我们现在有人讲休闲、讲放松，不是完全不对。随着社会的进步，当然是这样。但任何事情都会有转化。以前讲对酒当歌，人生几何，不是一样的吗？不是休闲吗？对这些事情我们要警惕，做领导干部要警惕。老子讲"三宝"，世界上宝这么多，他就讲了"三宝"，艰苦朴素就是其中一条。到近代，曾国藩留了两个东西：一个是家书，主要是讲勤和俭；另一个是《挺经》，里面讲得最好的是用人。在理想问题上，能不能坚定，还是个时代问题。现在整个社会非常浮躁，困顿彷徨，但是这个时候我们心里面有没有中心思想，有没有定海神针，有没有自己的主心骨，就显得特别重要了。个人也是这样，一会儿这个目标，一会儿那个目标，定来定去，往往最后什么都不行。列子年轻时学箭，射中靶子，请教关尹子。关尹子问他"子知子之所以中者乎"，列子回答"弗知也"。关尹子让列子"退而习之"。列子闭门三年，又来向关尹子汇报。关尹子再问，列子曰："知之矣。"老师让他"守而勿失"。这个故事到底想说什么？其实就是一点：定力！射击打靶也是这样，当你平心静气的时候，命中率最高。当我们有理想的时候，就要有定力，就要百折不挠，失败了爬起来再往前走，因为我们知道成功就是一系列的失败累积而成的，所以不要被表面现象压倒。我虽然讲得理直气壮，其实自己也面临很多反复矛盾的思想斗争。人都是这样，当你定的时候，你就开始不定了；当你不定了，调节调节你又定了。我觉得我们理性的人，可以做到总体稳定，总体有定力。你看禅宗里面，最高境界就是四个字：明心见性。怎样才可以明心见性呢？就要定，定生慧，慧则明，明则见性。所以我们讲理想，不是泛泛地讲，而是针对深层的问题来讲。我们现在处在一个理想缺失的时代，处在一个理想很多但不够坚定的时代。国家有国家的理想，实现全面小康，这就是中国人未来一段时间的理想。集团有集团的理想，"三化"目标就是我们的理想。换一个角度，理想是什么呢？第一，它应该是理性思考的结果，不是畅想，不是随想。第二，它一定是超越现实的想法。超越现实是不是妄想？这实际上是一个哲学问题，我们对未来能不能知道？或者换一个通俗的问题，我们可不可能算命？其实命完全是可以算的。孔子早就告诉我们一个诀窍：鉴往而知来。当你把过去的事情加以罗列排比分析，找到事物之中的原因规律的时候，你就知道了未来，这就是算命。"道"是什么？"道"就是蕴藏在事物背后最基本的规律，我们的理想就是把握这个规律。所以，我们党一直主张干部学马列主义，就是学习规律。如果在理性的层面上你自己心里都打晃，怎么可能相信中国的未来呢？现在马克思主义在世界范围内处于低潮，但其实西方世界在经历了20世纪二三十年代的经济危机后，也在学习马克思主义，只是心理上不认这个账，实际上也是马克思的徒子徒孙。它们现在的社会福利不就带有社会主义的思想烙印吗？但是西方世界搞偏了，搞成了更高层面的大锅饭。我们是单位层面的大锅饭，他们是国家层面的大锅饭。因此我们集团要有理想，主要领导、主要骨干要有理想。

三、学会学习

咱们都受过高等教育，一般情况下都会学习，但是特殊情况下不一定。就我个人而言，我经常为学习而苦恼，不是为学什么而苦恼，而是为怎么学而苦恼。比如到书店，各种各样的书，你看到都想买，拿回去翻一页，看不下去了，不知道该怎么选择，有一些书需要下定决心才能翻完。

第一，要有强烈的学习欲望。

现在总体来说，东方人的求知欲比西方人强，因此这三十多年来我们在经济上的表现就是走得快。《左传》里面有四个字叫"不学将落"。人与人之间的关系，我不学就要落后于他。人与时代的关系，我不学就要落伍于时代。那么会落到什么地方去？人类与动物界的区别就在于思想，要落就落到动物界去了，人还有什么存在的必要性呢？所以第三个落是落魄。落后落伍落魄最后必然导致落败。所以心态上我们要学习老子说的"圣人尤难之"，一天都不能不看书！习近平总书记告诫我们的领导干部，学习已经融入国家的兴亡当中。我们集团的干部要认识到，学习不仅是个人的事情，更多的是工作层面的、团体的事情。不学习凭什么带队伍？哪有天生的领导？

第二，要抓住中心问题学习。

我们的学习跟我们这支队伍的特点有关，我们其实不是以学为主，而是以工为主。这就带来一个问题，我们怎么才能持之以恒地学得好一点儿？回头想还是孔夫子的话，他讲"学而时习之"。过去我们上学体会不深，体会比较深的是"温故而知新"，学习之后要回顾回顾。可能我们没有到他那个年纪，还想得不多，其实孔子可能有更深的意思。你看《论语》里，第一篇是什么？是《学而》，它不是讲读书问题，不是讲学习问题，而是讲学问问题。什么是学问？学问就是世故人情。我们要想一想，一个人成功的要素是什么，他还有哪些地方可以完善？他这件事情之所以没有做得更好，时代的局限在哪里，单位的局限在哪里，资源局限在哪里，人才局限在哪里？这就是最重要的"学而时习之"。你这样想，才会真正像孔子说的"学而时习之，不亦说乎"，你才会高兴，因为会有所得。如果在实践当中，你这样想问题，你的愉悦就会非常多。同样的意思，毛主席也表达过，就是共产党一直坚持的，我们的学习始终要围绕中国的实际问题，尤其要围绕中国的中心话题。然后问题来了，我们这些人有没有本事，在一个时期在一个单位找出中心话题来学习。我在这个位置上可以学习，如果把我的主要精力放到跟工作不相关的地方，是学习吗？是学习，但没有效果，因为不联系实际。还有一种情况，是学习了，但中心话题没找到，就不解决大问题。所以还是过去毛主席讲的，领导干部要有发现问题的基本素质。我们每个人都要经常提醒自己，在处理问题的时候经常要反思，我是不是抓住了一个正确问题，是不是抓住了一个主要问题。如果不是，就要打问号了。发现问题之后还要研究问题，研究问题就包括学习，然后是解决问题。就是这三步，大体上反映了我们的工作状况。问题就是方向，问题就是目标，问题就是你一步步成功的台阶，所以我们现在的学习跟学生时代的学习大不一样。我们要学会一个时期抓住一个问题，精力充沛时抓两个问题。

第三，要认真。

有一句讲了上百年、上千年的话，永远要牢记，那就是认真认真再认真。毛主席讲世界上最怕认真二字，这两个字太平白了，可是我们现在真正能做到认真的人并不多，一知半解、浅尝辄止的人很多。所以我们在岗位上学习，有一个心态问题，有一个动力问题，也有一个方法问题。孟子有句话可以作为检验我们学习的标准，他讲了九个字："困于心，衡于虑，而后作。"学习的时候，你必然要思考，这是一个标准，你是不是感到很"困于心"？我个人也有这样的体会：一目十行，这个知道那个也知道，在你的研究领域里这一定不是好办法。好办法是孟子讲的"困于心"。什么叫"困于心"？我的理解是，第一，你要困惑。对这个事情你困惑了没有？你看到结论能不能找出三个问题？第二，你困在哪里？其实学习是很痛苦的，你困乏了没有？第三，你困住了没有？如果能思考这几个"困"，大概能找到比较好的学习路径。"衡于虑"就是在思维当中，一定要呈现出你所关注的几个问题，它们总是纷繁的、混乱的、交替的、矛盾的，一会儿搞清楚了，一会儿搞不清楚。像写字一样，今天突然感觉自己字写得非常好，第二天一写，又感觉不对了、不好了。读书也是如此，今天清楚了，明天又不清楚了，这就是一个递进。孟子这个话讲得非常好，既是我们学习状态的一种追求，也是我们学习状态的一种检验。尤其是当领导的，在处理一件非常重大的事情时，你没有一个"困于心，衡于虑"的过程，你就起而作，那结果可想而知。孟子讲的是"困于心，衡于虑，而后作"，并不是一有激情就起而作。这既是学习的规律、认识事物的规律,也是我们工作的规律。它告诉我们,千万不要因为我们在某个位置上,因为手中有一定的权力就妄为。一件事情不经过这六个字的过程,你敢做吗?

四、学会合作

人才的问题,大家都知道非常非常重要,但是比人才更重要的问题是什么?是人才结构问题,是合作问题。我曾经跟一个单位的领导讲,如果你这个单位都是博士,都是高水平,那么你这个单位还能工作吗?不是学历越高越好,不是学历越普及越好,不是大家能力一般齐就好。这不是科学的办法。你看我们中国的教育问题,恐怕就是在我们推进高等教育普及化的同时,忘记了城市化进程中最需要的是职业教育,因此现在很多高学历的找不到工作,或者找到工作心理也是失衡的。如果我们能像欧洲,特别是像德国那样比较早地意识到人才培养并不是着眼于高学历,而是看社会发展需求,以此为参照来设定人才结构,来进行教育结构改革,恐怕就没有问题了。我们集团也一样。

第一,学会欣赏别人。

商业社会不是这样。商业社会的一个特征,我们到国外感触比较多,一开始不习惯,他赞扬的话比较多。因为商业社会是讲妥协的。商业社会知道最终不是赌一口气,而是赌一块利,如果争利的话就更注重用妥协的方式来达到利益的最大化。我认为正是这样一种逻辑关系使得现代社会中的人普遍会欣赏别人。这对我们团体建设是非常有好处的。我们养育孩子都深有体会,你越说他不好,他就越不好;你越说他好,他就越好,越要表现给你看。当然,这也不是绝对的。学会欣赏别人是团队建设的一剂良药,也是我们合作的一个基础。但是这里面也是有区别的,一种是奉承式,一种是应景式,一种是发自内心的。我们应该有个要求,就是由内心发出对别人的赞许、赞美、欣赏,因此带来一个动力,要向别人学习,而不是把他压下去。这就跟我们的结构有关系了。

如果在一个团队里面，需要三个板块的结构，你 A 板块的事情做得很好，有没有必要 B 板块、C 板块的都做同样的事？没有必要。如果在同一点上相互不服气、恶性竞争，那就会破坏一个结构，打掉团队未来成功的希望。因此你要有更多内心的赞许，希望他更好。另外我们比较多地注意到自下而上的越级，很少注意到自上而下的越级干预，这也是一个需要防止的问题。

山东有个故事是讲子路的，子路做地方官，疏河道，上面没钱不管，他把自己的俸禄拿出来供大家吃饭，这应该是孔子最赞赏的。但是，孔子知道后马上叫停，把锅砸掉，把碗扔掉。子路就说了，老师你不是教我们怎么怎么样吗，现在我做了，你怎么又阻止？孔子说，天子爱天下，诸侯爱国家，大夫爱职守，平民爱自家，这就是本分，每个环节把每个环节的事情做好。他没有把这个话进一步挑开，但是子路一定懂了。所以团队合作，我们讲结构也好，讲个人定位也好，都没有离开传统思想中所谓的本分。问题是，什么是本分？这个本分能不能抓住？本分就是分工，所以我觉得合作当中第一个问题就是讲结构，讲欣赏别人。欣赏别人是希望结构更加合理，更加经济。

第二，合作要有原则。

欣赏别人，当然是一种好的时代心理状态，但是一个群体里面必须有原则，必须有规矩。过去孔夫子说君子与小人不同，君子的做法是"周而不比"，小人的做法是"比而不周"。通俗地讲就是毛泽东所说的，我们要搞五湖四海，我们要反对山头主义，反对派系，反对亲亲疏疏。历史告诉我们，凡是搞亲疏的最终都败掉了。赵武灵王胡服骑射，搞文化层面的改革，转变风气，雄才大略，深谋远虑。他开始立了太子，但是后来娶了吴女孟姚，因为宠爱孟姚，觉得她的儿子应该当太子。尽管身边人都反对，但他最后还是禁不住立了她的儿子为太子。赵武灵王这么一个雄才大略的君主最后是怎么死的？被困宫中三月，饥饿而亡。为什么？把国家朝纲给破坏了。他这个亲疏还是一个血脉的，大儿子和小儿子之间。你说我们为公家办事，为集体办事，如果偏了会怎么样？我们从小就受这个教育，现在我才越来越深刻地知道，这是中国文化传统的教育。我们也希望，我们现在在一定岗位的人，将来会到一定岗位的人，都要守住这条线。它不只是一个原则问题，也不只是一个境界问题，它还是一个成败规律问题。心里面要有一个惊叹号：用私人必亡！还是毛泽东总结得好。原则怎么办？通过批评与自我批评，打造新的环境。为什么要讲这个事情？这也是我们时代的必然性，我们这个时代是和平发展的时代，它带来一个流弊，就是奉承多，好话多。一般的朋友相处这样做是可以的，但是你在一个工作群体里面，它就有问题，就是这个单位的问题，就是关系到这个单位明年财务报表的问题。你如果不给他提出来，一团和气，最后损害的是公家的利益。我们现在比较多的是只说好话，不说批评话。批评话难开口，确实可以理解。但是我觉得，一个集体里领导们都来提倡，都来营造这样的氛围，小环境会好一些。我们特别怕的是什么？特别怕的就是听不到反面声音。所以我们在制度上，重大投资没有反对意见不考虑，没有风险分析不上会研究，没有反对意见不决策。实在没有，找一个人，你从反面来讲，哪怕同意也从反面来讲，反面意见对一个集体、对一个人都是特别特别重要的。其实，当我们听到反面意见，修正了自己过去的看法时，我们的权威是一定不会丧失的，因为真正的权威不是你定了以后有人执行，而是人心聚拢了。人心丢了，财就散了。我们这期培训班，有一课是讲领导力问题，其实领导力不是权力。现代社会、现代企业的领导力，最核心的是思想力。历史经验告诉我们，得人心者得天下。所谓得人心，就是思想要符合大家的愿望，顺应潮流。这哪是权力可以决定的？所以不管在什么领导位置上，你签字的时候一定要谨慎，这不是显示你权力的时候，而是显示你责任的时候。当你做报告的时候，你千万不能信口开河，这不是显示你才华的时候，而是显示你对人心的把握的时候。

五、学会坚韧

我觉得对我们集团，也是对所有干部特别重要的另外一点，就是学会坚韧。我们看到，只要成功的人，一定会有一个一以贯之的基本线索——坚韧。他也有脆弱的时候，也有混乱的时候，也有低潮的时候，也有心情灰暗的时候，但是主旋律不是。这方面警句很多，曾国藩有句话讲得非常好，他说："打落了牙，和血往肚里吞。"这就是一种坚韧精神。曾国藩开始带兵的时候，几次败落。他是一个文人，从来没有打过仗。什么是曾国藩的老师？前几次的失败是他的老师。但是如果他没有这样一种坚韧不拔的精神怎么行？他也伤心过，悲观过，寻死过，但是主旋律不是这样。

有两个人的事迹给我印象非常深刻。第一个人是《国榷》的作者谈迁。这个人运气不好，他已经把洋洋数百万字的《国榷》写好了，但家里穷，晚上小偷来了，以为那一大包手稿是财宝，偷走了。那对文人来说打击实在是太大了。经过一段时间伤心之后，他讲了一句话："吾手尚在，宁已乎！"这年他53岁，又凭着自己的记忆把书稿一点点恢复起来。这种恢复工作让我们看到了这个人的坚韧。再一个人，就是日本的稻盛和夫。这个人一生干了两个企业，两个企业都做到世界五百强，这是非常了不起的事情。一个人能在五百强企业当中工作就了不起了，而他领导两个集团进入五百强。第一个公司，是在他年轻的时候创办的。这个人学历不硬，家里穷，运气不好，几次考试都落榜。自己创办一个小公司，一年到头辛辛苦苦没效益，这个人品性就出来了。他不遣散员工——不遣散就要发工资啊，他去卖血来发工资。你说他能不成功吗？人心能不向他聚拢吗？了不起的是，他到了53岁去打造第二个公司，又变成了五百强。我们想想自己，五十多岁的人一般是什么状态？我现在就是暮气比朝气要多得多。他就是了不起，就有一种坚韧不拔的精神。近现代中国有一个很大的进步，就是向西方学，在技术层面、管理层面前进了几大步,这是中国兴旺发达的重要原因。但是也有一个问题,我们学技术的时候把根本丢掉了,现在谈"本"的人不多了。倒是前几年有一个法国的出版家来参加论坛,他有一句话讲得很好。他说,你们中国人向西方学出版技术层面的东西,与此同时,我们获得了你们过去有的出版的本质,就是文化贡献。我们现在要警惕,技术层面的东西是要坚持,要提高,要创新,但其实背后还有"本"的问题,"道"的问题。这在每一个环节上都会表现出来,问题是你感觉到了没有,认真对待了没有,研究处理好了没有?

竞争问题在我们集团也有一定的针对性。我们集团的人员状况决定了我们总体上文气重、武气弱。过去的历史也决定了我们总体上和气多、锐气少。文气本来是好事,和气也很珍贵,但是这并不意味着我们的锐气问题、竞争之气问题不需要去调理。我这里要讲的是我年初工作会议上用过的司马迁的那段话,他说的第一句是:"无财作力。"你没有钱就要努力去劳动,靠实干积累资本,这是一种状态。第二句话:"少有斗志。"你要生存,积累了点资本,就要有斗志。第三句话:"既饶争时。"在你把握较多资本以后,就要在把握时机上下功夫。我们国家改革开放这三十多年,邓小平同志有重大贡献。他判断:这样的机遇历史上不多,中国要抓住这次机遇。什么机遇?现在我们很清楚了,就是20世纪70年代以来,世界的产业开始调整,开始迁移,尤其是以美欧为代表的整个西方的制造业。第一波产业转移是"二战"以后美国向欧洲转移,马歇尔计划。第二波是美国产业向日本转移。第三波是向"亚洲四小龙"转移。第四波就是小平同志讲的千载难逢的机会,一定要抓住。你看我们这三十多年,实际上很多成绩就是抓住了和平发展机遇,赢得了国外的资本和产业的调整。但是下面危机来了。第五轮转移又开始了,越南货在某些品类上已经超过中国,产业开始向越南等国家转移,中国又面临着新的问题了。你看司马迁这个人不是搞经济的,但是他为什么懂经济?就是孔夫子的思想,真正的真理是相通的。什么真理？人情世故。人情人心不知道，世事背后的原因不知道，过去的历史不知道，那你怎么可能成功呢？司马迁这三句话的深刻之处就在于知道世道人心。

我们集团虽然在产业层面规模不算大，但是在文化圈，在出版业，我们也是一个很重要的品牌。对我们来说，对我们集体的竞争行为而言，就是要抢抓机遇。我们不会放弃、不会忽略技术层面的竞争，但主要还是战略层面的竞争。问题是，我们这些人有没有以学习为基础，有没有以研究的认真苦功为基础，有没有智慧把这些问题都想清楚，抓住了？如果我们这些人群策群力，哪怕每人讲半条，合起来把这个问题看清楚了，这个集团就没有不成功的道理。为什么？你符合古训，符合古训后面的规律，叫顺势而为，应势而上。过去鲁国有两家邻居，一家姓施，他家两个儿子，一个是学文，一个学武。学文的儿子跑到齐国，他跟齐王说了一番，齐王说很好，你给我儿子当老师。第二个儿子跑到楚国，也很好，当了官。还有一家人也有两个儿子，也是学文跟学武的，学文的跑到哪里去了？到秦国，跟秦王说你要仁义道德。秦王说："当今诸侯力争，所务兵食而已，若用仁义治吾国，是灭亡之道。"一气之下，给他个宫刑。那个学武的儿子跑到卫国，卫国是小国，他跟卫王讲如何军事扩张。卫王就讲了，我们是小国，我们就是要看大国的心态，顺应大国，笼络小国，在中间找到生存之道。前人对这个故事有一个总结，在总结中他先说了这么两句话："凡得时者昌，失时者亡。""理无常是，事无常非。"这两句话非常好，任何事情都是在变化，外在条件在变化，内部就会变化。而他说的第三句话也好，实际上是一种应对。怎么办呢？"投隙抵时，应事无方。"这八个字背后的意思要跟我们的工作融合在一起，烂熟于心。这什么意思呢？"隙"就是缝隙，比如专家 A 在左侧，专家 B 在右侧，中间有个空隙，你想当专家吗？你就站在中间这个"隙"。这个"隙"讲的就是"位"。所以我们强调定位，就是这里面的"投隙"，投住了你就得地利之便，投不住就是白忙半天。后面两个字更重要，就是"抵时"，要符合"时"的要求。"时"这么好"抵"吗？时间这个东西，不是眼睛能看到的，而是用思想才能感受到的，用心才可以把握的。反过来说，如果前面没有用功、积累和吃苦，凭什么思想的光辉可以照到你？你没有安静、大气、定力，凭什么能捕捉到背后的这个东西呢？"投隙抵时"讲的就是争时争位。《周易》里面讲得最多的就是"时"和"位"。而这个"位"比我们现在讲的时空的"空"要好。为什么说这个"位"好？举个例子。比如北京，据统计两千多万人，他们都可以讲我有天时地利，因为我拥有首都的"空间"。可是在首都的人，有的是保姆，有的是学者，有的是院士，有的在某个领导岗位上，你想这个"空"和这个"位"谁更丰富？当然是"位"更丰富。"位"既讲到了共性，也讲到了个性。讲到了你的个性你的优势你的劣势，同时讲到你这个具体的"位"跟大环境的"位"之间的关系，以及时间变化带来的新的关系。后面还有一句话叫"应事无方"。你不能机械，并没有一个方法可以解决所有问题，没有一个放之四海皆准的基本方案。在告诉你"应事无方"之后，下面又告诉你，"运用之妙，存乎一心"。人心这个东西很值得研究。人与人的差别就是人心与人心的差别，单位与单位的差别就是单位的心与单位的心的差别。这个"方"在哪里？就在你的心里，存乎于对事情的理性判断，对事情的具体分析。其实我们中能做到具体分析的人很少。西方科学领跑五百年，我看就是具体分析，西方人就是把学科越分越细，一个环节一个领域地搞清楚。但是他的代价是综合不起来，所以美国人写了一本非常好的书《社会生物学：新的综合》，可惜历史条件未到，现在达不到。

回过来说，"存乎于心"对所有领导干部的要求，我认为主要是两个层面四个"用"。第一个层面是用心用力。我们经常问自己：一段时间以来我们用心了没有，用力了没有？这次三联书店八十周年，我最后就是用这句话结尾："为我们文化强国用心用力。"第二个层面是用资源用人才。我们当领导干部，前面两"用"是对自己的要求，是对自己职守的要求。后面两"用"更多是团队的工作方法。不管在哪个层面，你都是一个群体的组织者、管理者，因此你都要思考这两个层面的问题，就是如何把资源用得更好一些，如何把人才用得更好一些，其实归结起来就是资源问题。人才也是资源，我们把它拎出来讲是因为文化企业有特殊性，人在生产诸要素中的作用大于制造业。所以很多古训只要一联系实际就很具体。"存乎于心"就是要用心用力，用资源用人才，坚持、坚定、坚韧地做好四个"用"，大概这个单位就会逐步兴旺起来。

六、学会修身

我们今天讲的主要内容就是文化企业的关键在人，关键在思想，关键在精神。修身就是关键之关键。领导人的品性决定着国家怎么样，民族怎么样，团体怎么样，例子太多太多。但是联系实际，联系自己，我们现在讲修身，我感觉主要是这么几个问题。

首先是孔子讲的"为政以德"。现在咱们国家讲干部队伍"以德为先"，正确地反映了我们这个社会阶段对人才的价值取向。孔子讲："为政以德，譬如北辰，居其所而众星共之。"他从天文现象类推到人类社会现象，有很多道理都是看天象看出来的，其实是非常科学的。为什么"为政以德"就会好呢？"德"是什么呢？德者，得也。"德"就是得到，后来才越来越形而上了，还原到朴素的古代思想，是很实际的一个东西，就是你得到的一种方法。比如说某某特别能干，特别爱创新，特别不守规矩，马路不走，就要从房子上面走。那你想，第一是公德不允许，第二从你自己的功效来讲，你花多少的功效做了被人唾骂的事情。社会公德是达到次序的一种办法。我们要得到什么？其实就是得到"道"。在老子那个时代，"道"与"德"是分开讲的，大概东汉以后才合起来讲。为什么要得到"道"呢？过去讲得非常玄。其实就是老子讲的"载营魄抱一"。就是坚守你的灵魂，弘扬你的大道。"抱一"就是抱"道"。我可能讲得比较虚一些，但是我特别希望年轻人结合实际思考，如此一来，一定会有所收获。最近刚刚去世的南怀瑾，他对如何得"道"用故事拼盘进行了解释。他举了个例子。孔子在上课间隙，跟曾参讲："吾道，一以贯之。"别的学生也听到了，后来就问曾参，夫子这是什么意思。曾参说，夫子之道就是"忠恕"二字。还有一个例子，佛祖"拈花微笑"的故事。释迦牟尼来讲课，大家很期待，释迦牟尼转了一下什么都没有讲，拈起一枝花，大弟子迦叶破颜一笑。南怀瑾解释，拈起一枝花，实际上是举了一个"一"，迦叶就懂了。释迦牟尼就说我已经把道传给他了。佛经里没有再做任何解释。南怀瑾还有一个一指禅的故事。大和尚很有名，很多人来求学佛法。大和尚的徒弟经常在旁边看师父举一指示众，每当师父不在时，别人有问，他也竖起一指。求教的人突然明白了，高高兴兴回去了。但小和尚不明白，追问大和尚，大和尚被问烦了，用刀砍掉了小和尚的一指。这个故事在山东流传比较广。济南附近有一座很有名的庙，里面两座罗汉塑像，一个罗汉举一指，对面的罗汉举两指，两个罗汉在讨论一和二的问题。实际上要我理解，就是"道"和"术"的问题。"一"是本源，是一个完整的体系，是基本规律，但是一定要有形而下的东西来表现，不表现的时候就是"一"，表现的时候就是"二"，表现多的时候就是"三"，然后"三"生万物。为什么我们讲这个？我们的"德"就是要得"道"，我一直认为我们"术"的层面在进步，非常有竞争力，而且还会不断提高，但是千万不要忘了"道"。老子讲到处都有"道"，问题是你看到这个东西没有，眼睛一定看不到，思想修炼几年可能会看到，还不一定看到。

联系实际，咱们中国出版集团的"道"是什么？"三化"目标就是"道"，中国出版集团因为历史的积淀，到这个历史关口必须完成这个使命，如果完成不了，不是规律发生了毛病，而是我们这些人出了毛病，这就是"道"。但是要完成这样的"道"，要完成战略目标，我们的"德"是什么？我觉得有几个东西特别重要，中国文化里面，一直到现代社会，有几个"德"非常重要。

第一，谦德。

就是谦虚。讲得最精彩的是老子，我希望大家去看看老子，他讲出了谦的必然性。《周易》里面六十四卦，所有卦最终结果都是吉凶悔吝，只有"谦"这一卦全部都是吉，没有悔，没有吝，更没有凶。为什么说"谦"非常重要？我们当领导的往往不谦，这是通病。因为自然地认为，我是领导，我看得比你更深刻。怎么可能呢？谁规定的？什么时候位置决定过水平啊？谦德对我们太重要了，我们强调凝聚力。你趾高气扬的能有凝聚力吗？只有像大海一样处在下处才会有凝聚力。泰山是很高，但是山是不可能聚水的。处下才能聚水，处下就是谦虚。

从我们个人跳出来看我们这个集团。我们这个集团客观上有一种要求，就是要逐步地、创造条件地对中国出版业的整合起重要作用。那么你想这只是一本经济账吗？一定不是，比经济账更加要害的是，这个集团是否有一股大气，有一股谦和之气，有一个能够笼聚各方的思想、文化、气质。中国出版集团，我们的牌子，客观上要求我们有一种器局，这种器局我认为有几种。一是大气，就是不看小账。有人做过这样的比较。毛泽东就是一个大气的人。当时在农家的时候，父亲希望他继承家里的几十亩地，但他放弃了。后人总结：他丢掉了几十亩地，赢来了960万平方公里。要有大气，一要谋大势，二要懂大局，三要不断地扩张自己的大视野。马云有一句话讲得挺好，当然不一定全面，他说：一个人的肚量是委屈撑大的。委屈吃多少，肚量就有多大。你委屈受不了，怎么可能有大气呢？有大肚量，识大局，懂大势，才会有大气。二是锐气。我们这样的集团尤其要有锐气。三是静气。凡是好事都要想到它的不好，凡是大事都要冷静思考。没有一个"困于心，衡于虑"的过程，不做决策。凡是急事，要缓；凡是缓事，要急。四是和气。我认为这几个气是现阶段咱们器局当中尤其需要加以关注的，特别是我们的骨干、干部要修这股气，拢起来就是孟子讲的浩然之气。所以我们研究德，第一条就是谦德，我们只有谦下、处下才可以赢得大局大势。

第二，诚德。

古人特别强调诚德。过去我在学习的时候，认为古人很虚伪，现在不这样看。确实，当你诚心的时候，一次不行就两次，两次不行就三次，次数多了，时间长了，别人一定会有感应的。当你诚心诚意到位的时候，环境一定会发生变化，这就是我们过去讲的精神变物质。问题是，你这股气、这股神能不能坚定，能不能真诚。孔子一直讲"信"的重要性，当我们跟员工不诚实的时候，你可以骗他三天，你能骗他三个月吗？当你跟员工相处的时候，你是一个脑子带队伍，他们是十个、百个脑子在动。大家都在动脑子的时候，那这个团体会怎样？反过来说，如果我们大家都能以诚相待，你的凝聚力会怎么样？在工作、生产中释放的能量会怎么样？我们大概不能做到对所有的事情、所有的人都非常真诚，但至少要做到对自己的工作和工作群体真诚。

第三，公德。

公德就是公心，公心是本，就是我们经常讲的四个字"出于公心"。这个不多说了，希望大家能多琢磨。一旦你失去公心，你就会失去众人之心。

第四，廉德。

廉德就是廉政之德。这一点，我们现在从廉政的角度、原则的角度、党性的角度、境界的角度都讲得非常充分，希望大家注意学习这方面的领导讲话。此外，我觉得讲廉政讲得最透彻、最智慧的是老子。如果把老子的话看清楚、看透彻，你不可能有廉德问题。因为他是从最基本的智慧层面跟你讲这个，就是得失，不廉不是得而是失，廉了不是失而是得。人们会经常处在一种失衡的状态，除非你不去想不去看。但是你要想，你的"本"在哪里？这个事情自己要想清楚。这几个"德"是跟我们现实的工作、现实的社会关联比较密切的。

今天我们从"学会忧患、学会理想、学会学习、学会合作、学会坚韧、学会修身"这六个角度着重跟大家探讨了我们这个集团有了战略，有了目标以后，应该有什么样的精神思想状态，尤其是我们这些正在、将会带着一路人马的人，应该给大家什么样的形象，给大家什么样的心态，给大家什么样的"气"。"气"讲起来很悬，但某人气质怎么样，风度怎么样，一见面便能感觉到。因此，"气"很具体，就是他过去的学习、过去的经历、现在的思考等要素凝聚调节、不断修养而形成的。

13. 拉开产业格局，提升两个效益*

从外部经验看，世界一流出版集团在经历前期的内生式发展后，并购重组既是他们迅速做大做强、实现跨越式发展的重要路径，也是他们从区域企业成长为国际集团的重要路径，同时还是他们实现产业转型、业态升级的重要手段。从我们自身看，我国出版产业的发展，已经到了一个"三期叠加"的关键时期，即产业集中度从低到高的提升期，国际传播力由弱到强的成长期，产业形态从传统出版向媒体融合发展的转型期。而并购重组，既是跨界资源整合的重要手段，又是深化体制机制改革、做大做强的重要手段。

中国出版集团按照上级要求、结合自身的战略和实际，在并购重组上主要思考了以下几个问题。**第一，总的目标**：联合不同资本，整合跨界资源，实现业态升级，努力建设国际著名出版集团。**第二，基本思路**：一是缺什么补什么，着力构建有效的出版产业链；二是先辅业后主业，着力在非意识形态环节取得经验后，再稳妥涉及出版主业；三是重改革强发展，着力构建新体制、新机制、新业态。**第三，主要原则**：一是符合中央要求，体现集团战略；二是坚持导向正确和社会效益第一，力求两个效益的统一；三是稳妥谨慎，做一成一，谋划积极，动作务实，不但推进并购重组，而且注重消化管理。

具体来讲，并购重组主要从三个方面着眼。

一是着眼拓展产业边界，着力国际和国内两个市场。

与国内外一流出版集团相比，我们的产业链不完整，主营范围有

---

* 这是 2014 年 8 月在中宣部国有文化企业并购重组座谈会上的发言。

限，海外业务薄弱。因此，并购重组的重点方向之一就是，通过产业链的纵向延伸和业务圈的横向拓展，在国内出版市场增强竞争实力，在国际主流市场占据重要地位。

在国际出版方面，目前集团在美、英、德、俄、日等国家建立了29家分支机构。去年以来，我们瞄准全球最大的一家出版科技公司作为兼并目标。该公司在数字内容的聚合、数字化投送、内容数据库、出版软件开发等方面，全球实力首屈一指。其数字内容投送渠道覆盖欧美等170多个国家，全球出版20强中的14家，如培生、里德－爱思唯尔、阿歇特、麦克米伦、哈珀·柯林斯等采用它的数字技术服务。去年，我们首先推动双方业务重组，共同开发"易阅通"数字平台，打通了销往海外4万多家机构用户、数百万名个人用户的数字营销渠道。今年，在中宣部的关心指导下，又循序推进资本重组，计划以1亿元人民币收购其主要股权，成为控股第一大股东，努力为中国出版物走向世界打通数字化传播渠道。

兼并印务企业是我们构建出版产业链的又一个重点。北京新华印刷厂是新中国成立以来国内最著名的印刷业标兵，目前厂房5.4万平方米。我们投入1.58亿元收购其51%的股权，整合每年约6亿元的内部印务量，实现出版印务资源与印刷生产能力的有效嫁接，预计未来3年印务收入可达3.1亿元。同时，我们与全球最大的按需印刷服务商英格拉姆集团合作，将印制服务拓展到海外市场，利用新华印刷较低的印制厂成本和中图公司覆盖全球的投送渠道，初步构建起"中国图书全球按需印刷体系"，实现中国图书24小时全球直供。

在发行流通领域，我们与江西新华（即江西新华发行集团有限公司）、江苏凤凰共同出资近6亿元，对原有的独资企业新华联合（即新华联合发行有限公司）进行重组，共同建设现代出版物流中心。该中心占地面积340亩，总建筑面积20万平方米，总投资约11亿元。明年竣工后，该中心将成为我国跨地区经营的出版物发行中盘，预计建成后每年可实现销售数十亿元。

二是着眼拉开产业格局，着力体制和机制两个创新。

荣宝斋的艺术品经营和中译公司的语言翻译服务是我们的两大产业优势。但在传统的体制机制和发展模式下，这两项业务在集团的产业格局中长期处于弱势和边缘地位。因此，我们并购重组的第二个重点方向，就是通过体制创新和机制创新，谋求两家企业上市融资，努力拉开集团的产业格局。

近三年来，荣宝斋通过品牌扩张，吸引政府、民间和海外投资1.13亿元，在北京、天津、上海、湖南、广东、内蒙古、山东、香港等地，先后对19家企业进行了重组，实现品牌收益8000多万元。截至2013年，荣宝斋的总资产、营业收入和利润分别达到三年前的2.7倍、2.5倍和6.3倍。其中，重组的19家企业为其贡献了营业收入的27%和利润的24%，为上市融资打下了良好基础。

中译公司于2013年投资100万元，创立"译云"数字翻译平台。公司以20%多的股权融资2500万元，在一年时间里实现了翻译业务、社会资本和技术团队的深度融合，成立当年即实现销售收入3450万元，利润近300万元。截至今年9月，"译云"市场估值已超过4亿元。目前已与百度、阿里巴巴、腾讯等互联网巨头实现了战略合作，吸引了雅虎创始人杨致远、建银文化产业基金、中法基金等主流风险投资基金。最近还可能将股权融资1亿元人民币，并购国内外翻译企业。

三是着眼盘活出版资源，着力社会和经济两个效益。

中国出版集团具有较强的特殊性，因此我们对出版业务的并购重组，一直坚持谨慎、稳妥、重社会效益、重文化影响的基本心态。我们从意识形态属性较弱的教材营销入手，对商务印书馆、中华书局等内部教材进行整合，收购人民东方50%的股权，获得人民出版社和未来出版社教材的全国经营权，通过一系列的并购重组，实现了中版教材有限公司的股权多元化。目前，公司业务已遍及全国25个省、自治区、直辖市、210多个地级市。2013年，教材营业收入和利润分别比2009年增长了6.5倍和24倍。教材《书法》输出了英、意、西、德、阿、波等多语种版本，取得了一定的海外影响。

在期刊出版领域，我们凭《中国艺术》这一纯艺术杂志作控股股东，吸引两家民营公司投资1000万元进行股份制重组。目前，我们还在对《中国美术》等其他经营效果不好的期刊进行重组。在重组中，我们始终坚持控股地位不变、内容把关主动权不变、内容导向一票否决权不变。

在上级领导部门的关心、指导下，最近几年来，集团共完成26起并购重组，投资总额约5亿元，预期收益在10.6亿元左右。下一步，我们会根据集团实际情况，把并购重组作为我们做大做强、建设国际著名出版集团的重要路径之一，不断提高集团在海内外的文化传播能力，为国家软实力的提升做出更大的贡献。

14. 牢牢把握发展的主动权*

一、坚决扭转经济下滑的趋势

今年上半年集团经济形势面临比较严峻的挑战，主要体现为：收入、利润和回款同步大幅下滑，存货、亏损企业明显增多。这种情况应该引起我们的密切关注、认真对待。从上周起，集团领导班子采取紧急措施，我们组织有关部门对这一情况进行反复研究，周六紧急召开总裁办公会进行认真研讨，先后约谈了9家重点单位的主要负责人，并连续开展了一系列调研。令人感到欣慰的是，在这个十分严峻的时刻，各单位领导班子的头脑是清醒的，态度是积极的，思路是明确的，大家有初步的原因分析，有初步的解决措施，纷纷表示要千方百计、想方设法完成今年的目标任务，表现出昂扬的斗志和积极应对的姿态。在这个十分严峻的时刻，坚定信心十分重要，高度警觉十分重要，精神状态十分重要。今天我们召开这个会议，就是要进一步动员全集团广大干部员工，横下一条心，坚决扭转当前经济下滑的趋势，坚决实现今年全集团的"双八"增长目标（营业收入与利润都实现8%的增长）。这是关系到集团改革发展大局的关键工作，是当前全集团经济工作的中心任务，也是抓好全年各项工作的一个基本要求。

集团作为出版业的"国家队"，在保增长上必须和中央的精神保持高度一致。今年中央提出全年要实现7%的经济增长，集团必须为中央提出的保增长任务做出应有贡献。逆水行舟，不进则退。严峻的形

---

* 这是2015年7月31日在中国出版集团公司2015年上半年经营工作会议上的讲话。

势已经让我们没有任何退路，激烈的竞争也已经让我们没有任何余地，我们只有严阵以待，立刻行动，调动各方力量，谋划有效对策，坚决顶住下行压力，确保全集团的每一家单位都完成全年的经济指标。古人云："大事难事看担当，逆境顺境看襟度。"在这个比较严峻的时刻，我们要敢于直面，善于分析，勇于担当，在看到问题的同时也看到我们的优势、我们的进步和我们的成绩，从而既有危机意识，又有坚定信心。数字揭示了问题的严重性，但又不是问题的全部。数字是冰冷的，我们要善于读出它背后的原因，既读出压力，也读出动力，更读出活力；数字是死的，是一个时期我们经营工作静态的反映，但数字背后的生产经营活动又是生动的，是在变化的。它既有挑战，又有机遇；既有劣势，又有优势；既有压力，又有潜力。总之，数字是死的，生产经营是活的；数字是冷的，研究、分析、对策讨论是热的。凡事有了人气，就有了热度，就可以全面地分析，就可以辩证地看待，就可以以发展的眼光去转危为机。我们现在的关键是要用全面、辩证、发展的方法分析危机，既在危机之中高度警觉，又在挑战之中坚定信心。

二、牢牢把握发展的主动权

这几天集团领导班子和大家一样，冷静地研判形势，深入地分析原因。面对问题，常常会有两种思路：一种是寻找外部原因，查找外在的因素；一种是寻找内部原因，查找自身的问题。历史经验告诉我们：找外部原因是需要的，但往往不解决根本问题。只有找自身的因素，才能够找到问题的主要症结，从而从根本上掌握解决问题的主动权。在经济下行的时候，抓住主动权十分重要，非常关键，找自身问题就能抓住主动权。刚才我们做了行业分析，可以看出，尽管行业竞争日益白热化，整体态势虽不是特别乐观，但毕竟没有发生大的起伏和变化。市场需求总量、市场供应总量、市场消费总量未见下降，虽然增长有所减缓，但总量略有上涨。具体的行业形势还可以再持续观察、深入分析，但有几个判断是可以肯定的。一是市场蛋糕还是那么大，但份额不断变化；二是谁的刀子快，谁切的蛋糕就大；三是我们有两把刀，一把刀是切传承积累性出版这块份额的，我们的力度未减，而且正酝酿着新的成果，但另一把刀即切市场性图书特别是畅销性图书的刀子，既不亮也不快，这是我们出版板块下滑的主要因素。新书开发不足不够不好，营销创新不力不深不细，这是主要的内因。

找自身原因是解决问题的有效方法，是转危为机的根本之道。在发生问题的时候，不要相互埋怨，相互指责，相互推诿，而是要眼睛盯着自己，责任揽给自己，担子压给自己。危机之时往往产生凝聚力，但必须把解剖问题的刀指向自己。

首先，我们要找集团总部的原因。一是集团化管控模式不完善，总部办事效率不够高，为基层为生产经营服务的导向和实际工作都还不够鲜明；二是资源整合能力不够强，对重要资源的集约经营不够有力；三是对外扩张的能力还很乏力，产业格局小，核心板块少，新的增长点弱，抗风险和上规模的能力差；四是对各单位有针对性的统筹协调不够，指导和服务能力也不够。在这些问题的背后，深层次的原因是思想不够解放，开放意识不强，改革、资本、技术的意识也不强。

其次，从各单位来看，主要原因为创新活力不足。具体体现在五个方面。**一是资源问题**。畅销书匮乏不仅导致我们的零售市场占有率同比下降，也导致一些单位的经济效益下滑。同时，对现有的版权资源也缺乏有效维护，一些曾经为我们所拥有的畅销书因各种原因落入他人囊中，而后又登上了畅销书排行榜。**二是营销问题**。一些单位的领导乃至具体业务人员不抓选题，不跑市场，不组织一揽子的立体营销，长期不到一线门店和基层了解市场、跟踪市场。在全国众多机场的书店中，我们的书太少。**三是结构问题**。根据开卷的市场报告，我们在全国前10

名出版集团的出版效率排名靠后。一些印数只有两三千册的平庸选题和资助书占用了我们的生产资源和资金，却基本产生不了经济效益，甚至还造成了"劣币驱逐良币"的恶性现象。**四是分配问题。**新形式的"大锅饭"不同程度地存在着，奖勤罚懒的机制不够健全，一定程度上影响了干部员工的积极性。上述问题直接导致了我们竞争力的下降，在2014年全国图书类出版社总体经济综合评价前10名中，集团只有商务印书馆一家进入，而且排名还由第5名下降到第8名。这些数字虽不能反映全部情况，但从某个角度揭示的问题却是真实的。对这些数据，我们不能够忽略，应该更加重视；应以"圣人犹难之"的要求，聚焦放大，进而看清、抓住，想办法加以改进。

找准问题是为了回答怎么办。总体来讲，就是要认真学习贯彻中央精神，尤其是要认真学习贯彻习近平总书记7月18日在吉林调研时的重要讲话。他强调，要适应和把握我国经济发展进入新常态的趋势性特征，保持战略定力，增强发展自信，坚持变中求新、变中求进、变中突破，走出一条质量更高、效益更好、结构更优、优势充分释放的发展新路，推动我国经济向形态更高级、分工更优化、结构更合理的阶段演进。所谓"变中求新、变中求进、变中突破"，就是要求我们善于在变化中激发创新的活力，挖掘增长的动力，最终突破经济发展的瓶颈，迈上新的发展台阶。

对集团而言，实现"变中求新、变中求进、变中突破"的关键，就是要从以下八个方面大力推进集团化战略，不断提升集团化运营管理能力。

第一，做大做强做优品牌单位。习近平总书记这次在吉林调研时明确提出，国有企业是推进现代化、保障人民共同利益的重要力量，要坚持国有企业在国家发展中的重要地位不动摇，坚持把国有企业搞好、把国有企业做大做强做优不动摇。因此，做大做强做优十个品牌单位，既是我们实施品牌经营战略的一个明确方针，也是进一步深化集团化战略的重要抓手。只有品牌单位的总体实力更强大了，集团的总体实力才会更加强大，我们为国家现代化进程做出的经济贡献和文化贡献才会更加突出。

第二，做活做强一般单位。一般单位市场竞争力相对弱，抗风险能力不强，迫切需要我们进一步注入资源，对症下药，不断提升它们的成长能力和竞争能力，使之成长为全国中型强社。

第三，关停并转一批长期亏损企业。在上半年亏损的企业中，大多是一些三级、四级企业。这些企业没有业务，没有资源，也缺乏有效的管控，持续亏损，是各单位显著的出血点。各单位要对这些企业进行一次全面、深入的摸底清查，分别采取关停并转的措施妥善解决。

第四，加强总部本部建设。总部本部要尽快开出权力清单和责任清单，强调并牢固树立为基层为一线服务的管理思想，简化审批程序，提高办事效率。该管的一定要管住管好，不该管的坚决放开放活。昨天已经召集总部本部的各部门捋出了初步清单，下一步明确细化之后，将印发给各单位。

第五，加大资源内容整合力度。集团化的基本任务就是资源整合，它包括内容、印务、物流、信息流、发行、版权、资金、资产、人才、数据、战略、企业文化、数字平台等多个方面的整合。去年我们集中抓了资金整合，最近已经开始新一轮的纸张、印务和报刊资源整合的研究，其他方面的整合也要有阶段性的思考和安排，逐步有序有效地稳步推进。

第六，大力推进结构调整。包括产业结构、产品结构、组织结构、投资结构、人才结构、市场结构、业务结构、收益结构、资本结构和资产结构等多维度的调整，都需要在认真研究后分步稳妥实施。

第七，加强对外兼并重组。人民文学出版社即将收购九久读书人文化实业有限公司，进一步巩固在文学板块的市场领先地位。集团下一步还将围绕横向多元和产业链扩张，积极开展相关对外兼并重组，不断增强主业的核心竞争力，积极培育新的经济增长点。

第八，进一步完善集团化管控模式，努力建立有文化特色的现代企业制度。 下半年，集团和股份公司要进一步实现功能分开，形成明显差异性互补。股份公司重点做大做强出版主业，集团要有新的发展思路，尤其是要发挥战略投资功能，逐渐展开集团新的产业板块。同时，要进一步完善管理模式和法人治理结构，完善各单位领导班子绩效考核办法和薪酬分配制度，合理拉开收入分配差距，进一步激发企业发展动力。

各单位怎么办？ 前面讲到了各单位总体面临的四个基本问题，但由于大家各自情况不一样，解决这些问题主要靠大家结合自身实际情况，深入查找原因，总结经验教训，制定切实管用、可行的解决措施。但我们思考和解决问题的办法有一个思想前提，这就是牢牢树立"六个意识"。

第一，牢牢树立危机意识。 比危机更可怕的是对危机无意识，比风险更忧心的是对风险无管控。智者察于未萌，愚者暗于成事。"鲶鱼效应"总是存在，新鱼吃老鱼，快鱼吃慢鱼，大鱼吃小鱼，这是市场竞争的铁律。我们的思想观念不定，体制机制不活，市场竞争力不强，对外开放意识不够，这些都是当前危机的深层根源。危机意识要有针对性，要抓住这些根源性的地方进行总结。

第二，牢牢树立发展意识。 我们首先是一个政治组织，其次是一个文化组织，再次是一个企业组织。导向正确、文化贡献和经济增长是我们的三大使命，政治、文化、经济三位一体才是全面发展。导向正确是前提，文化贡献是根本，经济增长是基础，三者缺一不可。发展才是硬道理，落后就要挨打，不进则退，慢进也是退，特别在当前，离开了强劲的经济发展作为基础，导向影响、文化贡献就是一句空话。

第三，牢牢树立改革意识。 改革没有完成时，只有进行时。一些旧的机制痼疾还没有完全根除，一些"不事不企"的习气还没有彻底摈弃。德鲁克说过一句名言："什么是管理？管理就是充分发挥员工的长处和优势。什么是组织？组织的目标在于使平凡的人有能力从事不平凡的工作。"改革的一个重要任务就是让我们的管理和组织更加有效，更好地激发每一个员工的创造性。只有我们的员工越来越能独当一面，越来越善于开发产品，越来越善于驾驭市场，各级领导班子才能够心中更有底、发展更有数。

第四，牢牢树立创新意识。市场变化无边界，内容创新无止境。内容创新是我们在内容生产上的一个永恒的主题，是我们抓住时代潮流的一个根本方法。我们的市场结构看上去没有什么变化，但实际上阅读的人群和阅读的口味时时刻刻都在发生变化。这就要求我们：一是题材要创新，二是营销要创新，三是机制要创新。

第五，牢牢树立市场意识。市场意识在集团内部明显不均衡。有些单位的市场意识比较强，有些单位的市场意识比较弱；有些干部员工的市场意识比较强，也有不少干部员工的市场意识比较弱。学游泳必须下水，市场意识只有在市场中才能确立，只能在开放竞争中才能真正形成。我们一定要做深、做开、做优营销渠道，善于用新的产品、新的内容满足读者的新需求，从而打开和创造新的市场。

第六，牢牢树立开放意识。我们集团是一个比较文气、比较内敛、比较厚重的集团。对文化产业集团来讲，我们既需要文气，也需要商气；既需要内敛，也需要开放；既需要厚重，也需要活力。要善于知大势、识大体、懂大局，要善于把握时代的趋势、文化的趋势、产业的趋势，要善于激发各种内部要素、整合各种外部资源，形成更有时代创新精神，更有市场竞争特点，更有开放开拓冲动，在制度、技术、资本这三大要素上更加敏感的新的集团气质。

三、切实将下行压力转化为发展动力

困难是人生的磨刀石，逆境是事业的加压器。当前我们的经营面临严峻的形势，这既是市场对我们的一次重大考验，也是我们战胜自我、超越自我的一次重大契机；既是考验我们智慧和勇气的一次攻坚战，也是增强我们队伍战斗力和竞争力的一次大练兵。面对困难，我们要沉着应对，保持定力，下定决心，牢固树立必胜信心，极大地增强斗志，把经营下滑的现实转化为全集团促进发展的新动力。

集团领导班子已经决定，近期将分类分级地研究不同对象，分析不同问题产生的深层原因，与大家一道商量并提出有效的破解之策。我在这里只强调三个突出问题。

第一，大力倡导"以编辑和营销为中心"的治企理念。在出版的生产经营流程中，编辑和营销是两个关键环节；在我们的员工队伍中，编辑人员和营销人员是两支关键的力量。他们创造了经济效益，做出了文化贡献，但他们在一些单位还没有受到应有的重视。我们转企改制的时间不长，不少单位的行政管理色彩太浓，层级制太分明，一些行政职能部门或多或少地存在着机关习气乃至衙门作风，编辑或营销人员找他们盖个章、领个书号、办个手续都要受到诸多羁绊。因此，各单位一定要大张旗鼓地提倡"以编辑和营销为中心"的用人理念和治社理念，让编辑和营销人员活得更有尊严、更有自信，进一步鼓励他们的工作热情，更好地激发他们的创造精神。

第二，努力做到赏罚公平和分配透明。宋代李邦献说："为政之要，曰公与清。"古人又讲："公生明，廉生威。"对我们企业而言，做事要出以公心，尤其是在赏罚和分配上要做到公正、透明。在现代社会，领导力不仅来自权力，更来自思想性和好作风。一些单位过于讲一团和气，过于讲人情脸面，赏罚有失公允，分配不够透明，这样不仅达不到奖勤罚懒的目的，还挫伤了很多人的积极性。下一步，我们要进一步完善绩效考核方式，在强化各单位领导班子的绩效考核的同时，重点加大对优秀编辑人员、优秀营销人员的直接激励力度。

第三，深入市场，建立市场意识。我们的库存规模不断攀升，一个很重要的原因就是市场意识不鲜明、不强烈。对编辑人员而言，没有调查就没有选题权，不能够仅凭个人的趣味来策划选题，必须到市场一线做深入调研，掌握最新的阅读潮流，才能够策划出更多引领市场的对路产品。营销人员则更要明白市场是深入地"跑"出来的，客户也是"跑"出来的，不仅要"跑"一线城市，也要"跑"重点的二线城市和三线城市；不仅要"跑"省店市店的头头脑脑，还要"跑"负责具体业务的采购经理；不仅要做好大型销售推广活动，还要做好日常的精细化营销。总之，要在思想上、领导上和机制上本着务实的立场，切实解决内容创新不足和营销创新不足这两个突出问题。

昨晚加班，接到一位青年干部发来的信息，大意是讲台湾散文家王鼎钧《人生三书》中有篇《遗珠》，内容大致是说一个人丢了蚌肉捡了珍珠的故事。由此我想，凡事都是这样，困难背后也许就是机遇。这条短信我看了后很温暖。我们在想什么员工也在想什么，我们揪心的事也是员工纠结的事。我们在遇到困难的时候，群众以乐观积极的态度来感染我们，来激励我们。建议大家有空都看看《遗珠》，想想丢掉蚌肉捡回珍珠的哲理。我坚信，大家警觉了，认真了，创新了，改革了，就能丢掉蚌肉捡回珍珠。

15. 紧紧抓住"十三五"规划的几个重点问题*

今天这个会不一般,是想五年、抓五年、管五年的会。一个集团的未来,从一定意义上讲是规划出来的。孙子说:"未战而庙算胜者,得算多也。"庙算就是筹划,就是规划。为了这个"庙算",可以说,集团上下酝酿了一年多,论证了一年多。也可以说,今天这个会,我们准备了一年多,谋划了一年多。这个会是一个管总的会,是一个抓龙头、抓纲要、抓关键的会。从昨天到今天,我们各个单位也都把自己规划的某一部分向大家做了交流。我听下来觉得还是有很多的启发,总的感觉是两条。

一是感到它们进一步丰富和深化了集团的规划。二是感到有那么一股劲,有那么一种气,有那么一种不急不躁、胸有成竹、步步为营、稳扎稳打的底气和定力。基本上没有听到什么豪言壮语,基本上没有听到形式化、格式化的语言,但是谋划是明确的。我们班子的几位领导在制定规划的整个过程中,在会议讨论和私下交流当中,都对规划及其实施谈了很多想法,我尽可能代表他们表达这些想法,转化为今天讲话的内容。

第一,"十三五"规划思考的要点。

研究"十三五"规划,我们考虑了以下几个主要问题:第一个问题是集团今后改革发展重要的现实基础是什么。我们概括为**两个"越来越"和十个"进一步"**。两个"越来越"偏重于定性:一是越来越成为国际出版业聚焦中国出版的标志。大家这几年如果有机会到国外参加

---

* 这是在 2016 年 7 月中国出版集团公司"十三五"规划实施大会上的讲话,根据速记稿整理。

会展或其他活动，这个感觉会逐年增强。二是越来越接近国际著名出版集团的战略定位。我们不敢说已经建成了，讲得留有余地，就是越来越接近。十个"进一步"偏重于定量：一是坚持正确导向、做强主题出版的领先地位进一步确立，二是国内规模最大的大众出版和专业出版集团的地位进一步确立，三是综合经济实力领先的地位进一步确立，四是文化"走出去"综合实力第一的地位进一步确立，五是出版国际贸易总量第一的地位进一步确立，六是内容数字化动能最强的地位进一步确立，七是高端人才集中、整体队伍实力领先的地位进一步确立，八是品牌影响力最强的地位进一步确立，九是出版业艺术品经营实力最强的地位进一步确立，十是图书会展业务能力最强的地位进一步确立。十个"进一步"是总结我们的以往，看清现实，来实事求是地规划好未来发展的基本优势。

研究的第二个问题是如何把握形势。我们把形势概括为：一是从产业政策看，产业评价更加重视出版导向和社会效益；二是从产业发展看，文化产业要在"十三五"时期成为国民经济支柱性产业；三是从产业趋势看，供给侧结构性改革和融合发展越来越成为产业升级关键词；四是从竞争格局看，产业集中度在"十三五"期间会进一步提升；五是从海外需求看，"走出去"工作面临新的情况、新的机遇和新的挑战。

研究的第三个问题是我们集团有哪些短板。一是内容的持续创新能力有待进一步提高；二是产品结构有待进一步优化；三是新的发展动力，特别是媒体融合的发展动力有待进一步培育；四是集团化水平有待进一步提升；五是促进人才脱颖而出的制度性选人用人能力有待进一步增强；六是以党建为核心、有效加强企业文化建设的能力有待进一步加强。

研究的第四个问题是关于"十三五"规划本身的主要发展思考。一是"十三五"的主题是什么。就是认真贯彻中央精神和习近平同志系列重要讲话精神，关键词是提升文化影响、打造数字集团、保持稳健增长。二是发展理念，按照中央"五大理念"，我们做一个行业的结合、实际的转换，叫作创新、融合、协调、开放和共享。三是发展道路，也就是集团适度多元化和股份公司更加专业化的中版特色发展道路。四是战略重点，就是年初着重探讨的调速度、调结构、强导向、强质量、强动力、强党建。五是发展思路，就是以导向为核心、以财务为中心的集团化管控模式，以出版资源为核心的文化产业投资方向，以媒体融合为方向的战略发展重点，以兼并重组为主导的规模化发展路径，以资源有效整合为重点的集约化发展方式。六是主要发展目标，就是实现发展方式的"四个转变"，基本建成国际著名出版集团，并且为此提出了六个方面的重点工作和六个方面的重大项目工程，以及若干方面的主要发展指标。

第二，"十三五"规划的战略重点。

就是我们今年以来一再讲的"两调四强"。"两调四强"是我们"十三五"发展时期战略层面考虑的重点环节。它体现了中央精神和习近平同志系列重要讲话精神，它顺应了宏观经济形势和行业发展的态势，它揭示了集团在发展的问题上存在的主要矛盾、要害环节和关键举措。

调速度指向从容的、协调的、有效的、有质量的发展。调结构的着眼点是形成新的增长能力和竞争能力。强导向是我们的使命责任、价值所在。强质量是我们的文化追求、历史担当。强动力，着眼点是形成新的功能、新的发展和新的优势。强党建，是加强促进我们企业健康发展的政治、思想、组织、作风廉政和企业文化建设，这是我们强身健体的关键。

抓好"两调四强"，要注意把握好三对主要关系。一是速度与动力，这是企业关于生产发展的基本关系；二是导向和党建，这是企业关于自身建设的基本关系；三是质量和结构，这是企业关于两个效益的基本关系。这三对关系，相互关联、相辅相成。我们坚持好、处理好、实施好，它们就会成为发展的航向和航道，成为前进的动力系统，成为竞争的强大优势，成为协调、健康、可持续发展的有力保障。

"两调四强"对于各个单位来讲，有不同的情况、不同的侧重点、不同的阶段重点。但是总体上，它是我们出版产业这个时期所遇到的主要问题、主要思考和主要对策的体现。这个问题年初工作会重点讲过，今天只做一些提要和强调，请各单位对照自己的实际，找准自己强什么，怎么强，调什么，怎么调，通过抓好"两调四强"，把我们的动力找到并切实增强。

第三，"十三五"规划的精神支点。

集团规划已经发给大家，规划的要点、战略的重点在里面都有充分的阐述，项目和指标都有明确的表达。这两天我听大家讲，一直在认真思考，规划的要件都有了，实施这个规划还需要什么呢？我想来想去还是老话，叫**关键在人，关键在思想，关键在精神**。对于现在、对于未来四到五年的时间，我们精神层面主要要什么呢？我没有很深入、很系统的思考，下面只是把我提醒自己的一些话跟大家做一个思想交流，看看可不可以作为我们实施"十三五"规划的精神支点。

我想说的**第一句话**，是毛主席讲的，叫"**好好学习，天天向上**"。这是向上向前的精神。这句话从扎红领巾开始就深深地印在我心里，终身都不会忘记。但是不同时期的理解是不一样的，此时此刻我的理解是这样。

第一个层面，好好学习，就是要好好学习习近平同志系列重要讲话精神，尤其是对宣传文化工作五次重要讲话和"七一"纲领式讲话。前面几个讲话我们学习了一段，"七一"讲话的学习刚刚开始。通过初步学习我有一个感觉，未来十九大关于治国理政的主要思考，在里面都做了集中概括和表达。所以认真学习好系列讲话，突出学习好"七一"讲话，对于我们指导"十三五"的改革发展都会产生强烈的影响。

第二个层面，孔夫子讲"学而时习之"，学和习是分开讲的。《说文解字》讲，习是什么意思呢？叫"数飞也"。这就回到了甲骨文。甲骨文的"习"字，上面是个"羽"下面一个"日"，后来到了小篆"日"写成了"白"。"习"本义是鸟在阳光下练习飞翔。"数飞也"就是不断地、反复地练习飞翔。所以孔子说"学而时习之"，习当然是温习，但是更多的是实践，是实践中的学习，是学习感悟中的实践，其意义偏重于实践。

"十三五"对于我们来说，是一本无字之书，我们虽然编制了这个规划，但未来几年关键还是要靠我们这些人一笔一画慢慢写成，这个写的过程就是习的过程，就是实践的过程，也是创新的过程，更是发展的过程。毛主席讲"好好学习，天天向上"，他的指向是向上、向前，"十三五"时期集团需要的一种精神就是向上、向前的精神，这也是总书记十八大以来一再强调的理想信念的含义。要向上向前，对于我们领导干部来说，非常紧迫和重要，因为我们这种精神会直接或间接地影响一群人的精神。向上向前的精神就是火车头精神。"十三五"我们讲动力，第一动力就是领导班子向上向前的精神动力。向上向前其实就是"苟日新，日日新，又日新"。要每天都有变化，每年都上台阶，五年上一个大台阶。面向"十三五"这本大书，我们要一天一页、一年一册，争取五年成一套好书。

第二句话，"发展才是硬道理"。 这是发展开拓的精神。在这三四十年，中国的最强音就是这句话，给各个阶层的人，包括平头百姓最强烈感触的就是这句话，而中国能够获得巨大发展的深刻原因也在此。就我的理解，所谓硬道理就是有效的道理，而不是玄学式的务虚；就是管用的道理，而不是空谈式的议论，是管其他道理的大道理。在集团发展中有很多道理，但是我们冷静想一想，最基本的、最根本的道理恐怕都源于此。我们从过去中国的实践看，发展是硬道理，是得道于国情、世情、党情的基本道理，是得道于民心的根本道理。从出版产业看，发展是我们做大文化影响的必由之路，是我们做强文化企业的主要选择，是我们履行文化使命、服务社会、造福员工的经济支撑。退一步想，如果发展不好，我们的文化产品就可能被束之高阁，我们也会被划入玄学清谈之流。孟子讲"得道者多助，失道者寡助"，得发展之道，按照新发展理念办事，我们就能得作者、读者之助，得文化影响之果，得市场反馈之实。

第三句话，"抓铁有痕，踏石留印"。这是稳健弘毅的精神。过去的感觉是务实的精神，是踏实、扎实的精神。但是仔细想一想，光这样还不够，我们抓铁能有痕吗？我们踏石能有印吗？我想到了李广射虎的故事。《史记》里是这样写的："广出猎，见草中石，以为虎而射之，中石没镞，视之石也。因复更射之，终不能复入石矣。"后来人们就研究，为什么当时那个箭能射穿石头，后来用力也差不多，就射不进去了。有人说，用现代心理学分析，人在极度紧张的时候肾上腺素分泌增多，可以激发潜能，包括勇气、胆量、力量。如果是这样，就解释了李广射虎这个历史故事。

学习总书记"抓铁有痕，踏石留印"这个要求，结合李广的故事，我的理解是：人在千钧一发之际，人在背水一战、破釜沉舟之境，往往会急中生智，转危为安，生出神力，劈开新途。所以这是一种稳健弘毅的精神，一务实，二专注，三坚韧。我们"十三五"各项工作的推进，没有这样的精神恐怕很难，有了这样的精神，我们想到的问题可以解决，想不到的问题琢磨琢磨也可以解决。

第四句话，"智者重因，凡夫重果"。这是创新探索的精神。这句话我没有找到源头，可能是佛教"菩萨畏因，凡夫畏果"的演变，原本是讲菩萨并不怕结果是什么，他担心的是不好的源头在蔓延在发酵，可是一般人只担心那个果，不注重可能一年两年三年前就种下的那个因，后来它演化成了这句话。当然这话不完全准确，事实上，我们既重因也重果，但更重因——如果不重果的话，"十三五"目标还要它做什么？

它的正确含义是，如果想要果，就要像农民一样。农谚说，春不种，秋不收，足以说明农民知识不多但有文化，因为他知"道"、懂"道"并循"道"而作，循"道"而作就是看天行事，按时作息。

我们"十三五"规划就是重因，里面的"两调四强"就是重因，在这个规划里所有关于战略的、目标的、指标的等内容，都是重因。希望我们各个单位在制定规划的时候，要特别注意导向问题、质量问题、结构问题、动力问题、党建问题，这五条恐怕要理解为我们的因，而贯穿的主线是创新探索，调速度是为这些因提供一个条件，让我们有更多的精力、更多的注意力集中在动力和结构上面。"两调四强"如果讲得再概括一点，其实就是一句话——把结构调好。

第五句话，"打铁还须自身硬"。 这是廉洁奉公的精神。我的学习体会是，我们领导干部，行为就是无声的话语，就是内在的心声，就是我们精神世界的外化，你不说，你做了，别人就懂了。你讲A，做了B，别人就已经知道了。往往是这样的，大事看气节，小事见人品。要重大节也要重小节。修身养性，才能像总书记讲的"打造金刚不坏之身"。我的理解，这里包括党性锻炼、意志锻炼、身心锻炼、作风锻炼，在我们整个职业生涯中，甚至在我们整个人生里面，这不仅涉及我们个人毁誉，更涉及事功成败。大家看看已经报出来的"大老虎"，给党和国家事业、给他所在的单位、给他的家人带来多么深远、恶劣的影响。

作为领导，我们要让同事相处舒服，感觉可信，心底认同。我觉得一个领导不要去求别人的赞誉，但是要守住多数人的认同，如果没有认同基本就没有资格做领导。但是这个认同是建立在别人感觉到你可信，别人与你相处感到身心舒服的基础之上的。要让人感知希望，心里面有一团火；要让人触摸成功，职业上有一份名；要让人安居乐业，口袋里有一些利。领导要能够去点燃别人心中的火，要让他有希望、有期待。我们当然不赞成个人求名求利，但是我们不反对而且要提倡把个人的名利融入集体的功业。

司马迁说:"天下熙熙,皆为利来;天下攘攘,皆为利往。"其言要两面观。极端个人主义的名利,我们别说批评,心里根本就看不起。但是促进单位发展、促进同仁发展,合理的名和利是领导要考虑的。归纳起来,就是我们要有君子之风。只有这样,才能让人有安全感,有成就感和荣誉感,进而有真正的责任感、使命感。可能我们比较多的是对别人、对部下强调责任,但是要想清楚,没有前面那几个"感"后面这几个"感"就是脆弱的,有可能是虚假的,有可能是背离的;如果有前面几个"感",后面的"感"就会有主动性、自觉性和由心里发出的不可动摇性。

我讲这段话的意思是,奉公必然廉洁。所谓奉公廉洁,不仅是我们个人的养性问题,也是我们干事业带团队必需的品格。大家去学总书记"七一"讲话,它是关于治国理政的全面而系统的观点和思想。要注意哪些东西是更加强调的,也就是说,早些年我们提,但不是很明确、很强烈地提,现在很明确、很强烈地提。我看修身养性就是很明确、很强烈。总书记把它上升到文化自信的层面。《大学》里面说修身齐家治国平天下。过去我把修身与养性看成一回事,现在我觉得它们既是相通的,又是有所区别的。养性养的是什么?意志、品质、格调、修为等。修身修的是什么?是身体,因为身体是生理性的,它会产生情绪,从而会影响一个人的精神状态。我个人觉得这条非常重要。人的情绪的周期是会有变化的,变化主要跟身体有关。"十三五"我们要有好的精神,有信仰、有理想,和我们有坚强的体魄是分不开的。所以,我自己的理解就是,要学习农民,日出而作、日落而息,看天行事。也就是说,要把生活工作化、工作生活化,把工作和生活安排好。人与人最大的资源在于时间,人生最大的区别是对时间的分配,合理分配好时间就有可能把修身养性纳入事业,纳入为人、为社会的思考和行为当中,它的意义也就不一样了。

第六句话，"学习雷锋好榜样"。这是乐于奉献的精神。很多人不太相信，甚至误解过雷锋精神，我也迷惑过。扎红领巾的时期非常单纯，就是觉得雷锋好，就是有个精神榜样要学习，那时学雷锋能在风里雨里站几个小时去帮助维持交通秩序，毫无怨言；后来有疑惑，但是现在又回去了。雷锋精神，我的理解就是乐于奉献的精神，主题是奉献，关键是乐于。奉献了，因而感到幸福，有愉悦感——不是别人让做的，是感觉到这样好，在对别人好的同时对自己也很好。

我的理解，奉献是天道，也是人道。大家看，老天没有索取，只有奉献。雷锋，用俗世所理解的"得"来看，他没有太多，但是他得到了什么？他得到了自己认为的人生意义和价值。对我们来说，就是在为这个单位、为这个单位的人员以及通过他们为社会做事的过程中，才确定我们存在的意义，才体现我们自身的价值。这个道理很浅显，但很难落实。为别人做事的时候感到很高兴，其实不是很容易，不是很好坚持的。我们都是俗人，那怎么办呢？就要花点时间，把这个背后的事情想清楚。想通了、想穿了、想透了，心里面就会有变化，就会从苦于奉献慢慢转化为乐于奉献，因为你感觉到你在奉献的同时，你已经获得了意义和价值。相信在座的很多人会有这样的感觉，可能不是经常有，但是会有。当你为家人、为同事、为这个单位做好一件事，做成一件事，哪怕再苦再累，你心里是什么感受呢？我觉得是得失平衡了。因此你就祥和，因此你就愉悦了。平衡、祥和、愉悦、幸福，是人生当中非常难得到的，而且非常难持续，但是在奉献中可以得到，我们何乐而不为呢？"十三五"的活儿是很苦的，作为一个领导干部，如果不认同、不接受奉献的思想，如果不把奉献思想转化为自己日常的默默无闻的苦功夫，很难坚持。一天好办，十天好办，一年两年、三年五年不太好办。

所以，要完成"十三五"规划，我们各级领导班子成员在精神层面就要经常提醒自己。稍微有点反复是人之常情，但是要经常提醒自己；

稍微有点迷惑和退缩，我觉得也可以理解，但是要经常提醒自己，就是要保持向上向前的精神、发展开拓的精神、稳健弘毅的精神、创新探索的精神、廉洁奉公的精神和乐于奉献的精神。

最近我看了辛弃疾的《沁园春》，对里面"秋菊堪餐，春兰可佩，留待先生手自栽"一句很有感触。"十三五"我们无非就是追求两个效益，秋菊可以看作经济效益，"堪餐"；春兰可以看作社会效益，"可佩"。因怎么种，果怎么得，留待诸位先生手自栽，留待诸位女士手自栽。

16. 上市不是终点，而是新的出发[*]

今天是一个喜庆的日子。我们相聚在美丽璀璨的"东方明珠"上海，共同迎接并庆祝中国出版传媒股份有限公司在A股鸣锣上市。在此，我谨代表公司，向莅临今天仪式的各位领导、各位嘉宾、各位朋友表示热烈欢迎！同时，对中宣部、国家新闻出版广电总局、财政部和其他有关部门一直以来的热情指导表示衷心的感谢，对集团历届、各级领导班子和全体干部员工一直以来的辛勤劳动表示衷心的感谢，对我们的作者、读者、经销商、出版同仁以及社会各界人士一直以来的大力支持表示衷心的感谢！正是由于大家的共同努力和接续奋斗，中国出版传媒股份有限公司才实现了在资本市场的成功登陆、扬旗挂帆！

中国出版传媒股份有限公司是中国最具文化影响力的大众和专业出版企业，连续15年在全国图书零售市场占有率位居首位，出版主业的综合实力位居全国前列，形成了自己优秀的历史传统和产业特征，这就是"专业化、内容强、品牌优、重融合、稳定型、可持续"。今天，"中国出版"的成功上市，是公司发展历史上的一个重要里程碑，是公司在建设国际著名出版企业征程中的一次重要提升。

莎士比亚曾说，"凡是过去，皆为序章"。上市不是终点，而是新的出发、新的责任。公司将坚定不移地贯彻习近平总书记关于文化工作的重要指示精神，坚定不移地恪守文以载道、商以传道、创新弘道，坚持把社会效益放在首位、社会效益与经济效益有机统一，坚持传统出版与

---

[*] 这是2017年8月21日在中国出版传媒股份有限公司登陆上海证券交易所上市仪式上的致辞。

数字出版有机融合，坚持做大文化影响与做强经济实力有机结合，坚持壮大国内市场与拓展版权贸易有机契合，进一步提升市场化、数字化、国际化水平，进一步增强品牌竞争力、产业融合力和国际传播力，为促进产业繁荣、建设文化强国做出新的贡献，以优异成绩回报社会和广大投资者！

17. 明确三个"基本",实现持续增长 *

为了经营工作会的顺利召开,各单位做了几件事情,分管领导和财务有关部门开了一系列调研会,把问题充分暴露出来。我看到的正式稿子是三易其稿,也还请券商从外部帮我们提示一下。结论是:今年还是要集中精力、下定决心搞好内容生产。上交所在我们上市之后就进行了培训,我的学习体会有两条:第一句话,所谓的规范就是坚持说老实话,做老实事;第二句话,上市公司给我们开辟了一个目前中国市场上最好的融资渠道,上交所培训时一共讲了八个融资工具,讲了一些案例。总体来说,上市是极短的时间实现了极大的融资,推动了企业更好发展。

那么研究我们内部到底要抓什么话题呢?公司这几年考虑到我们历史的延续,考虑到集团领导班子的分工,考虑到成本上升等因素,采取了一个逐步推进的过程——先财务,再业务,后综合。今天的会议,是股份公司独立的经营工作会议,以后要成为一个常态。在这之前,我们开了一个非上市公司企业的经营座谈会。那么股份公司到底要研究什么?**第一个问题**,财务报告已经列出了很多,就是要对股份公司的经营状况做一个体征把握,看它到底怎么样,运行得如何。**第二个问题**,要确立更高的标准,在上市的已有18家当中进行对标,找到差距。**第三个问题**,要指向当下,抓住我们的突出问题并解决好,让上市公司的发展更加良性。

关于**第一个问题**,总体来说,从营收上看,我们2011年年底是

---

* 这是2017年9月25日在中国出版传媒股份有限公司年中工作会议上的讲话。

22.95亿元，2016年年底是41.57亿元，增长近20亿元，平均增速是12.6%。从利润看，2011年年底是2.26亿元，2016年年底是6.15亿元，增长近4亿元，平均增速是22.2%。说得不客气一点，**经过大家的共同努力，相当于在营收上再造了一个股份公司，在利润上再造了将近两个股份公司**，为我们的上市奠定了比较好的经济基础和发展实力。

五年来，我们的各个出版单位锐意进取，奋勇争先，逢山开路，遇水架桥，表现出刚健顽强、不屈不挠的奋斗精神，表现出服务大局、文以载道的使命担当。其中，商务印书馆、人民音乐、中版教材等单位，敢拼敢闯，发挥了**中流砥柱**的作用，贡献了超过60%的利润；人民文学出版社、中华书局、人民美术出版社、三联书店、大百科社、东方出版中心、中国民主法制出版社、北京中版联印刷物资有限公司等单位，争时争位，发挥了**骨干支撑**作用，贡献了超过60%的营收；现代教育出版社、中国出版传媒商报、中译出版社、世界图书出版公司、华文出版社、现代出版社、新华联合发行有限公司、北京中新联科技股份有限公司、中版集团数字传媒有限公司、新华印刷厂、中版文化传播有限公司、中版国际传媒有限公司等单位，奋力突围，发挥了**增长推动**作用。虽然我们每个单位的经济贡献有所不同，但大家都不约而同地体现了"中国出版"的精气神。正是有了这股精气神，"中国出版"才在激烈的市场竞争中战胜了一些困难，取得了一些进展。现在我们上市了，我们的精气神要更加昂扬进取，要让这股精气神"独立而不改，周行而不殆"，始终旺盛，生生不息。这是我们股份公司所有业务工作集中到一点的元气所在。

第二个问题，基于对股份公司五年来总体状况的把握，我们要对标同行，找出差距。我把它归纳为**三个表征**：第一个表征，我们的文化影响力更强，但是主要经济指标有待提高；第二个表征，我们的品牌影响力更强，但是市场化、企业化、资本化的程度有待提高；第三个表征，我们的传统出版更强，但是产业链新业务的开拓有待提升。

第三个问题，当前主要的问题在哪里，怎么办？

五年来我们的销售和利润的增长是良好的，利润的增长比销售更好。但是，各年度的表现有波动，高的时候有特殊因素，低的时候有市场因素。总体看，经营状况正常；但具体看，有些点上的问题造成了面上的下降。这些问题在去年暴露出来，还会延续到今年。有些市场变化给我们内部经营数字造成的影响还是相当大的。我们怎么调结构？怎么把利润率放在核心位置？所以，开今天这个会，就是为了明确我们上市后到底要抓什么话题。经过三个方面的研究，也不敢很肯定，提出来给大家做参考。

我们今天开会的主题是"明确三个'基本'，实现持续增长"。

第一个"基本"，是要坚持社会效益第一、出版主业第一的基本方针。

我们上市公司十年以后是什么样呢？是经济增速很快，出版影响减弱，还是出版的本质不变？这可能是在我们上市以后在经济压力之下要首先考虑的一个方向性的问题。希望经过调节，经过发展，我们的经济状况越来越好，但即使是在经济不稳定、有些指标不太好的情况下，我们也一定要非常清楚，我们这些人要把股份公司带到哪里去。那就是两个第一——社会效益第一，出版主业第一。我们不可能设想，经过若干年的发展，我们的出版主业还不如现在。如果那样的话，其他的再好，都可以归零。第二是集团布局。我们把整个集团包括股份公司，60%～80%的利润放进了股份公司，40%的营收放进了股份公司。虽然这样，但是从整个集团的布局上看，我们将会逐步培育新的上市公司，也就是集团层面的多元化问题，主要依靠股份公司体外的企业去完成。这样空间就让出来了，股份公司就是要咬紧牙关，盯住出版，不断专业化，更加专业化。

我们上市以后，11个涨停板，紧接下来不知道会怎样。这个股价每天都在变，甚至每时每刻每分每秒都在变。这对经营者确实是一种压力。但是我们要换一个角度看，它对我们是否坚定地走出版专业化道路，是一大考验。在这个当口，我们更应该明确我们的定位。我们的方向就是做强文化影响，做优做强，逐步做大。我们也坚信，出好书，就会有好的效益；做好的出版，就会有好的资产效益。

第二个"基本"，要突出以财务为核心的经营管理的基本理念。

为什么要以财务为核心？我们越来越感觉到，财务报表很像体检报告，它能通过各种指标反映出这个企业是健康的、有后劲的，还是出了问题，是更有优势，还是体制不好。财报的使命，乃至财务工作的使命是什么？第一个使命是防风险，这是上市公司为什么要坚持以财务为核心的经营管理理念的原因所在。第二个使命是把脉搏，就是经营状况要清晰。第三个使命是提效益。第四个使命是明指向，就是说要抓住问题，并明确解决之策。所以，财务工作非常重要。今天的会议请各单位法人代表、一把手来，请财务分管领导来，请财务部主任来，就是为了说一说以财务为核心这个事儿。

财报牵涉到数据的准确及时，牵涉到经营状况的分析和经营趋势的揭示，还牵涉到主要问题的把握和应对举措。如果数据错了，结果就错了，可能会产生副作用。我们要树立以财务为核心的经营管理的基本理念，还有很多事情要做。我参加过一次中华书局的选题论证会，它比较好地体现了财务经营理念。商务印书馆连续开了几年的经营管理大会，大都做了财务分析研究。大家要加强对财务的研究，首先是要研究原则问题。我们会有一把数字，"横看成岭侧成峰"，同样的数字，看的角度不一样，结果就不一样。这是一个方法的问题，但也有原则的问题。我觉得我们要把握几个研究原则。

第一，要坚持以研究实际为中心。也就是要研究你的生产经营活动的实际，这是你要把握的中心。我们的专业人员往往会从会计准则的规定上去考虑问题，对不对？这是对的，但不是中心。中心是研究实际，中心是解决问题。

第二，要坚持以准则为统领。准则是什么？是总结一段时间内的经验以后提炼出来的标准化的模式。准则所反映的是共性规律，因此我们要以准则为统领。所谓统领，就是我们企业化程度不高的那些东西要往准则上靠，要达标，要符合准则所揭示的经济规律。

第三，要坚持以对标为指向。研究实际也好，遵守准则也好，我们近期技术层面的奋斗目标到底怎么定呢？那就是要去问对标企业，看看某一个指标我们要怎么样，另一个指标我们能怎么样。只有这样的研究才可能转化为我们实际的功效。

第四，要坚持以调结构为重点。我们的财务分析，如果用结构的观点去看，就可以看到一段时期内问题的本质。

第五，要坚持以辩证思维为指导。财务报告既要看到取得的进步，也要看到存在的问题，尤其要直面问题，以问题为导向，抓住问题，逐一解决。一组数，昨天看和今天看，很可能看法就不一样，每个人每个主体看都不一样。如果他不认同你，三五分钟把你打发了，他是根据共性来跟你说问题的。但是如果你碰到负责任的人，他会把主要的时间拿来跟你探讨，问你的情况，然后用规律性的东西再结合你的具体情况做一个判断，而且是非常谨慎的判断。其实最好的医生是自己，因为你自己特别了解自己。

所以，即使是看上去比较准确的数据信息，也要结合实际，辩证思考，既要看到这一面，也要看到那一面，要发展地、历史地、全面地、辩证地看问题。如果这样看，我们就能运用好数据，把握好自己的企业。

那么如何加强以财务为核心的经营管理呢？

第一，要推动财务功能升级，建立事前战略型财务。

财务一般分为三个阶段。第一个阶段叫事后财务，也就是记账财务；第二个阶段是事中财务，也就是经营型财务；第三个阶段叫事前财务，也可以叫战略型财务。我们现在的情况是不少单位还停留在记账型财务阶段。有一些好的单位已进入经营型财务阶段。还有比较多的有事业财务的色彩，而缺少企业财务的特色、特点。所以，财务部提了一个工作方案，下面会进一步研究怎么来推。核心就是建立战略型财务的功能，以财务信息系统建设为抓手，建立符合上市监管要求的高效的财务会计报告体系，建立支持经营管理决策的全流程的管理会计报告体系，带动股份公司内控制度建设、资源整合能力建设和财务团队的组织建设。

第二，加强信息系统建设，逐步实现"书同文、车同轨"。

我们现在的状况是各单位的会计信息系统版本五花八门，标准互不兼容，业务口径和财务口径不统一，报表合并基本上靠手工操作。这次上市了，我们很多单位的财务人员、分管财务的领导操了很多心，就是没法统一，加了很多班，熬了很多夜，有的闹得心情不愉快。下一步要加强信息系统的基础，关键是统一标准、统一核算、统一软件、统一口径，统合编、印、发全流程，实现人、财、物全联通，努力打破信息孤岛，构建互联互通的内部信息管理系统。

第三，完善经营管理制度，提高精细化管理水平。

我们已经建立了一个行之有效的、不断改进的"双效"业绩考核体系，但是在很多领域还存在着粗放型的管理。还有一些重要的指标没有纳入考核，对各个指标的细分构成缺乏监测，对一些风险指标的变化缺乏制度约束。下一步要围绕提高物流整合效率、加强库存管理、节约成本费用、完善资产减值等问题，召开专题会。这些问题要逐一研究，逐一解决。

第四，加强财务业务培训，提升专业化水平。

股份公司范围内一共有240余位财务干部，拥有高级会计师职称和注册会计师资格的比重只有13%，拥有中级会计师职称的只有27%，绝大多数还只具有初级任职资格。即便是年龄在30岁到40岁之间的干部，这个情况也不容乐观。所以，要加强多种形式的集中岗位培训，尤其要加强与市值管理相适应的专题岗位培训，增强专业知识，提高业务技能，使大家不仅懂财务，还懂业务、懂经营、懂管理、懂战略。只懂财务，不懂其他几种，基本上找不到北。

第五，加强组织领导，抓好队伍建设。

首先，各个单位的一把手，法人代表要高度重视财务工作，要亲自研究财务的主要问题，要结合单位的实际对财务的研究提出指导意见。我们要求他懂财务的同时还要懂其他，但其实他不可能懂得很好。那怎么办？各单位的主要领导要做指导性要求，抓住一个时期的主要话题，抓住一个时期的问题的主要症结。各单位的主要领导，尤其是出版单位的主要领导，既要抓政治，又要抓导向，还要抓内容，以及其他方面。这确实不太容易，需要大量的时间精力。因此，请各个单位的主要领导琢磨一下，逐步明确本单位的财务分管领导，让分管领导更多地去了解、研究、把握这个单位的经济情况。

其次，要逐步实施二级单位以下的三级、四级财务的统一管理。主要是指统一口径，统一标准，统一要求，规范起来。我们现在只要深究一下，就感觉这是一个很大的问题。数字不准确，数字不及时，数字与业务数据完全不搭界，甚至相反。

最后，在加强财务干部培训的基础上，逐步研究如何推行轮岗、交流。请各个单位自己把握节奏，逐步明确财务轮岗制。我们现有的干部当中，真正懂财务的还比较难找。所以，对于财务专业人才，在合适的情况下，用合适的办法进行交流，加强培养。

第三个"基本"，要抓住以提升利润率为重点的做优做强做大的基本任务。

股份公司五年来经过了一轮规模增长。现在，按照我们内在的生产经营要求，按照上市以后的要求，股份公司进入了以利润率为中心的提质增效的增长期。

这里面有两个含义。第一层含义，就是利润率；第二层含义，就是利润率的最终指向。基本任务不是提升利润率，而是以提升利润率为重点的做优做强做大。那天我们非上市公司开会时，我讲了几条，**并把它归纳为一个"中心"、两个"带来"、四个"要有"。**

一个"中心"，就是以利润为中心的营业增长。在18家上市公司中，我们的利润规模只排在第10位。所以，规模的扩大依然是基本任务。同时，利润的问题也凸显出来，就是带来利润增长的营收要积极扩大，无利润的营收要控制，要置换。

两个"带来"，主要指能带来利润率提高的营收要优先发展，一个是带来利润的增长，一个是带来利润率的提高。它们有联系，却是不同的角度。

四个"要有"，一是要有以二级企业为单位的利润率指标。口径是二级单位，全口径。**二是**要有业务分类的各种利润率指标。它的利润率指标和出版的利润率指标不一样。它的底线是要有利润，没有利润绝对不行。**三是**要强调以毛利率为前提的利润率。我们讲利润率的一个重要指向，是减少费用、减少成本、减少库存，但这不是主要的方向，主要的方向还是要拓展，要进取，要争取更多的营业收入来创造利润的来源。所以，毛利率就显得非常重要。**四是**要强调以数字化为重点的利润率。这涉及结构，其指向是未来发展的趋势。

联系到出版行业，我们抓以提升利润率为重点的做优做强做大的基本任务，要处理好五个方面的关系。

一是要处理好营收与利润的关系，既要扩大营收，更要扩大有利润的营收，不断提高均衡增长能力。

一方面，为了实现股份公司的持续稳定发展，我们需要继续扩大营收，这是因为我们的总体经济规模与最靠前的相比还比较小，我们在整个中国出版产业规模中的占比还较小。另一方面，我们要增加有利润的营收，提高企业盈利能力，追求更有质量、更有效益、更可持续的增长。

二是要处理好发货与库存的关系，既要合理发货，又要管控库存，不断提高产品运营能力。

国外一位著名专家写了一本自传性质的书，就是以他40年的出版经验来分析，结论是谁也不知道哪些书是好的。这反映了我们这个行业的特点。制造业的特点是什么？一个产品批量生产后，效益立刻体现。但我们行业不是。我们是每年都要生产许多种产品。因此，对库存问题，就要做两面观。没有一定的库存，没有一定的发货，下面的渠道都没有。但是库存超过了警戒线，问题就来了。怎么办？要因企制宜。每个人的身体指标是不一样的，每个企业的库存指标是不一样的，但是都可以找自己的库存底线。请各个单位，根据自己的情况制定库存预警线。只有你们对自己的状况最了解，体征把握最准确。在这个基础上，咱们摸索一段时间，再逐步往行业标准靠。我们好的要说，不好的也要说——这五年，我们的库存规模也等于再造了一个股份公司。

三是要处理好政府项目与市场项目的关系，既要抓好政府定制，更要强化市场运作，不断增强核心竞争力。

对于政府项目体现出来的利润要做两面观。一方面，这正好说明我们集团的出版能力非同一般。因为现在政府项目不是简单地说你这个单位重要，我就给你一部分钱。它接近政府采购，先有项目指南，再经过申报、专家评审，进入一个备选范围，然后再层层筛选，最后才确定。所以，它反映了我们集团做国家级大项目的出版能力非同一般。政府项目作为我们集团的一个特色优势，要研究办法，把这件事情做得更好。像地方出版集团的教材，实际上也是政府采购的。它看上去是市场行为，实际上不是纯市场行为。它跟我们的大项目是一样的，但这就成了地方集团的主要优势。

另外一方面，我们也不能忽视我们在市场上直接抓取营收和利润的能力，要多开发畅销书和常销书，从市场上拿回更多的真金白银，通过市场不断扩大经济总量。总体上看，我们的市场经营能力还是比较弱。所以，正确的态度是进一步做好政府项目，同时进一步加强市场进取能力。

四是要处理好投入与产出的关系，既要合理控制成本，又要努力提高效益，不断增强投入产出能力。

这些年我们的人工成本增加是比较大的，这反映了两点：第一，大家共享改革发展成果；第二，我们成本的增加超过了利润的增加。所以，今后原则上能在内部开的会议，不到外面开，尽量压缩。虽然我们要加强增收节支，但关键还是要增收，而不是节支；关键还是要增量，还是要把眼睛更多向外看，创新新产品，开拓新业务，拓展新领域，争取新的市场。

五是要处理好经营产品与经营资产的关系，既要做强传统主业，更要培育主业的新业态。

一方面，传统主业是我们的立身之本，但是另外一方面，要积极培育新的经济功能，打造新的经济增长点。举个例子说，我们现在手头可支配的资金不少，但如何提高资金的使用效率？募投项目如何使用这些钱？上次我讲到"五个有"（有规划目标、有具体举措、有体制机制保障、有专项团队和领导人才、有投入产出具体指标），今天不重复了。我们一定要做到"五个有"。

今天要强调的是以下几点。第一，要有增长性的新项目。如果我们不知道一个项目能带来多少利润，很难说这个项目到底好还是不好。所以，要强调有增长性的新项目。第二，要有大规模的并购项目，既是经营盘子的并购，更是利润的并购。第三，要有方向性、趋势性的重大项目，主要是数字化。我们一方面要坚定地做好我们自己的优势，一方面要开阔眼界，经营好资产。

上交所给我们上课时讲了八种融资渠道，上市是一种比较好的融资渠道。但是，融资成本再低，如果没有好项目，不仅会成为负担，还会把投资和利润全吃掉。这是在我们上市以后开的第一个经营工作会。请大家记一下，三个"基本"中，第一个"基本"是管方向的，第二个"基本"是管控制的，第三个"基本"是管动力的。在当前看，这三个问题不仅关系着我们的市值水平，还关系着"中国出版"这一品牌的持续性影响力。当我们面临11个涨停的时候，我就反复问中介专业团队，这到底为什么。他们反复告诉我，是因为品牌的影响力，市场认这个品牌的影响力。今天开这个会，就是要进一步明确三个"基本"，以优异的成绩争取填好我们上市公司的第一个年度财报。

第三篇 加快融合发展,打造数字集团

1. 努力推动文化与科技的有效融合*

我参加过很多会议，但以文化与科技为主题的会议，文化界与科技界共同谋发展的会议，还是第一次参加。我以为这样的会议开法，这样的会议主题，本身就是一种创新。它说明会议的筹办者深刻地认识了文化与科技相互融合的时代特征，敏锐地发现了文化与科技相互影响的历史趋势，主动地把握了文化与科技相互促进的发展动力。

文化与科技在古代中国、古埃及、古希腊、古罗马乃至现代科技诞生之前的一个很长的世界历史时期，是不大分得清的。那些彪炳史册的古代先贤们，往往既是科学家，又是诗人、文学家、艺术家。在他们那里，写诗、作词、雕塑与横跨几个学科的研究往往并行不悖；在他们手中，文化与科技往往是一个大问题的几个不同侧面；在他们心中，研究文学也就是研究人学，也就是研究自然。那是一个出大家的历史时期，他们靠着对自然界的独到观察，对人类实践的深刻总结，以及天才式的感知和大师般的感悟，把常人看上去是孤立的、分离的、片面的、静态的东西，变成是联系的、统一的、整体的、发展的东西。总之，文化与科学在他们那里是综合的，因而他们许多洞若观火的真知灼见，许多见微知著的超常智慧，可以穿越几千年的岁月，至今还深刻地影响着人类的思考。

但是，也是因为这种整体性的综合，这些伟大的人物，往往在抓住本质的同时，却局限于抽象，往往把握了整体，却很难深入求证。他们的认识本来是正确的，但很难转化为实际功效；他们的思想本来是深

---

* 这是 2009 年 11 月 26 日在文化创新与科技发展论坛上的演讲。

刻的，却让常人感到玄奥。他们把综合推到了顶峰，于是现代科学诞生了。分科、分类、分析、分解这些现代科学的利器，一次又一次地廓清了人类认识的迷雾，一层又一层地说明了世界万物的本质。于是，天与人分开了，道与术分开了，自然与社会分开了，文化与科学分开了。这种分开是巨大的历史进步，使科学具有了现代意义。我们看到，近代以来，许多重大发明都根源于此，近代社会因为科学昌明而引发的重大进步也与此紧密相关。分析导致了专业化，专业化导致了层出不穷的发明创造，发明创造所带来的社会发展又不断强化了社会的分工。于是，不仅科学界与文化界分开了，科学主管部门和文化主管部门分开了，而且科学界和文化界内部的不同类别也由于专业化而逐步分开了。但是久而久之，它们的联系日益减少，甚至几乎隔断；久而久之，专家越来越多，大家越来越少，学者越来越多，大师越来越少。这是时代的进步，但也是时代的局限，是历史的必然，但也是历史的代价。于是，到20世纪中叶，美国学者爱德华·O.威尔逊写了一本专著《社会生物学：新的综合》。"新综合"的声音虽然发自科学界，其实也揭示了人类社会不同学科、不同界别互融互通的历史趋势。可以肯定地说，分工还将继续，但必将伴随着整合；分类还将继续，但必将走向新的综合。真正跨时代的伟大创造，必将产生于多学科的新综合。

正是在这样一种历史大背景之中，文化与科技走出了大融合的浪潮。我们在舞台声光中看到了这种融合，在电视节目中看到了这种融合，在现代机器印刷乃至数字出版中看到了这种融合，在北京奥运会的开幕式，在美国的英雄大片，在日本的动漫影视，在几乎有所有的文化样式中都看到了这种融合。在这种融合中，文化以其内容的丰富，在寻找着科技的表达方式。科技也以不断的创新，强化着文化内容的感染力、冲击力、震撼力和影响力。

与此同时，文化与科技的结合，造就了商业运作，打开了文化市场，提升了文化产业。在数字化、多媒体的强力推动下，手机阅读、动漫创意、网络游戏、科幻影片、高清电视，在不断创新中抓住了受众，拓展了市场，形成了产业，带来了社会影响，产生了高额回报，体现了价值追求。这种文化与科技的融合，在为文化产品强化精神影响力的同时，也为文化产业创造了巨大的商机。文化的科技化正是在这种精神感召和商业回报中，呈现出了时代性的潮流。

现在的问题，大概也是今天论坛需要探讨的问题是：文化与科技如何更加迅速、更加有效、更加深入地融合起来？商业社会的一个伟大创造是公司制的诞生。公司制的现代类型是股份制的结构，而股份制的本质不是形式上的资金融合，而是随着资金融合而来的资源融合，是掌握这些资源的不同专业人才的融合，是随着股权而来的专业判断、专业见解、专业决策的融合。如果我们能将科技资源与文化资源、将科技创新与内容创新、将科技人才与文化人才，通过公司制的组织形式和股份化的资本结构，整合起来，集结起来，互融互通，那么一些传统的文化样式就一定能成为现代文化产业，创新的文化样式也一定会日益充实自己的文化厚重性、引导性和娱乐性。

我所供职的凤凰出版传媒集团，在江苏省委、省政府长期关心和正确领导下，在省委宣传部和省新闻出版局的指导支持下，去年总资产与总销售收入在全国出版业率先实现了双百亿。在百亿的平台上，我们意识到，内容创新是根本，科技创新是关键，创新人才是核心，股份多元是动力。我们已经将全国文化产业重要的战略投资者作为未来发展的新定位，已经将文化与科技的结合作为未来发展的新路径，已经将数字出版、网上销售、数字印刷、动漫创意作为重点投资的新方向，已经组建了数字出版中心，打造了 OA 和 ERP 平台，开发了 E-ink 技术支持的电子阅读器。对此，我们充满信心，胸怀激情，敢于试错，但又小心翼翼，如履薄冰，慎之又慎。在这样的心境下，我非常感谢论坛的主办者，感谢安排凤凰集团来汇报一点想法，来向大家拜师求教，来寻找指导，寻找合作，寻找文化与科技的携手发展。

2. 集中力量，打好集团数字内容集聚的"攻坚战"*

今天只讲一个问题，即集团的数字内容资源的集聚。这是从现在开始到明年年底要集中力量拿下的一场"攻坚战"。切口很小，意义很大。没有这个基础，一切都免谈，一切的数字化都是别人的数字化，都被别人化走了。围绕着这个话题，我讲两个意见。

一、数字内容集聚是集团实施数字化战略的重要基础、基本前提，也是数字出版的灵魂所在

这几句话，出版单位要结合自身的实际，认真把握。我们千万千万不能经常说数字化的重要性，而三年以后我们手中还只有这些资源。我们这一批现在在位的，客观上有一个历史的责任，逃避不了的，以后要回顾总结，大家要总结，我们自己也要总结。这是我们阶段性的历史责任，必须把它扛起来。作为传统的出版单位，咱们这个集团在国内的出版业里是举足轻重的。用总署领导的话讲可以讲得更高一点，我们自己谦虚一点，可以叫举足轻重。我们是内容的制造者和提供者，这样的历史使命和责任，在传统出版中是如此，在数字出版中依然如此。

我们看得越来越清楚，数字出版的本质依然是"选择"。数字出版的最大优势一方面是海量的内容——电子数据，另一方面传统出版"选择"的基本功能在数字出版里将越来越多地显示它的现实作用。所以做好数字出版，做好传统出版，都涉及如何在内容上发挥传统既有的选择

---

* 这是 2013 年 8 月 21 日在中国出版集团公司数字化战略推进现场办公会上的讲话。

功能，这一切都建立在数字内容的集聚上。我们现在集聚的一点点内容，在我们集团说起来多，但放在整个出版业中看又很少，所以我们的工作非常紧迫。这个事情的意义可以讲很多，我们今天都不说了。

归结起来：集团内部、各个单位要下大力气，动员起来，集中力量，共同打赢数字内容集聚的攻坚战，为我们数字出版的其他环节的工作打下坚实的基础。所以这项工作是我们数字化工作的重要基础、基本前提、灵魂所在。

二、数字内容集聚工作必须明确目标，加强领导，明确各种保障措施

围绕这个我讲几条。

1. 必须明确目标

从现在开始到明年年底，有效数字化书目不少于12万种；完整数字化资源总量不少于5万个品种，其中要有不少于1万个品种可用于商业化上线运营。简称"1251"目标。明年底实现"1251"，这个数字也是经过充分调研后提出来的目标，所以我想我们在几个明确里面第一要明确目标。目标必须要非常明确。

2. 必须切实加强领导

我们各个单位，主管领导要亲自过问，分管领导要长抓不懈，专业人员要明确目标，扎实推进。尤其是各单位，很多会、很多工作都很重要，都由主要领导抓不太现实。昨天中央召开的全国宣传工作会刚刚结束，本来要省委书记来。虽然他人没有来，但并不意味着这和主要领导没有关系，这只是简办会议，减轻主要领导的工作担子，所以回去要专门开会研究怎样加强领导。我们希望主要领导要做到"三个亲"：亲自听、亲自问、亲自抓。

数字化工作，怎么说重要都不为过。在这个时候，在这样一个清楚又不清楚、得利又不得利的阶段，主要领导必须拿出主要的精神来研究

数字化，亲自听、亲自问、亲自抓。我们希望你们回去以后给主要领导说一下，要建立有效的汇报制度。各单位要根据情况，一个月或两个月听一次数字化工作汇报，听听这个工作遇到了什么问题，有什么难点，想一想该怎么关心、怎么出主意、怎么支持。实践了一段时间后，新的思考就应该冒出来，因此第二个要问一问新的想法是什么，新的增长点在哪里，新的措施是什么，不断完善推进数字化工作。同时要依靠我们的专业团队，依靠分管领导，同时亲自过问，重大的事情亲自过问。比如说内容集聚就是当前一段时间内你们最重要的工作，要亲自抓。

3. 必须进一步完善健全工作机制

今年三月已经建立了一个机制："中国出版集团数字资源集聚工作组"，明确了一个名单："中国出版集团公司数字内容资源采集负责人名单"。同时，还制定了两个文件：一是《中国出版集团公司数字资源管理办法》，主要对数字资源的整理、上缴、入库等工作提出了明确要求；二是《中国出版集团公司数字内容资源集聚建设规划》，主要对资源集聚的工作机制建立、阶段目标以及具体的操作流程等进行了明确说明。这样的机制要进一步健全，要运用好。关于这两个文件，我想强调这么几条。

第一，集团统一管理全集团的数字内容资源，数字传媒公司负责书目总库和数字出版资源总库建设的具体实施和内容资源及系统的运维，各单位负责内容上传更新，同时负责本单位的资源管理。

第二，2013年之前出版的图书，各单位要在今年完成所有图书书目信息的采集工作，填写出版资源采选清单，上报集团总库。从现在开始，各单位应根据集团最终确定的书目情况，分批上缴相关的资源文件。

第三，自2013年起，新出版的数字图书资源，各出版单位采选负责人应在每月10日前填写所有已出版图书的出版资源采选清单，勾选其中可供集团集约化运营的资源文件，同时报送相应的数字资源文件。

第四，各单位在上报资源文件时，要严格按照集团公司数字资源上缴标准和质量检测等标准执行，不符合集团上缴标准的不予入库。

这几条是两个文件的核心内容，也是做好内容集聚工作的最关键的环节。我们做工作不是最后要一个数字，向媒体、向领导报个功、报个喜。一定是这个事情做了以后，关注如何在下一年产生效果，我们企业第一是务实，第二是务实务在项目上，第三是抓项目的后期效果。我们去年8月23日开了一个战略推进会，今年开现场会，就是想检阅我们项目的推进情况，交流我们数字化工作推进的体会和经验，同时也抓一抓问题。这次抓的问题就是内容集聚的问题。所以说在这个问题上，我们的工作要务实，要到位，要具体，要盯住实效。

4. 必须建立合理的奖励制度

现在，在集团的"双效"业绩考核当中，我们有关于数字化的专门考核。要建立专门的奖惩制度，这个奖惩制度要根据当年各单位出版新书资源上缴比例和可用于集约化运营的图书占上缴比例，由集团数字化工作领导小组每年进行汇总评比审核，要对完成好的单位进行特别奖励，对于实施这项工作的专业化人员给予特别奖励。同时，还应该把数字化资金的投入和我们的内容集聚的工作进程挂钩，也就是说，做得越快，做得越好，就应该得到越多的资金支持。

5. 必须加大资金投入力度

财政部对我们集团很关心，我们有一个专项基金，今后专项资金的使用一段时间内要集中在内容资源集聚上。科技与数字出版部已经形成了一个好的想法，就是用市场化的方式，用收购的方式，来促进资源的集中和资源的利益分解。集团的这部分资金，要集中地用在内容资源的数字化和版权购置上。具体工作已经明确过，再强调一下，数字传媒公司要在业务上负责。我们各个单位从集团获取的版权购置费应该全额用于本单位数字化资源建设和相关产品的开发。所以这个资金的投入问题、资金的运用问题、资金的管理问题，还要进一步细化，科技与数字出版部有一个专项事务就是要制定数字化的投入机制，确保以内容数字化集聚为中心的各项数字化工作的投入运行。

资源集聚，尤其是我们内容的数字化资源集聚，是我们工作的重中之重。对这件工作，各单位：一、必须高度重视；二、必须项目化、具体化、抓到位；三、必须目标化、阶段化推进到位。在这个问题上一定不能年年讲，一定是今年讲明年总结见成效。不能年年提要求，年年都有困难。希望各单位按照这次会议的精神，按照集团规划要求，尽快推进这一基础性、战略性的工作，为集团数字出版的全局性战略提供内容数字资源的可靠保障。

我希望领导小组、科技与数字出版部的同志们在这次会议之后，能落实好各项机制，把这项工作安排好、检查好、督促好、服务好、支持好，确保明年实现目标。

3. 道法自然，加快融合*

习近平总书记强调，推动传统媒体和新兴媒体融合发展，要坚持先进技术为支撑、内容建设为根本，推动传统媒体和新兴媒体在内容、渠道、平台、经营、管理等方面的深度融合；要一手抓融合，一手抓管理，确保融合发展沿着正确方向推进。这给我们做好传统出版与新兴出版的融合指明了前进方向，提供了基本思路。下面，我结合集团实际情况，谈谈探索传统出版与包括网络出版、手机出版、自出版等以数字化载体为介质的新兴出版相融合的具体实践和初步体会。

一、近年集团关于融合的探索与实践

一是制定战略规划。2011年年底，我们将数字化战略作为"六大战略"之一纳入集团发展主体战略。2012年召开了数字化战略推进会，2013年召开数字内容资源整合工作会，明确了集团数字化转型的目标、重点和举措，制定了"十二五"数字出版规划，从战略层面上将传统出版与以数字化为代表的新兴出版交叉融合纳入出版主业的整体框架，努力实现内容生产数字化、流程管理数字化和传播方式数字化。

二是抓好内容数字版权资源的集聚与运营。版权是传统出版和新兴出版融合的基本前提。一方面，我们抓内容数字版权资源的集聚，建立了13个数字化标准体系，在与作者签署出版合同时，将纸介权与信息网络传播权一并纳入其中。截至2013年年底，已经集聚了6万多条有效书目数据、2万种入库电子书、8000种可运营产品。另一方面，我们抓

---

* 这是2014年10月10日在新闻出版广电总局传统出版与新兴出版融合座谈会上的发言。

数字版权的商业化运营，2013年集团在各类平台销售的电子书收入突破3000万元。中华书局与中国移动合作，成功举办了首届"诗词中国"传统诗词创作大赛，参加活动人数达2160万人，覆盖总人数达4367万人，短信参与总量近1.29亿人。今年集团又与中国移动签署了战略合作协议，进一步加大了电子书的商业运营力度。

三是开发重点数字出版特色平台。我们重点规划建设"百科三版""易阅通""译云""工具书在线""中华经典古籍库"和大佳网等七个完全拥有自主知识产权的数字出版特色平台。"百科三版"作为国家级标志性工程，其立项之初的基本定位就是要在数字化时代建构起一个新型的知识服务体系、知识服务平台，再形象点说，未来的"百科三版"既有原来纸质《中国大百科全书》的权威性，又是"百度百科""维基百科"等数字化百科的中国式呈现。中图的"易阅通"平台，目前已积聚170万种海外电子书、20余万种国内电子书资源，可为全球40000家海外机构用户和国内100余家重要图书馆提供服务，在内容、介质、地域、平台、渠道和经营等多方面实现了有机的融合，去年销售收入达到4.3亿元，今年有望超过5亿元。中译公司的"译云"作为多语种的智能化语言服务平台，依托其强大的多语种互译语料库和多语种翻译人才队伍，在远程多语种呼叫、电话会议同传、影视字幕和百姓翻译服务领域正在发挥越来越广泛的作用。中华书局的"中华经典古籍库"首辑即收录了经点校、整理、注释的近300种古籍图书，约两亿字，不仅版本优良，可信赖、可引用，且增加了人名名称关联检索、分类检索、联机词典、纪年换算、笺注书签和历史检索等功能。而商务印书馆的"工具书在线"以商务版百种动销纸质工具书为内容资源，不仅作为专业数据库进入高校图书馆，而且根据用户需要，抽取部分产品开发了App版，投放在移动互联平台上，实现了"一鱼多吃"。

四是创新体制机制。集团设立了数字化战略领导小组和科技与数字出版部，各成员单位也普遍设立数字出版部，实行了联席会议制和定期通报制，为推动融合发展提供了组织保障和工作机制保障。在人才培养上，集团去年组织专项资金，委派35人分两批赴美国纽约佩斯大学参加为期三周的数字专题班培训，并启动了包括数字化人才在内的集团"三个一百人才"评选，初步积累了一批骨干数字化人才。在激励政策上，集团鼓励在新实体、新经济领域试点员工持股。在融资政策上，集团鼓励在新实体领域引进战略投资者，"译云"平台上线不久就通过两轮融资，以20%多的股权融资2500万元，当年销售收入3450万元，市场估值已超过4亿元。

二、下一步推进融合的打算

一是以内容创新为核心，打造具有"大家品位、大众口味"的文化精品。无论是传统出版还是新兴出版，内容都是立身之本，品质都是决胜之魂。我们要进一步落实"内容创新十策"，生产更多具有"大家品位、大众口味"的文化精品，通过内容生产数字化、流程管理数字化和传播方式数字化，实现一次生产、多种投放，以满足不同类型读者的阅读需求，同时又"润物细无声"地传达国家的核心价值观，做到以文立人、以文化人、以文育人。

二是以人才培养为抓手，推动一体化运营管理。根据不同情况，从重点产品入手，逐渐培养具有两把刷子、两种能力的新型编辑和新型营销人员。所谓新型编辑，要求既具有纸本书的选题策划和内容加工能力，也具有运用互联网思维进行数字产品的策划、开发以及线上推广能力；所谓新型营销人员，要求既擅长在实体书店做渠道整合，又能够在网络书店和移动互联平台做销售推广。目前讲的OTO，是指从线下（Offline）到线上（Online），但对于融合而言，需要新型编辑、新型营销人员同时具备线下、线上运作的能力。在培养新型编辑、新型营销人员的过程中，逐渐实现业务流程和组织架构再造，实现传统出版与新兴出版的一体化运营、一体化管理。

三是以重点项目的商业化运营为依托，探索复合型商业模式和盈利模式。我们将继续以"百科三版""易阅通""译云""中华经典古籍库"等重点项目推进融合，不断提升商业化运营水平和营收能力。在抓好文学、古籍、学术、音乐、美术、工具书等重点产品线的纸质出版的同时，也抓单品种的手机下载、移动互联应用和多品种的数据库、电子书包下载，同时适当推动与动漫、游戏、电影等产业进行融合，实现产业链拓展与升级，构建多种复合媒体互动、交融、交易的商业模式，创造传统单一书刊产品无法实现的复合效益。

三、关于融合的两点思考

一是坚持正确导向。融合改变的是内容的传播形式，而不是内容的价值取向。融合的核心是内容生产，融合的关键是价值选择，要在坚持"内容为王"的基础上，始终坚持正确的政治导向和高尚的文化导向，坚持准确的知识性和深刻的思想性，这才是人类文化得以积累和传承的基础。因此，绝不允许导向错误的数字化产品传播，否则谬种流传，害人不浅。

二是顺应融合规律。目前，传统出版与新兴出版不是替代关系，而是此长彼长的关系。融合的目标，应该是既做强传统出版，也做大新兴出版，进而做大做强整个出版产业。从国内情况看，传统出版的增速虽有所放缓，但增长势头未减；新兴出版增长势头固然值得关注，但缺乏精品力作和高端读者的有效支撑。两者之间的融合必然有自身成长的曲线和发展规律，既需要外在市场环境不断发育成熟，更需要坚实内容和成熟读者的坚实支撑。《道德经》说"道法自然"。对于融合，我们既要顺应产业变革的天下大势，也要顺应市场成长的基本规律，既要充满信心，更要扎实工作，从而逐步实现成功的融合。

4. 以结构调整培育发展动力，
以重点项目推动融合发展 *

今天我们这个会将分析当期经营情况和启动重点项目结合起来，意图是将近期经济指标和中长期发展动力统筹起来考虑。这个会，是贯彻年初工作会议提出的"两调四强"，特别是"调结构""强动力"的重要举措。关于今年的指标，我再特别强调一下，在雾霾重的时候要能期待蓝天，在困难多的时候要能看到希望，在经济下行的时候要善于、勇于、主动把握变数。抓住了变数，就抓住了光明，就抓住了希望，也就抓住了增长。如果这个"数"能够持续、坚定、务实地抓下去，我们的增长就会有希望。在这个时候，我们各个单位的领导，要特别提醒自己，领导就是导向。今天是经营工作会，讲经营导向，就是要把我们的企业导向光明、导向希望、导向增长。领导是主心骨，领导的导向十分重要，一个单位的精气神主要看领导。精气神十分重要，它体现为信心、勇气、思路，更体现为抓落实的专注和坚韧。年度指标是刚性的，没有调节的余地，牵一发而动全身。对企业来讲，指标是什么呢？是每个单位的员工福利，是每个单位发展的保障，是文化人搞图书文化的未来资本。对领导班子来讲，指标是什么呢？就是要把单位带到何处去，带到什么样的高度，打造成什么样的机构。从这个角度看，在完成任务指标上，我们每一层、每个单位，都没有退路。我们要抓紧最后一个季度，想方设法把握变数，细化分解，层层落实。刚才，九家单位就项目情况进行了交流，这些项目形态、业务各有特色，但在重结构调整、重

---

* 这是 2016 年 9 月 18 日在中国出版集团公司重点项目启动大会上的讲话。

动力培育、重规模效应、重投入产出、重机制创新、重目标责任上是共同的，这"六重"既是它们成为集团首批确认的重点项目的主要原因，也是我们集团在"十三五"期间实现持续稳健发展的一个重要支撑。大家的发言都很好，下面我围绕集团如何保持持续稳健发展讲三点看法，供大家参考。

一、14 年来集团的经营曲线揭示出目前增长乏力的结构性原因

集团成立 14 年来，在全体干部员工的共同努力下，我们经济发展的总体增速是好的：资产总额从 46 亿元提升为 179 亿元，年均增长 10.9%；年营业收入从 24 亿元提升到 90 多亿元，年均增长 10.6%；年利润从 1.6 亿元提升到近 10 亿元，年均增长 14.2%。从增长轨迹看，集团 14 年的发展历程大致可以分为三个阶段：第一阶段即"十二五"以前，是持续增长期，资产总额、营业收入和净利润年均增长分别为 6.7%、8.6% 和 8.2%；第二阶段即"十二五"时期的前四年，是快速增长期，资产总额、营业收入和净利润年均增长分别为 18.2%、13.9% 和 33.4%；第三阶段从去年开始到当前，是动力转换期，其特点是老的增长动力不足，新的增长动力尚在培育。去年集团的资产总额虽增长了 18.6%，但营业收入的增长仅为 2%，利润则出现了小幅下降。今年前 8 个月的情况似乎更加严峻。

针对近两年集团经营增长乏力的情况，集团总部、股份本部（即中国出版传媒股份有限公司本部）专门成立了调研小组，开了 7 次专题经营调研会，充分了解了各类、各层经营状况，充分听取了大家对形势的研判和对未来对策的建议，集中起来有这么几点认识。

1. **增长仍然是我们的基本面。**集团近两年经营总体上虽然增长乏力，但增长仍然是我们的基本面，在今年前 8 个月中，营业收入保持增长的有 19 家，下降的有 10 家，其中有的单位下降是收款时间差的原因，有的单位还实现了较好增长。出版板块中的人民文学出版社上半年发货

码洋和销售收入均同比增长了30%以上，发行超5万册的图书达36种，超10万册的图书达17种；新业务板块中的中译公司截至8月底，销售收入超过1亿元，同比增长6800多万元，增幅达162%。

2. 增长的确面临着巨大压力。首先是经济大环境的压力。一些单位受市场整体环境影响，尤其是广告、艺术品经营等业务板块出现了短时期内很难扭转的大幅下滑，严重影响集团整体数据。其次是同行竞争压力加大。三是从集团整体看，发展动力不足、增长乏力。有些单位经营状况较为严峻，如不着力解决将会难以为继。

3. 增长乏力的主因是什么？ 客观地讲，增长乏力有共性的因素。全国文化产业发展虽然保持较快增长，但与前几年动辄20%以上的增速相比，已明显趋缓。其中，新闻出版发行服务业的增速现在只有7.1%，在文化产业细分类别中位居第六。但在整体增速趋缓的情况下，我们注意到，仍有中南传媒、中文传媒等多家出版上市企业在出版发行板块实现了较高甚至超过10%的增长。可见，我们增长乏力的主因还是自身原因。集团的特点是以图书出版为主体，且人文社科类的大众出版占绝对份额，这样的结构必然导致我们一方面在出版的某些指标上优势明显，但另一方面抗风险能力又明显单薄，拉动整体经济实力提升的空间很有限。去年，我们将增速主动由"双十"下调至"双八"，今年又继续下调至6.5%～8%，但困难依然不小。很显然，问题不是出在指标上，而是出在我们的结构调整力度，出在我们的发展方式、发展路径和发展动力上。这是去年以来我们集团整体增长乏力的主要原因。

二、以坚定不移地调结构作为解决增长乏力的主要措施

增长乏力所折射出的问题既有长期积累下来的老问题，也有发展中遭遇的新问题；既有内生动力不足的问题，也有对外拓展不力的问题；既有内容持续创新能力不足的问题，也有营销开拓乏力的问题。在诸多问题中，要害还是结构问题，它是所有问题的集中综合表现。就当前而

言，我们集团在结构上存在的问题突出表现在两方面。

第一，经济结构。首先是产业结构不够多元。虽然"十二五"时期投入巨资收购了新华印刷厂，建设了物流基地，但产业链竞争的能力还有待释放。虽然我们投入大量资金进行数字化建设，但普遍盈利、较高盈利的局面还有待形成，特别是"在内容基础上的融合发展"这篇大文章才刚刚破题。作为出版"国家队"，我们不会搞泛多元化，这是我们的底线，但基于内容资源的多媒体、多领域、多渠道的适度多元发展应该成为我们的重要方向。这就要求我们必须始终紧紧围绕内容这个中心做文章，要求我们在内容的生产、经营和融合发展上出实招。今天的会议上我们确认的十个项目是集团层面结构调整的首批重点，而且对每个项目的投入产出、机制保障和责任目标提出了明确要求。这些项目预计总投入40多亿元，产出100亿元以上，盈利10亿元以上，关系到集团"十三五"末期"两百亿"目标的实现。对此，我们要有明确的方向感，就是向上、向前、向大、向强。这批项目体现了这样一些发展意图：一是融合发展，这是数字化；二是行业服务，这是专业化；三是少儿板块，这是市场化。站在这个角度看，调结构就是调生产与需求的关系，调产品板块间的比例关系，调传统出版与新兴出版的关系，从而调现在和未来的发展步骤，调两个效益的综合权衡。"调"的落脚点是要有动力，指向是向上增长。按照这一思路，各单位要研究自己调结构的思路、重点、举措和落实的时间表，把调结构和强动力结合起来，把经济增长和机制改革结合起来，把完成今年任务和实现"十三五"规划结合起来。听这些项目交流，我有新的感触，可能今天的会议将是我们集团转型发展史上具有重要里程碑意义的一次会议，是我们更加市场化、更加企业化、更加数字化、更加资本化、更加融合发展的重要标志，是我们走向"十三五"时期的调结构、强动力、促项目、转机制的重要开端。其次是产品结构不够合理。主要表现为出版物的单品效率低，包括产品数量多，畅销精品少；"重武器"多，"轻武器"少；集成型产品多，创新型产品少；传统产品多，融合产品少；小众产品多，大众产品少；文化素质强，经济素质弱，等等。

第二，机制结构。产业结构、产品结构调整的动因是市场，指向是更好地满足需求，关键是思路指引和机制支撑。对企业而言，我们在转向企业化、市场化的过程中，机制结构至少应该在以下四个方面有所作为。一是决策机制要更加科学、灵活与高效。既要民主决策，也要集中统一，不能议而不决；既要合法合规，也要敢担风险，不能无所作为；既要讲程序公开性，也要讲效率重运作，不能见难就退。这几句话，请各单位认真思考。今天确认的一批项目，资金量大，市场化程度高、商业性强，要特别注意防止腐败现象的滋生，要特别加强审计、纪检工作，确保风清气正，事办成，人不倒。二是管理机制要更加扁平化。我们一些单位事业化的痕迹还很重，管理层级较多，企业化、市场化的水平还不高，市场看起来就在身边，实际上却离我们很远，要以提高市场敏感度、反应度和管理效率为目标，加大管理结构的改革力度。三是生产经营机制上要更加放权。对分社、子公司、分公司等经营主体，要给予充分独立的经营权，要管住内容导向，管住重大资产和资金风险，管住经营指标和业绩考核，管住重要干部和发展规划，其他生产经营的各种权力要尽可能放手、放开。我们已有的实践证明，权力放开了，活力出来了，数字出来了，人才出来了。四是分配激励机制要更加市场化。本次调研过程中，多家单位出于对激活现有资源、留住优秀人才等因素的考虑，及时调整了既有的绩效考核办法，思路很好，效果不错。但也还有一些单位，有的激励机制与市场联系不紧密，有的在执行过程中习惯性地搞平衡，结果是形成高平台上的大锅饭，结果是抑制了、挫伤了想干、能干的那批优秀分子的积极性。我们的领导同志要经常提醒自己，创造力的源泉永远在基层，对我们出版行业来说，基层就是一线的编辑和营销人员，如果没有与市场效益挂钩的有效激励机制，谈创新往往就会成为一堆空话。决策、管理、生产经营、分配激励机制，是产品、产业乃至经济结构中的动力结构，是结构调整的重中之重。集团总部、股份本部自群众路线教育实践活动以来，在领导决策和集团管理上做了一系列的改革工作，出台了权力清单、责任清单等一套文件，目前正在着手修订"双效"业绩考核办法，力争在保证社会效益的前提下，使考核激励举措更加市场化、企业化，更好地发挥激励作用。各单位也要着力研究自身的机制问题，要主动改革，大胆试点，勇于创新。

三、以落实重点项目作为调结构促增长的重要抓手

正确的发展理念，必须要有明确的实践指向。对我们来讲，调结构的实践指向在于板块建设，具体抓手就是建设一批重点项目。集团"十三五"规划制定的"扩大文化影响，打造数字集团，保持稳健增长，到2020年基本建成国际著名出版集团"的奋斗目标，就是要靠扎扎实实的强力举措来推进，要靠实实在在的重点项目来落实。今天确定这批重点项目，就是要以此为重要抓手，将调结构落在实处，调出目标，调出效益。对此，我强调四点。

第一，对重点项目要有全面认识。过去我们习惯于将大部头的文集、集成、工具书等项目作为"压舱石"式的重点项目，这是我们的优势，但仅限于此则是一种片面做法。从产品角度讲，所谓"重武器"中的大部头可以是重点项目，但未必全是，"轻武器"中的单本小书同样可以成为重点项目。丁玲过去讲"一本书主义"，就是说一个作家必须要写一本"立得住、传得下去"的书。这一说法对出版同样适用，如钱锺书的《围城》、陈忠实的《白鹿原》、王树增的《长征》、李泽厚的《美的历程》，还有《傅雷家书》等，面对这些单本书所产生的巨大社会影响和经济效益，谁也不能说它们不是重点项目。从产业角度讲，有良好文化影响、重大市场效益，且能够带动产业实现较大发展的项目，都可以称为重点项目。作为出版企业，当然要重视文化传承积累型的传统大项目，这关乎企业的文化使命；也要重视具有强烈的时代气息、"双

效"突出的单本书重点项目,这关乎企业的持续活力;更要着眼中长期,重视对推动结构性改革、转变经济增长方式具有重要意义的重点项目,这关乎企业发展的未来。

第二,利用自身优势资源激发社会资本的参与。加强资本运作,推动文化与资本的融合发展,是已经被证明了的助力文化产业发展的重要途径,是集团"十三五"做大做强的重要一环。我们调结构的重点之一就是要调整资源的配置结构,尤其是资本的投入结构。首先,要明确投资的方向,主要是融合发展,是具有产业意义的重点项目。其次,要明确投入的结构,既包括国家支持、集团和各单位自身的投入,也包括利用自身优势资源吸纳的社会资本的投入。刚才中译公司的发言就提供了很好的范例,他们 2.5 亿元的 B 轮融资,受到资本市场的广泛青睐,其中的 1.5 亿元在一个月内就顺利完成。计划在明年进行 C 轮融资,现在资本方就明确表达了投资意向。中译公司这样的独特资源,在我们集团有不少,但是没有激活,没有和社会资本嫁接。当前,资本看好文化,看好出版的融合发展,我们要善抓机遇,提高项目策划能力,提高讲发展故事的能力,争取社会资本的更多投入。

第三,把握好内容与媒体融合的发展方向。经过几年时间的研究与讨论,业界已基本形成一个共识,即未来出版的发展,不是简单地向所谓数字出版转型,而是与新业态融合发展。融合发展本质上是由以往"内容的发现"和"内容的复制"向"内容的经营"发展,而且经营的方式更灵活、手段更丰富、渠道更便捷。相当长一段时间里,纸质出版与新业态传播会并驾齐驱,但从趋势上来看,两者的融合发展可能会形成主流。目前集团的新业态发展取得了初步成效,传统业态与新业态融合发展也呈现出良好态势,如商务印书馆、中华书局、三联书店、大百科社、人民美术等都依托自身的专业优势,设计了各自的融合发展项目,理念不错、基础扎实,但还需要进一步优化,优化到市场导向上去,争取在经济上形成较大规模,形成投入产出的能力。

第四，创新完善重点项目的运营机制。这批重点项目，在集团的发展历史上算是新生事物，对于解决集团当前增长乏力的问题乃至开辟集团未来发展的"蓝海"至关重要。项目如何运作，虽没有现成的经验可用，但可以肯定的是，要坚持企业化、市场化的原则，遵循市场经济规律，按照资本运作规则，结合各单位特色、项目特点，在责任划分、资本合作、人才引进、风险控制、收益分配等方面，建立和完善一套遵循市场规则、符合行业特点的决策机制、运营机制和分配机制，切实为重点项目的实施给力加油、保驾护航。总之，就是要讲究投入产出，追求市场效果，把两个效益统一到营收、利润这两个数字增长上来。

同志们，集团当前正处在"两调四强"的关键阶段，虽然发展中遇到了一些波折，持续快速增长的势头有所放缓，但我们应该看到，支撑我们持续增长的基础和条件没有变，我们结构调整、动力机制优化的态势在不断增强，"时"和"势"总体对我们有利。面对发展中的困难，我们要重视，重视，再重视，要看到未来，看到机遇，要心中有数，抓住变数，要坚定信心，在变局中把握机遇，在改革中赢得主动，坚决实施调结构、强动力、促增长的要求，千方百计完成今年的任务指标，为整个"十三五"发展开好局，起好步，为加快建成国际著名出版集团持续努力。

5. 调结构，强动力，促融合，努力打造数字融合出版集团*

今天的会，是我们集团"十三五"发展的一件大事。岁末年关，我们集团有三件大事：**一**是加强党建工作。最近四家单位巡视工作接近尾声，将举办两期学习贯彻全国企业党建工作会议精神的培训班，并按"两学一做"要求进行各级领导班子民主生活会。这是贯彻中央精神，也是我们集团"强党建"要求的深入推进。**二**是选题工作正在各单位有序进行。本月21日，集团层面还要以专题会的形式集中研究，以进一步贯彻"调结构、强导向、强质量"的要求。**三**是我们今天的会，要发布融合发展规划，开展工作交流，搭建融资平台，推动内容与资本的融合。这也是集团"调结构、强动力、促融合"要求的贯彻深化。

在岁末年关最繁忙的时候开这个会，说明数字化工作对我们未来的发展十分重要。与广电报业日新月异、影响显著的数字化相比，出版数字化工作差距很大。考虑到出版业内数字化百舸争流、中原逐鹿的竞争态势，我们必须只争朝夕，我们必须在全局工作中将数字化重起来，再重起来，更重起来，使之真正成为全局工作的重中之重。抓好数字化是我们调结构的重点、强动力的关键、促融合的必然，关乎当下，关乎未来，关乎全局性的发展。

一、我们数字化工作的现实基础

在"十二五"期间，经过不断的探索与实践，一条适合集团自身融

---

* 这是2016年12月8日在"十三五"数字集团建设推进会上的讲话。

合发展的路径日渐清晰。

这几年，我们**一是制定战略规划**。2012年初，数字化战略正式列入集团发展的主体战略。同年8月，召开了数字化战略推进会，确定了"十二五"数字化工作的基本定位和发展思路，在战略层面上将传统出版与新兴出版的融合置于出版主业的整体框架中，明确了努力实现内容生产数字化、流程管理数字化和传播方式数字化的目标任务。**二是完善管理体系**。成立了数字化工作领导小组，制定了《数字资源管理办法》等一系列规章制度，实行了重点项目负责制，并将数字化指标纳入"双效"业绩考核，持续召开联席会议推进落实。**三是狠抓资源建设**。通过数字出版资源总库建设，加强了管理力度，制定了资源收缴制度，出台了13项企业数字化标准，实现了资源集聚由无序到有序、由粗放到精细的进展，完成了"1251"资源整合计划。**四是打造重点平台**。"（1+6）×4"的总体架构逐步呈现。工具书、古籍、进出口、语言服务、电子书阅读、音乐、艺术品交易平台初步建成。**五是加大项目投入**。2012年到2015年四年间，集团对86个项目投入资金3.45亿元。在上市募集资金的12个项目中，数字化项目占到10个。

通过大家的不懈努力，集团数字化工作呈现出了以下几个特点。

一是数字内容的国内优势地位得以确立。我们的数字化是出版的数字化，而不是其他的什么数字化，核心是内容的数字化。"十二五"期间，集团集聚的优质内容资源总量达到7万种，有2万种核心内容实现了数字化运营。同时，抓住专业内容做文章，实现了结构化、条目化，建成了有代表性的数据库产品集群，实现了内容的深层次开发。商务印书馆、中华书局、三联书店、大百科社等一批内容产品和内容平台的开发，扣住了内容数字化的方向，潜藏着数字内容的优势。

二是数字营收的国内优势地位得以确立。我们的数字化是立足文化传播的数字化，而不是其他的什么数字化，关键是投入产出，是实现营收，逐步盈利。"十二五"期间，集团数字营收平均以每年40.6%的幅度增长，高于全国 30% 的增长速度。在规模上，2015 年实现销售收入 8.77 亿元，占到全国数字出版产值 85.9 亿元（不含广告、游戏、彩铃等）的 10.2%。其中，中图转型快，增长多，贡献大，优势凸显；"译云"异军突起，呈现出爆发式增长的势头。

三是数字产品规模的国内优势地位得以确立。我们的数字化是指向媒体融合的数字化，而不是其他的什么数字化，中心是产品研发，是平台开发。"十二五"期间，集团数字产品的建设动能进一步释放，建成了一批国家级、行业级的重点项目，包括数据库、电子书、数字期刊、数字图书馆、数字进出口平台、互联网服务、线上线下互动平台、电商渠道、数字教育、有声书、动漫等。产品种类达到 200 多种，基本覆盖了数字出版的各种形态。服务对象涵盖个人、图书馆、渠道商、政府机关、企事业单位等全社会领域。数字产品规模在行业中名列前茅。

四是行业数字服务的国内优势地位得以确立。我们的数字化是出版产业链的数字化，而不是其他的什么数字化，本质是产业链的数字化升级，是行业服务的数字化转型。"十二五"期间，"易阅通"着力打造全球最大的数字资源交易与服务平台，推动着传统出版物进出口的数字化升级；"按需印刷系统"以满足个性化、即时性需求为目标，将传统印刷和数字印刷有机融合；"译云"着力语言服务的数字化升级，信息大数据服务的行业领域日益扩大；"荣宝斋在线"一站式服务已初具规模；"顺义物流中心"的智能系统，蕴藏着出版大数据分析的行业服务能力；"新华发行网"致力于全国出版业的数字中盘，创意新，难度大，希望也很大。

这四个优势地位，构成了我们数字化现实基础的一个方面，是正面。负面是什么呢？一是数字化程度仍然不高，二是融合发展刚刚破题，三是融资能力亟待增强，四是公司化、市场化水平不高。这四大问题是当前我们数字化工作中突出的主要问题。我们必须更加明确全集团"十三五"数字化工作的核心是内容，方向是融合，关键是融资，动力是体制机制创新。

二、国际标杆企业给我们的启示

在2012年8月23日的数字化战略推进会上，我们曾经对一些典型企业的数字化案例做过分析。经过几年的发展，我们再来看一下国外标杆出版企业的发展状况。

一是威科。全球三大专业出版商之一，主要从事法律法规、医疗卫生、金融、财税会计信息服务。2010年开始数字化转型，将传统出版的单一知识与传播技术、综合服务结合，为客户提供内容服务和解决方案。它的发展理念是，让企业成为互联网公司，用最高效、最顺畅的方法为用户组织信息；用最便捷的方式为用户提供相关领域的权威解决方案。数字内容和信息平台的并重，使得大规模社会化服务成为可能。目前，威科的法律法规服务覆盖全球10万多家机构；医疗卫生服务覆盖150个国家和地区、1.2万家机构、1300万人；金融服务覆盖全球1.5万多家金融机构；财税会计信息服务覆盖全球21万个机构。2015年，威科的数字服务收入达到35亿欧元，占总收入的83%，实现了从传统内容提供商向信息解决方案商的转型。

威科成功转型的关键在于，牢牢抓住专业出版的海量内容优势，进行深度挖掘和内容重构，形成专业化服务优势，并按照互联网经济的规律，即在线、适时、互联互通等，为专业人士提供信息和解决方案。

二是培生。教育出版的巨头。近5年，它的战略目标是利用数字和互联网技术大力发展在线教育，实现从教育出版向教育服务的转型。具体措施是，以学习者为中心，将数字技术与教学服务相结合，开发数字内容课程，并向全球教育机构推广。2015年，培生的数字服务收入达到29亿英镑，占总收入的65%左右。

培生给我们的启示是，通过数字化手段，贯通了出版内容、学习资源、培训课程和市场服务，形成了有针对性的产品与服务，满足了个性化需求。

三是企鹅兰登书屋。兰登书屋崛起于美国,1998 年被贝塔斯曼收购,2012 年与企鹅合并,组成企鹅兰登书屋,成为全球出版业的超级航母。依托大众图书市场的内容优势,它从读者角度出发,全方位、多渠道开发电子书,在英语国家同步发行。企鹅兰登的电子书有三个特点:一是开源,除了传统出版意义上的电子书,还积极重构内容,将有价值的新闻报道和文章开发成电子书;二是以人为本,不断优化阅读体验;三是广开渠道,借助苹果、亚马逊、谷歌等平台,加强宣传,扩大销路。

面对近年来电子书收入始终徘徊在 20% 左右的状况,企鹅兰登开始着力内容资源的多角度利用和多元化开发。有声读物更是它目前和未来重点打造的板块。这是美国出版市场 2015 年增长最快的板块,同比增长高达 37.7%,市场规模约 1.6 亿美元,占总体市场的 1.5% 左右,而且基本是来自出版社的收入。此外,企鹅兰登还注重优势内容的深度合作开发,不仅自己制作电影,还与福克斯电影公司联合,计划每年推出两部作品,每部进行 2000 万美元的适度投资。

通过企鹅兰登的实例不难看出,大众出版不同于专业出版,电子书收入增速放缓,基本保持稳定状态。但基于内容深度开发的新业态,增长正在逐步显现。内容聚合的新领域、内容重构的新策划,以及内容表达的新样式,似乎呈现出大众出版数字化的趋势性特征。

四是亚马逊。Kindle 从 2007 年以来发布了六代,已成为全方位的数字内容在线商店,涵盖电子书、音频、视频、电影、游戏、应用等,其电子书的商业规模全球排名第一。2011 年 5 月,亚马逊销售的电子书册数开始与纸质书持平。2014 年,电子书的利润开始超过纸质书。如今,亚马逊每销售 100 册纸质书,就能销售近 200 册电子书,销售额大体相当。

亚马逊有三个新特点值得关注:一是原创出版销售比例进一步扩

大，占到电子书的16%。二是以会员制模式销售、按阅读页数计费的收入，2016年已占14%。三是亚马逊在与美国五大出版商和独立出版商的角逐中，五大出版商的市场份额从52%下降到了42%，独立出版商的市场份额则从15%上升到25%。这似乎说明主动拥抱互联网渠道已经成为数字出版的发展方式。

以上专业、教育、大众出版和渠道四个方面的典型案例，向我们启示着：一是要做全方位的融合，包括观念、资源、媒体、服务、资本等要素。二是内容是融合的基础，成功的案例都基于内容的聚合、内容的重构和内容的多媒体呈现。三是海量内容是融合的优势，因为这个优势，它才满足了个性需求，扩大了用户群体。四是互联网是融合的主要载体，在线则兴，在线则旺，在线才有生命力和影响力。

一句话，数字化的主题是融合，主要是内容与内容的融合，是内容与技术的融合，是内容、技术、资本和渠道的融合，是这些要素与体制机制创新、与创新人才的融合，连接点是互联网，离线则衰，脱网则亡。

三、"十三五"集团融合发展的战略目标、重点和关键举措

《中国出版集团公司"十三五"时期融合发展规划》（以下简称《规划》）虽然只有万余字，但内容很丰富，我们要学会抓住"牛鼻子"，即战略目标、战略重点和关键举措。

（一）战略目标

战略目标，规划里有完整表述，其要点：一是内容上要资源数字化、生产数字化和管理数字化；二是机制上要公司化、股份化、市场化；三是方向上要内容融合、资本融合、媒体融合。

这一战略目标如何量化？大概有三个关键点：一是到"十三五"末，集团融合发展的总产值要达到65亿元，占集团总产值的30%，力

争半壁江山。二是成就 5～10 个收入过亿元的融合发展项目。三是多数单位基本形成融合发展新格局，营收占比显著提升。

我们在《规划》中安排了 20 个重点项目。这些项目涉及集团重要的业务板块转型，关系到集团新业态的打造，影响着数字集团的进程。在座的不少同志都是所在单位第一责任人，大家一定要切实担负起责任来。集团将采取"择优扶重、优胜劣汰、滚动立项"的方法，不搞项目"终身制"，不搞表面文章、文字工程，重项目策划，重投入产出，重融合力度，重体制机制创新，使项目库更充实、更有效、更有带动性和爆发力。

（二）战略重点

一是以资源建设强内核。数字化的内容资源是出版数字化及媒体融合发展的内核。这个内核不可或缺，是根本，也是核心竞争力所在。我们要继续推进数字出版资源总库的建设，到"十三五"末，努力实现"1583"的目标，即有效数字化书目 15 万种；完整数字化资源总量 8 万个品种，其中 3 万个品种可用于商业化上线运营。同时，数字版权签约率努力达到新书品种的 60%。坚持以市场需求为导向，开展全方位、多渠道开发运营，以专业化服务为手段，实现内容的深度挖掘和传播，使集团逐步由单一的纸质出版商向内容提供与运营商转变，努力实现内容价值的最大化。

二是以专业平台强突破。"百科三版""中华古籍知识在线""百种精品工具书"，以及音乐、学术、美术、法律、医学等专业平台，是集团相对强势的优质专业资源，具有潜在的行业服务空间和巨大的市场需求。我们一方面要有恒心，有毅力，坚持常抓不懈；另一方面要顺应市场需求，坚持开发与运营并重，以需求带动运营，以需求引导开发，让内容与消费、与市场融为一体，通过在线服务，寻求市场突破，逐步形成投入产出，再投入再产出，直至盈利的可持续发展模式。

三是以产品运营强影响。电子书、数据库、运营平台等，都可以统称为融合性产品。集团的这些产品从数量上看不算少，从特色上看也不弱，但从影响力看却谈不上响，说不上强。主要原因就是运营观念弱，运营手段少，运营能力差。"十三五"期间，要以综合运营平台、数据库运营、电商渠道、数字进出口、在线教育、大数据行业服务、数字发行中盘、IP内容开发等多种产品形态，实现产品的立体化传播；在运营中改善产品的开发，在运营中扩大市场的影响，从而放大点击量，增强关注度，形成流量、交易量和营销的增量。

四是以行业服务强优势。行业服务是我们在计划条件下形成的优势。随着市场化的推进，中图的进出口、新华书店总店的发行等传统优势都遇到了新情况。但数字化又给我们带来了新机遇。"十三五"期间，我们的综合运营平台、"易阅通"、"译云"平台、新华发行网、教材采选系统、按需印刷、物流型出版大数据服务，以及虹桥、蓝桥和新华文化创意园区等，这些几乎覆盖了出版行业全领域，要借数字化之势，把传统优势转化为现实优势，把现实的挑战转化为新的竞争力、新的增长点。

五是以资源转化强融合。内容创新对我们来说，就是一份内容多年度表达；"走出去"对我们来说，就是一份内容多国别表达；而数字化对我们来说，就是一份内容多媒体表达。媒体融合是传统出版的一条新路，是出版产业的发展趋势。我们要通过出版融合，即数字化内容的集聚融合、内容与数字技术的融合，达到融合出版，也就是多媒体、多介质、融合型的出版。集团"十三五"还有IP版权转化、动漫游戏、有声读物、漫像影视等多种业务形态，都面临着互联网背景下的资源多方位开发问题。要善于提供创意内容及衍生服务，通过版权运作，实现资源增值，逐步形成融合出版的新型业态。

六是以信息系统强管理。融合出版是建立在数字化、数据化、信息化、网络化基础上的，因而管理的信息化必须跟上，以提供支撑。

"十三五"期间，我们要积极推动集团 ERP 管理平台和出版单位的复合出版平台建设，在集团总部建设集财务、业务、人力、办公于一体的信息化综合管理平台，在条件比较成熟的单位搭建复合数字平台。通过 ERP 与复合出版平台的融合，合理配置和优化内外资源，达到互联互通、提高效率、降低成本、提升管理的目的，促进集团传统出版产业的转型升级。

以上所说的强内核、强平台、强运营、强优势、强融合、强管理，就是"十三五"时期打造数字集团，形成融合出版新业态的战略重点。这"六强"既是战略，又是战术；既是思路，又是实务；既是重点、要点，又是可操作的一个个项目。

（三）关键举措

首先，要牢牢抓住开放融合不放松。互联网的重要特点是开放、共享、跨界和创新，这是融合发展的关键要素。我们讲融合应该是综合性的、全方位的融合，重点是三个方面。一是资源融合。实现内容资源的数字化、数字资源的规模化、规模资源的品牌化。二是资本融合。没有投入就没有融合，没有大投入就没有大融合，要形成多元投入的资本融合模式，特别要注意借助社会资本。通过资本融合，带动资源、技术和人才的融合，倒逼创意、体制和机制的创新，焕发投入产出能力、市场竞争能力和资本增值能力。三是媒体融合。选择有条件的资源与品牌，以新媒体、全媒体手段提供优质内容与服务，打造若干专业水平好、信息容量大、融合程度高、传播能力强、发布机制活的新型媒体。商务印书馆、中华书局、三联书店、大百科社、人民音乐、人民美术等优势资源要率先发力，努力成为从出版融合到融合出版的行业标兵。

其次，要牢牢抓住机制创新不放松。出版融合是最需要也是最能激发体制机制创新的文化产业洼地。没有这种创新，就不会有融合出版新业态的创新。要大力推进公司化、股份化、市场化运营，在公司化中实现投入产出，在股份化中实现资本规模，在市场化中解决具有文化特色的法人治理结构、职业经理人、策划运营能力、团队激励措施等重大问题，形成创新业态所必需的创新的制度环境、机制环境和文化环境，既有效管理好发展，又有效激励好发展。

最后，要牢牢抓住投入产出不放松。实现数字集团的战略目标，经济指标是发展的杠杆，是有效益发展的指向，也是形成竞争性发展、可持续发展的关键。在这个问题上要抓好三件事。一是融资。在现有专项资金支持之外，各单位还要通过自筹、融资、参股等多种方式提高融资能力和投入力度。二是集约。在项目建设和运营阶段要提高工作效率，降低经营成本。三是增长。必须把增长作为杠杆、定为指向和关键指标。同时，加强风险防范意识，事先做好项目投资回报预算，事中做好资金使用监督，事后做好项目营收分析，实现项目良性可持续滚动发展，使之成为企业新的利润增长点。一句话，在融合发展的过程中，投入与产出要成为我们始终牢牢盯住不放的两个关键指标。

"十三五"时期是集团产业调整的关键时期，建设数字集团，打造融合出版新业态，是实现集团产业发展的必然选择。今天发布的《规划》，是顶层设计，是战略布局，刚才讲到的"六强三抓"，是战略重点和关键举措。无论是《规划》，还是今天的这篇讲话，都是对国际出版数字化规律的揭示，都是集团各方实践经验的总结，都是大家实干、务虚、试错、前进中的思考结晶。只要我们盯住战略目标，扣紧"六强三抓"，创新务实，敢为人先，不怕挫折，坚持不懈，坚定信心，孜孜以求，我们的《规划》就一定能从白纸黑字转化为实际的项目、产品和平台，转化为有文化内容的影响，有经济效益的增长。我们将谱写"三六构想"的升级版，我们能够使国际著名出版集团这个战略定位的基础和内涵更坚实、更丰富、更具有时代意义。

6. 建设数字中图，争当排头兵 *

一、中图过去一年的工作

对于中图过去一年的工作，集团领导班子是高度肯定的，概括起来可以说有五个"显著"。

一是领导同志重视，使命地位显著。去年中央领导同志到北京国际图书博览会视察，到中图调研，中宣部、新闻出版广电总局的多位领导到中图调研。这表明中央高度重视文化"走出去"工作，更体现了集团和中图在服务文化"走出去"中的重要地位和作用。因此，中图履行国家使命的地位更加显著，也为我们在高站位上做出更大贡献提出了更高的要求。

二是内容高质量把关，守土尽责显著。中图原来是国家出版物进口的唯一渠道，改革开放以来是进口的主渠道。"引进来"和保障文化安全是中图的双重职责。60多年来，中图总结出了一系列文化安全的保障体系、工作流程和实操办法，体现了中图的优良传统、责任意识和企业使命感，体现了中图守土尽责的强能力和高水平。这确实是由衷之言，这么多的书、刊、报，一年年，一月月，一天天，没有一套完整的制度，没有尽心尽责的态度，是不可能完成的任务。

三是经济高位增长，奋斗精神显著。在去年宏观经济形势严峻，尤其是进出口形势困难的情况下，大家顶住压力，超额完成了集团下达的经济任务，实现了高位持续增长。由此可见，在困难面前，在克服困难的过程中，关键在人，关键在思想，关键在精神状态。中图各级领导班

---

* 这是 2017 年 2 月 27 日在中国图书进出口（集团）公司 2017 年度工作会上的讲话。

子和全体员工是有拼劲，有闯劲，有干劲的，是敢于胜利，善于胜利，也能够把握胜利的，这在去年也十分显著。

四是融合发展高处发力，新兴动能显著。制定"五型发展"战略，瞄准打造数字中图和国际数字中盘这个战略目标，提出了"十三五"融合发展的新路径。去年，数字业务营收达到了 8.9 亿元，在整个进出口业务中的占比达到了 35.72%；"易阅通"营收突破 5000 万元，其他新兴板块的融合动能不断聚集，正逐渐成长为新的增长点。这一点给我个人留下了深刻印象。我刚到集团一个月时，和中图领导班子接触的第一印象就是：中图很危险，中图在转型，中图的路决定了转型能否成功。五年过去了，转型确实很艰难，但是成效也很明显。在中国出版业的数字出版总盘子中，中图增长的幅度和所占的比重都是在强劲增长的。其实，重要的还不是营收和利润的数字增长。重要的是，数字是我们转型的一个刻度，标志着我们转型到了什么阶段，到了什么高度。

五是"走出去"实现高平台突破，品牌影响显著。北京国际图书博览会经过 30 年的发展，去年在参展面积、海外参展商数量等关键指标上实现了历史突破，成功跃居世界第二大书展。同时，海外渠道建设和"走出去"综合服务能力都取得了明显进步，品牌的国际影响力明显增强。

这五个"显著"不知道概括得准确不准确，但这五个"显著"都来之不易，都值得充分肯定，更重要的是，都值得在年度总结和规划中认真分析，看看这几年走成的深层原因是什么，总结好原因，就能知道未来工作的原则是什么，知道我们要坚持什么。我的落脚点就是，把我们走过的路，经过总结上升为理性认识，来指导我们未来的工作。它是未来工作的基本方针。

二、对中图 2017 年工作的几点希望

与大家来做这次交流，总部做了一些准备工作，认真研究了中图去

年的工作，研读了中图领导班子即将发表的去年工作总结和今年工作重点，希望总部和中图能够思想贯通、血脉贯通，不讲形式主义。

2017年，中国出版集团将围绕中央"稳中求进"工作总基调，进一步落实集团的"两调四强"战略重点。今年要着力推进"稳增长、调结构、促融合"这三项工作要领。希望中图领导班子和全体干部员工，在新的一年里，认真贯彻习近平总书记系列讲话精神，认真学习贯彻中央领导同志的一系列重要指示精神，切实增强"四个意识"，坚持正确导向，加快改革发展，做好五个方面的重点工作。

一是要以做响做开为方向，争当中华文化"走出去"的排头兵。过去我们"走出去"工作的总方针是做响、做开、做强，总体做实。在前三年当中侧重做响，今年有个过渡，既要做响又要做开。有些因素在成长，有些条件在形成，我们具备了既做响又做开的条件。中央领导同志2014年一次讲话对中国出版集团的一个重要要求就是，希望中国出版集团做"走出去"的排头兵。对集团而言，中图就是排头兵。中图是我们集团"走出去"的重要依托，集团高度重视发挥中图主渠道的作用。近年来，中图在实物出口、数字出口、国际会展、国际出版和海外实体等方面都打下了很好的基础。我们今年要在落实提高国际传播能力、响应"一带一路"倡议上下功夫，要抓住几个点，突破，寻求以点带面，做响做开。北京国际图书博览会要继续提升核心竞争力，力争在几个重要指标上早日成为世界第一书展。中央领导同志对我们有明确要求，希望我们做时间表，希望我们做路线图。实物出口要巩固现有海外图书馆渠道，开拓海外主流书店渠道，加强"一带一路"沿线国家的重点布局。数字出口要实质推进亚马逊中国电子书店建设，加强营销推广，形成创新亮点。海外实体要加强进出口、出版的资源整合和功能创新。要以这几个点为核心，进一步增强中图"走出去"工作体系对集团资源的整合能力、海外渠道的拓展能力、"走出去"方式的创新能力，进而全面提升国际传播能力。

二是以结构优化为重点，争当经济增长的排头兵。去年，我们集团总资产达到 192.8 亿元，净资产达到 109.27 亿元，营业收入达到 103.76 亿元，进入了"三百亿"集团方阵。对于整个集团来说，站在三百亿平台上，怎么看、怎么办是我们必须要面对和思考的问题。在今年集团年度工作会议上，我们集中分析和研究了怎么看、怎么干。归结起来就是，保持增长是企业生存的铁律。没有增长，企业就不能生存。同时，也要看到，合理增速是市场竞争的法则。有增长，没有较强劲的增长，在竞争的形势下等于不增长。不进则退，慢进也是后退。这是市场的法则，也是铁律。我们要非常清醒，我们的经济数字只是发展阶段的刻度，它标示的是企业的质量和有效的增长。我们要的是数字背后企业货真价实的东西。它才是企业存续的价值和意义所在。对我们集团来说，保持增长是我们践行文化使命的资本，没有这个，践行文化使命的说法是脆弱的；是我们坚持社会效益第一的资本，没有这个，坚持社会效益第一往往成为空话；也是我们做强经济实力的资本。我们追求经济效益，追求增长速度，其本质是追求未来有能力把文化做得更好的资本平台。没有这样的平台，我们的触角就不能伸向四面八方、五湖四海，我们的影响力只能成为我们笔下的文章。

文化改革近二十年，认真回想，文化企业改革到底在改什么，就是学会用企业的方式来做文化，学会用市场的方式来做文化，用商业的方式来做文化，进而把文化的内容创新力和内容传播力做得更强、做得更大。在做文化上，我们和事业单位是没有区别的，同样有使命感，但在做文化的方式上，我们有本质的区别。企业的方式是什么？就是投入产出。市场的方式是什么？就是优胜劣汰。商业的方式是什么？就是利益共享。只有如此，才能通过渠道等把文化影响送向四面八方。这三个方式，远远强于事业单位的方式。这就是企业的力量。管理学大师德鲁克总结，世界 500 年来，最伟大的组织是企业，它做了很多过去王权做不了，教会做不了，其他社会组织做不了的事情。500 年间，社会的权利不断下放，谁在承接最大的权利，企业在承接，包括培养人、塑造人、教育人、使人成才。问题是，我们是不是掌握了企业的几个关键，就是投入产出，就是优胜劣汰，就是互利共赢。站在三百亿元平台上，怎么看怎么办，是我们必须抓住的话题。企业的领导在关键时候的关键作用就是抓住方向。三百亿元不是大数字。在我们发展过程当中，只是一个台阶，我们的未来还远远没有到达。在年度工作报告中，我引用了毛主席的诗句："乌蒙磅礴走泥丸。"三百亿元，再过十年、二十年，不就像个泥丸吗？企业发展的关键关口，企业领导的关键作用就是把握方向，而且在方向的问题上，必须坚定不移、旗帜鲜明。怎么发展可以讨论，发展不发展不能讨论。

中图的营收占了集团近二分之一，利润占了近十分之一，资产占了近四分之一，是集团现有三大业务板块之一。四个"之一"，充分说明中图在集团发展中举足轻重。我到集团工作五年多，没有参加任何单位的年度工作会。因为在我脑海里，年度工作会是你们自己的事，怎么想、怎么讲、怎么干是你们这些骨干的事。但今年不一样，中图主要负责人专门跟我讲，是不是一道研究一下，我觉得应该来。到了一个高平台，到了一个重要的关口，我们一定要明白生活中一个简单的道理，就是不进则退，慢进也是退。数字大其实就是小，看十年是个小数字，看二十年，它更是一个小数字。一个企业的精神状态，特别是今天在座骨干们的精神状态，决定了整个队伍的精神状态。当领导班子把旗举起来的时候，绝大多数人是跟着走。问题是你举不举得起来，向哪个方向举。习近平总书记讲，抓关键少数，就是这个意思。希望中图的同志们继续发挥迎难而上、敢于胜利的精神，不断实现重点突破，不断优化产业结构，不断增强核心竞争力。要做大做强进出口主业，做响做开国际传播，做优做实全产业链布局，做广做深多元协同，注重在增长中解决问题，在解决问题中实现新的增长。一句话，希望中图在集团保增长的总体格局中继续发挥"火车头"和"压舱石"的作用。

刚才讲的一句话，注重在增长中解决问题，在解决问题中实现新的增长。对于干部而言：第一，我们这些人的价值就是解决问题，不能解决问题，我们就没有价值；第二，我们要清醒，解决问题的同时就会产生新的问题。一个企业可能有一把问题，任何一个单位、组织要抓问题都会抓出一大把问题。此时我们需要的是什么？是在一个时期抓住特别重要的问题。什么是重要的问题？一是抓住它，就带动了全局，二是抓住它，就带动了未来，三是抓住它，其他问题就迎刃而解。这就是关键问题、主要问题。

三是以建设数字中图为统领，争当融合转型的排头兵。国际化、数字化、市场化是出版产业近年来发展的新形势。古人讲："富有之谓大业，日新之谓盛德。"中图有丰厚的历史积淀，这是我们的"富有"基础。近年来，中图持续在融合转型上发力，以打造国际数字中盘为目标，建设进出口、数字平台、按需印刷、专业化和个性化服务的全产业链，打下了很好的基础。我们的摊子逐步在铺开，就要持续增强创新能力，尤其是要注重关键技术的创新、关键环节的打通和关键市场的突破。在技术创新上，要注重数字平台技术的国际接轨、数字加工和服务技术的细分市场和不同目标客户的创新。在环节打通上，要整合集团、中图总公司和分支机构的资源，创新与国内外出版企业的共赢模式，贯通进出口、数字业务、按需印刷和市场经营四个大的环节。在市场突破上，要在服务国内外图书馆的基础上，向服务各大智库、专家学者和跨国企业突破，提高服务的价值含量；从以服务机构用户为主，向服务机构和大众市场并重突破。

四是以建设国际一流文化企业为目标，争当改革创新的排头兵。市场竞争面前，唯改革者优，唯创新者强。要瞄准国际著名出版企业的管理运行模式，深化生产、营销、人事、分配、投资、管理机制改革，优化统分有序、运转灵敏、富有活力的母子公司管理架构，特别是要以股改上市为契机，加快品牌与资本、与要素、与外部资源的融合，提高企业化、股份化、商业化运作水平，不断激发重点部位、关键骨干、各类人才的创新精神，努力建设国际一流的现代文化企业。

五是以落实主体责任为关键，争当国企党建的排头兵。要继续加强内容把关，增强政治意识、大局意识和守土意识，要确保国家文化安全。要认真落实中央关于加强党的建设的各项部署，特别是落实好国有企业党建工作会议精神，履行好党的建设主体责任，严格执行"一岗双责"，坚持民主集中制，落实"三重一大"决策规定，健全反腐倡廉长效机制，加强中图自己的现代企业文化建设，为企业长治久安营造良好的制度环境和文化氛围。

7. 杂谈大数据，兼及话出版 *

年初，有人跟我谈大数据出版。我吓了一跳，数字出版还没弄懂搞好，又来大数据出版了。于是认真学习了一下，借今天的机会，向大家汇报点初步心得。

一、从两个案例说起

第一个案例，是 2009 年发生甲型 H1N1 流感，当时美国很恐慌，专家说很可能像墨西哥、西班牙当年的大流感一样，会波及五亿人以上。美国疾控中心采用的是抽样法，结果出来很慢。不知道流感源头在哪里，不知道下一步控制的办法是什么。但是谷歌，大家知道它是疾控领域的外行，谷歌立即在《自然》期刊出了一个报告告诉公众，什么时间、在什么地方、以哪里为源头，流感要大爆发。两个月以后，美国疾控中心才出了报告，它们的重合率，也就是谷歌报告的正确率达到 97%。谷歌怎么做的呢？这就要说到今天讲的大数据了。它运用了每天 31 亿条的搜索，将 5000 万条美国最频繁搜索的词条和疾控中心 2003 年至 2008 年里的所有数据进行对比，对比之后就出了一份报告。

第二个案例，是有一个软件专家参加他弟弟的婚礼，要从西雅图到洛杉矶。因为婚礼通知得早，他两个月前就买了机票，但上了飞机才知道别人的票价都比他便宜，于是十分恼火。但他是一个数据专家，他的恼火没有发到其他地方，他要开发一个软件来指导大家怎么买票。他利用软件，对所有航线机票的价格和提前购买天数的关系做了大量运算。

---

* 这是在 2014 年中国版权协会高级研修班上的讲话。

数据的基础是多少呢？是 41 天内的 12000 个价格的样本。然后他觉得还不够，又收集美国所有航空公司的每条航线中的每架飞机、每个座位，一年内的所有票的综合价格，获得了 2000 亿条数据。在这个基础上，他做了一个东西公布出去。公布的结果是什么呢？微软发现了商机，把他的公司买了下来，花了 1.1 亿美元。买下来实际看重的价值是什么呢？这个公司发展到第二年，已经拥有了十万亿条价格记录，预测准确率达到 75%。所有用他的方法买票的人平均可以节省 50 美元，这是个不小的数字。

这是两个案例，当然还有很多案例。重要的不是案例本身，而是案例告诉我们什么。这两个案例告诉我们四点认识。**一是数据是静止的**。一旦发生了就存在那儿。**二是数据是过去的**。潜台词是数据没有太大的作用，像没有被开发的矿产一样。**三是数据是有待开发的**。像很多物理学家讲的，只要是物理现象，背后都有潜能有待开发，数据也是这样。**四是数据是无处不在的**。我们刚才讲到的案例，一个是公共医疗领域，一个是社会生活领域，其实很多的方面都表明数据无处不在。

最近美国这样的书比较多，我看了一些，远没看全。其中读到一个观点是，数据化将使世界一切皆可量化。这跟我们出版业有关联了，一切也包含了出版业。它说我们过去重点在哪里，在 T（Technology），T 是技术。而从现在开始，我们将聚焦在 I（Information），在信息，也就是数据。我查了一下，Data（数据）的拉丁文本来是"已知"的意思，是"存在过的现实"的意思。

数据化跟数字化是什么关系呢？有很多学术的表述。我的通俗的理解是，在二进制的数字条件下，数据又做了进一步的开拓，以便更加实用、更加方便地运用到社会领域的方方面面。美国的很多专家都讲了这个问题，有的讲得很过分，讲数据无处不在，随着互联网技术的推进，随着大数据云计算的推进，数据将会越来越怎么样，最后将怎么样等。有一篇文章讲理论将会终结，不需要理论了，只要有数据就能解决一切问题，因为大数据的本质就是在众多数据的基础之上，通过运算提供解决方案，所以理论没有意义了。就像当年炒作硅谷一样，当泡沫落下来的时候我们就要想清楚，如果理论没有意义了，那数据还有意义吗？生活就是辩证法，总有对立面，如果这面没有了，那面到哪去了？所以理论一定是还在的，理论之树还会常青。但是我们今天不讨论这个问题。

二、大数据古已有之

"无处不在"的观念，我觉得是有道理的。用美国人的话讲，我们正在进入一个新的时代。这个时代数据的事实证明了物理学家的一个定论，世界的本质不是原子，而是信息。大家可以琢磨一下这个话。世界是由万物组成的，过去我们的认识是，万物是由原子构成的，而现在科学家告诉我们万物的基础不是原子而是信息。所以我就想到了一段话，《道德经》里讲的，它说："大道氾兮，其可左右。万物恃之以生而不辞，功成不名有。衣养万物而不为主，常无欲，可名于小。"大家可以去查这一段，我认为很好。不是老子跟现在的科学家商量过，只要是真知灼见，在高处都是相通的。我们想，讲原子讲数据，都是从不同角度回答这个问题，即什么是道。道就是原子形式的物质，数据形式的信息。不同领域的道表现不同，但它无处不在。

这个数据我们一会儿还会讲到它可怕的一面和挑战的一面，但是首先要确立一个观念，任何事情都不是从天而降的，任何事情总有一个历史的演化过程，我们都能找到它的根。我以为，在中国我们可以找到这个根，就是中国古老的思想。我们大家都知道佛教上有一个公案，释迦牟尼在一次佛众大会上，走到前面来就拈了一枝花，高高举起，什么都不说，注视着全场。他的大弟子迦叶破颜一笑，彼此都没有语言交流，文献上也没提到有目光的交流。就是这拈花与微笑，彼此心领神会，后来释迦牟尼就把自己的衣钵传给了迦叶。

过去很多人解释不了这个事情，我以为解释比较好的，是南怀瑾先生。他想到了孔子。孔子跟曾子说："参啊，我的道是什么呢？吾道一以贯之。"过去我们的理解是，讲道的人干什么事情要一以贯之。但是南怀瑾的认识是，道就是一，所以一以贯之。因为老子这么讲，道生一，一生二，二生三，三生万物。这跟我们讲的数据，都是有联系的，只不过我们的先贤们在那种条件下，用自己独到的悟性将这些东西读出来了。

孔子对曾子讲完"吾道一以贯之"就走了，同学就问"一以贯之"到底什么意思。曾子说："夫子之道，忠恕而已矣。"这就引起了讨论，孔子讲的是"一以贯之"，而不是二以贯之，怎么用"忠恕"二字解呢？南怀瑾先生说，这就是阴阳，一就是二，二就是三，三就是万物。这就是中国古老哲学中的大数据。一是一切的一，一是一的一切。还有什么大数据比一还大吗？大家可以仔细去想藏在这些故事背后的古代数据观与现代大数据的联系。

《周易》告诉我们三大原则——变易、简易、不易，还告诉我们三大法则——象、数、理，这个法则又跟我们今天的话题有关。象是现象，八卦就是八个现象，然后又演化成六十四卦，都是自然和社会的现象。现在大数据所描述的东西就是各个领域的现象。数，就是数据。理，也叫辞，是对象和数的理性认识。象靠看，靠眼睛观察。数靠算，也就是运算。理讲判断，也就是理性思维。象、数、理，最终是判断。回到我们刚才讲的，不是理论不存在了，没有必要了，而是理论建立在什么基础上，如果建立在象、数这个基础上，理还是会有必要、有道理的。所以，在《周易》六十四卦的基础上，孔子才写了"十翼"，在理的层面把《周易》讲清楚了。

知道大数据的历史过程，我们心里面才会比较定。你看中国文化，大家都会说掐指一算，算的背后是数，叫心中有数，算到心中有数的层面就定了。就像我们现在的出版，如果对大数据背后的道理不理解就会很恐惧，我第一次听到的时候就感到特别晕，数字化还没弄好，又来大数据了。

再看我们的文化，什么事情发生了，大家会说早有定数，这是老百姓都会讲的。这些思想是哪里来的呢？你看先天八卦、后天八卦，都是数字。我们汉朝对《周易》研究最好的叫京房十六卦变，又是离不开数字。再往下，黄道十二宫，又是数字，十二宫里面的数字就很复杂了。再往下六十甲子，大家都知道六十年一个甲子，也离不开数字。

最近我找到一张图，洛书，我觉得大家也可以去琢磨一下。过去我们只注意洛书的图案，有一点门道，想探究一下。这次带着问题再去看的时候，你看，这个图上面全是数字，然后它还归纳了一句很好的话，叫"戴九履一，左三右七，二四为肩，六八为足"。不细说了，你看全是数字。这个里面最值得重视的，是孔子讲的一句话，他说"六爻之动"，六十四卦每一卦里面六个爻，六爻之动，"三极之道也"，这句话要引起我们足够的重视。

我觉得自己没理解透，这句话跨越千年时空，仍然是指导实践的真理。它告诉我们第一层意思，天地之间别看数字很多，但是真正管用的不会超过六。孔子了不起啊，后来科学家做过研究，除了极少的现象，万事万物的物理现象，基本上都是六个阶段。

第二层意思是什么呢？六爻都在动，动的本质是什么？它告诉我们是三极之道。六爻是三极变化的法则，三极就是天、地、人。我们现在讲的这些都是过去的表达方式，不研究它的人会认为这是非理性的，甚至是迷信。其实，这都是古人对科学研究的一种数据表达，只不过现在我们不用了，感觉很陌生。古人有很强的数字概念，所以说数字、数据、大数据古已有之。

三、古今大数据不可同日而语

所以，对大数据我们要正确地去把握。数据本来就是有的，古人早就感觉到了，并做了高度抽象的概括。只不过到了新的条件下，特别到了大数据的条件下，更准确地说是到了云计算的条件下，它的作用和潜能被释放出来了，和古代已不可同日而语了。这是第一个观念。第二个观念，哲学上叫量变产生质变，大数据也一样，当数据大到一定程度的时候，事物的形态就发生变化了，大数据的意义就在这儿，它已经不是原来的东西了，或者说它既是也不是原来的东西。

我举几个例子。大家都知道法国拉斯科洞穴壁画，画了马。毕加索去看了以后开了一个玩笑，他说自那以后人类就没有再创造什么东西了，包括徐悲鸿的马，画来画去还是马。但是，现在的科学家又从量变到质变的角度重新解释，虽然一幅马的照片大同小异、十分相似，但是把它拍出24幅，变成电影以后，性质就发生变化了。你看，这就是数字带来的变化。一的时候它是一幅画，到了24幅、开始动的时候它是一部电影，性质发生变化了。

第二个例子是纳米技术。纳米技术告诉我们，可以把东西变小，小到什么程度？分子量级的程度，物质形态、物质的性质变化了。比如讲铜，铜是可以导电的，到了分子级别的时候就不导电了。比如讲陶土，陶土到了分子级别的时候，就成了软的有弹性的东西，我们现在看紫砂壶，想不到紫砂壶可以变成有弹性的东西，但是有了纳米技术，紫砂壶就可以变得有弹性的了。再说金属，金属给我们的感觉是硬的，到了分子级别是软的，你可以任意去摆弄它。

这些事情都在说明大数据这个道理早就存在，只不过是到了现在的技术条件下，非常集中地体现出来，但体现并揭示的仍然是哲学上的规律，量变到质变。形态和本质都发生了变化，大数据的意义也就体现出来了。

第三个观念，数据可以成为竞争力。你看我们现在都是做企业的，企业过去最强调的是有形资产，企业规模现在还作为一个重要的判断标准。后来我们知道了跟有形资产同样重要的，还有无形资产。对出版业来说，就是版权，还有我们的商标、商号等。现在到了大数据时代，它又告诉你其实比这些都重要的是数据资源，做得好，数据也是投入，是潜在的竞争力。现在做得好的一些公司，已经让数据成为现实的竞争力，比如苹果，如果你用有形资产去评价它，这家公司就没什么了不起，如果用数据的概念去评价它，这个公司就不得了，因为它拥有巨量的数据，并且每天都在增加。

第四个观念，叫一个主因。大数据这些东西我们说它过去就存在，但是现在爆发出来了。主因是什么？我觉得是处理数据的能力在迅速提升。

为了直观，我也找了几个例子。大数据首先是来源于什么地方呢？第一是来源于天文学，因为天文学的信息量巨大。第二是来自于生物学中对基因的研究。一个是宏观，一个是微观，这两极深入下去数据都是巨量的，以至于现在的计算机无法计算了。因此，科学家们到了一个大数据时代。这就倒逼着处理数据的能力迅速提升。

有资料显示，2000 年 Sloan 数字巡天项目启动，这是一个很著名的项目，在新墨西哥。它用望远镜几周之内收集的数据，比自人类有历史以来收集的所有数据都要多。但是，过了十年，到了 2010 年的时候，在智利，也是一个巡天望远镜，把新墨西哥这个记录打破了，五天就可以完成它所有的运算。最近媒体报道，咱们国家的天河二号，世界上排名第一。第一是什么概念？比美国快一倍，计算速度快一倍。还有一个消息，我们的天文望远镜了不起，它的收集、储存、运算的能力是美国的五倍。就这么厉害。

我们还记得十年前看新闻，全球科学家联手，十年完成了 31 亿对碱基的排序，现在这个工作量，只要 15 分钟就可以完成。我们都知道谷歌是了不起的，再看看它的数字，了不起到什么程度？它每天处理超过 24 拍字节的数据。这是什么概念呢？每天的量相当于美国国家图书馆所有纸质出版物所含数据量的上千倍。每天更新的照片有一千万张，每天的点击量是 30 亿人次。我们现在要有一个概念，每点击一次就是一批数据留下来，这里的 30 亿人次就是 30 亿个数据留下来了。

谷歌的一个页面，现在每月访问量是 8 亿人次，你可以给它算算一年和十年的访问人次是多少。它每秒钟就会有长约一小时的视频上传，是讲它的数据量，数据量用一小时的视频来算。Twitter的信息量几乎每年都在翻番，2012年每天的访客量已经超过了41亿条。美国人处在前沿，所以南加利福尼亚大学的一个教授就做了一个专门的课题来研究这件事。结论是2007年人类大约储存了超过300艾字节的数据。这是什么概念呢？我们一部电影可以压缩成一个GB，而一个艾字节相当于10亿个GB，这个不多说了，总之是一个概念，就是海量、巨量，已经超出我们过去那种静态的想法。而且与日俱增，呈几何级数增长的态势。

现在我们的数据三年翻一番，这个速度还在提升。2013年全球数字数据达到了1.2泽字节，这个大家可以去查。如果把这些数据全部记在书中，这些书可以覆盖美国52次。如果存入只读光盘，可以堆成五座高山。高到什么程度？高到月球上。这个数据还在增长。

这是引申出来的第四个概念，关键是我们处理巨量数据的云计算诞生了，我们今天不去讲云计算，其实已经含在里面了。正是因为强大的计算能力，过去潜在的死的数据，变成了活的、有效的并且将会迸发出巨大生产力的大数据。这是跟大家交流的第三点，大数据爆发出来的主因。

四、核心、特点和关键

说了半天，咱们凡事都要抓要害，我学习的时候是这样梳理的：第一，大数据的核心是什么？第二，特点是什么？第三，关键在哪里？下面我挨个说吧。

第一，大数据的核心是什么？看了一些资料以后，思想就开始清晰了。首先要肯定，我的一些朋友跟我讲，我们正在搞大数据出版，不是空穴来风，但是也不像说的那样神乎其神。其实大数据的核心是预测，对我们出版业来讲当然还有其他的，我们今天不去把每个问题都关注到，而是要抓住核心。

对我们出版业来讲，亚马逊已经做了，亚马逊的总裁想知道市场需求是否可以用计算机来解决,出了这个题目给两个年轻人,他们是数字化专业的毕业生。他们用一个软件完成了这个题目。过去亚马逊值得骄傲的是什么呢?全美都知道,就是它有一个二十几个人的书评团队,不断地推介新书,造成市场的强大效应,因此它的销售拉动得非常明显。可是这个软件一出来,二十几个人的团队就没有必要再存在了,软件准确率高得多,快得多,这就是预测,预测市场的反映。你只要通过手机、平板电脑等留下数据,它就可以通过数学模型,快速运算出你的阅读领域是什么,你最近的阅读兴趣点在哪里。

人类的知识无非两类,一类是已知,一类是未知。历史告诉我们,只要有未知就会有预测,只要有未知就会有占卜。大家记得拉姆斯菲尔德,就是打伊拉克、把萨达姆政权搞垮的那个人。他写了一本书,名字就叫"已知和未知"。在这本书里面他讲了一串绕口令,他说有些事我们知道我们知道,有些事我们知道我们不知道,还有一些事我们不知道我们不知道。因为不知道才有大数据预测的必要性。这样看起来,我觉得出版人内心一定要强大,很多事情会像纸老虎一样来吓我们,但我们把它看透了就没有什么好怕的。

其实这个预测的老祖宗在中国。我过去认为《周易》是源头,其实《周易》只不过是流,而不是源。两千多年前,甚至三千、五千、八千年前,预测就有了。把这些东西看透了,心里就比较安定了。讲到占卜,我最近梳理了一下,占卜有一个历史过程,现在叫预测,是一个意思,不是迷信。它是由低级向高级发展的,而其中的一个重要特征是,不断在新的算法当中增加数据。你看大数据成功的因素,就是把数据量放大到原来几倍、十几倍、百倍、万倍、亿倍,放大到这个程度,抽样统计就失去意义了。等会儿我们再说,先看我们自己祖宗的东西。

我们最原始、最简单的预测方式叫射覆。什么意思呢?拿一个碗把一个东西盖住,然后猜,这是最简单的。然后就是掷骰子,我们现在常见到骰子是6个面,6个面是21个点,前几年在秦始皇陵发现了一个新的骰子，14个面，大概是105个点。你看，这已经在增加数据。增加数据是为了占卜更精确。再往下，抽签，拿那个竹筒一摇，一把签，也是增加数据。再往下就是各种占卜的视盘，这个大家都看过，东南西北，像罗盘一样的东西。里面五行、黄道等众多的数据全部集中在一个盘子上。这就是古代的大数据。

我们常讲六十四卦，其实你细细想，六十四卦就是一个数据库。六十四卦是多少爻呢？384爻。384爻告诉你多少策呢？11520策。在当时的技术条件下，一万算得上大数据了。这个数据我们今天还可以成倍地往上翻。这说明什么？说明大数据的规律，早在我们祖先那个地方就开始露头了，只是到了现代科学技术，特别是云计算达到了这个程度以后，我们有条件用更大的数据量做更宏观的预测，或者讲得更加直白一点，做更加科学的占卜。这样来看，大数据有新的一面，也有老的一面，有突破性的一面，也有继承源头的一面。它既是建立在计算机基础之上的源，也是继承着过去占卜的流，不是从天而降的一个怪物。这是讲大数据的核心就是占卜，就是预测。

第二，它的特点是什么呢？任何事情要抓住特点不容易，但是一旦抓住了特点，这个事情大概就抓住了。有人是这样回答的，第一个叫数据更多，第二个叫数据更杂，第三个叫数据更好。第一个是什么意思呢？那是讲关于这件事预测的所有数据，几乎所有的数据叫全数据，叫样本等于全部，用全数据来回答这个问题，准确率将会大大提高。

它颠覆了什么概念？你看人口普查，与抽样调查是相反的理念。抽样调查的最大特点是什么？是用尽量少的数据，反映更多更真实的信息，这与普查的思路是相反的。因为劳动力成本很高，如果把全中国人口的所有信息全部统计出来，那没办法做到。美国曾经尝试过，用了十年都没做好。但是现在大数据可以了，所以第一个特点是更多。多到什么程度，关于这个事情几乎所有数据一网打尽，因此它能够接近真实地告诉你未来的趋势，这是它的一个特点。

第二个特点叫数据更杂。我也找到一个例子。在20世纪50年代，出于冷战的考虑，IBM便准备用计算机完成语言翻译，将语法规则和双语词典结合在一起，以计算机中的250个词语和6条语法规则为基础，成功地将60个俄语词组翻译成了英语。可是再往下做，投资越多失败越多，最后放弃了，没有做成。但是谷歌却做出来了，谷歌也是依靠数据。它的首席数据专家最后怎么来总结这个事儿呢？就讲到大数据特点的第二条，叫混杂，或者说更杂。他说大数据基础上的简单算法，比小数据基础上的复杂算法更有效，更接近真实。因此，他有一个简单的结论，越复杂、越纷繁的数据，越多越好。不怕混杂，提出一个口号，叫拥抱混杂。

当我们数据达到一个临界点的时候，它就发生变化了。不是在追求它的每个数据的精确性。跟抽样不一样，抽样是强调随机性，就是一定不能带入主观的意愿。美国人一开始做的时候不随机，就是选各类代表，最后离真实情况很远。后来逐步意识到了抽样只能随机，抽到什么算什么，这样的结果是97%的正确率。它牺牲的是什么呢？数据的量。可是大数据正好相反，大数据追求的是数据的量，而放弃的是什么？精确性。

这个事情我觉得还是比较好理解的，比如讲你的工资，一个月1万块钱，一年12万，大概后面的数字你还会数一数。如果你的工资一年是三五百万，后面的数字你就不计较了，记住前面的数就行了。这就是大数据，必然以忽略数据的精确度为前提。这不是我总结的，是谷歌的首席专家总结的，不敢拥抱繁杂、庞杂，就不会得到大数据的良好、接近真实的效果。

第三个特点，美国人写文章也是有点吓人，他说大数据再也不承认、再也不追求因果关系了，只追求相关关系。因此，理论已经终结了，相关关系非常重要。

有很多相关关系的例子。沃尔玛的历史数据表明，一旦有飓风发生，蛋挞的销量就大增，它不问为什么，不问因果关系，只问相关关系，就是一旦 A 出现了，B 必然出现。所以沃尔玛就把蛋挞和雨伞、手电筒这些东西放在一起，结果销量大增。这就是相关关系。大数据的第三个特点就是不承认因果，只承认相关，让数据自己说话，只说现象，而不说现象背后的话。

第三，关键在哪里？我归纳有这么几个关键。一是整体性，就是关于这个事物数据的整体性，而不是随机、抽样、代表。二是既然有了大数据，就必然呼唤云计算处理能力。三是容错，刚才我们讲了翻译的例子。你看谷歌，谷歌为了做翻译平台，它建立了上万亿的语料库。这个数据是哪里来的呢？都是互联网上已经发生过的数据，其中大量的是废旧数据。所以它的首席专家才敢讲这个话，容错才能接近真理，这条辩证法非常好！四是相关关系和相关性。如果我们稍微理论一点讲，相关关系实际上是什么呢？它的核心是量化两个数据值之间的数理关系。简单地说，就是此长彼长或此消彼长的关系，A 情况出现时 B 情况必然出现的关系，就是相关关系。这是与大家交流的第四个问题：核心是什么，特点是什么，关键在哪里？

五、辩证看出版

最后，简单小结一下，算我联系实际的学习体会。一方面，传统出版人心里面还是要有定力，看清楚大数据的由来、爆发的主因，及核心、特点和关键所在；另一方面，要充分认识到互联网、数字化、大数据、云计算会深刻地、持久地、越来越明显地影响出版，问题是怎么影响。

我们再讲一个情况。15 世纪印刷机出来以后，带动了一次世界性的信息爆炸。爆炸到什么程度呢？印刷机出现以后，一共出现了 1.2 亿册图书。但是从 2010 年谷歌打出数字图书计划开始，只用了一年时间就扫描了这些书的 15%，达到 2500 万册。也就是说，四百多年产生的信息量，谷歌只需要七年就可以备份完。这还只是一家公司，还没有完全展开来做。

大家知道亚马逊，它的一个优势是生产了Kindle（手持阅读器）。在Kindle上你阅读的重复率、标记次数和画线次数都有数据留存，都是读者的重要信息。可是亚马逊把它藏在那儿，不愿意跟出版商共享，因为出版商也不愿意把版权跟它分享。但是以未来的眼光看，大数据现在刚露头，刚刚开始。它一定会深刻地、长期地影响社会生活的各个方面。这个恐怕已经没有多少疑问了，所有的科学家都是这样看的。

联系到我们出版，我的体会是这样的。

第一，改变的究竟是什么呢？数字化已经改变并将持续改变我们图书生产和管理流程，并部分改变呈现方式、阅读方式和营销方式。我还是比较保守的，不太相信颠覆论。因为结果往往不是专家预测的，而是消费者来决定的。我的简单判断是，像我这样的人，正常情况下还要阅读三十年，我们的选择倾向还是纸质书。但是改变是必然的，现实已经改变了，并且还将更大地改变。

第二，凸显的问题是什么呢？是内容的海量，以至于泥沙俱下，难以选择。你看我们只要打开各种数字化的端口，就会感觉到什么都有，但困惑的是不知道如何选择。而且更加严峻的是，垃圾越来越多。

第三，最终稀缺的是什么呢？稀缺的是有效内容的搜索，以及重大思想成果的选择和获得。这一方面表现了互联网也好，大数据也好，都还在成长中，另一方面也说明传统出版的努力还有巨大空间。

第四，现在难办的是什么呢？难办的是内容主体越来越明显地孤岛化。刚才讲亚马逊，各大书商和亚马逊虽然各有资源优势，但是彼此是屏蔽的。用美国人自己的描述叫雪藏，大雪覆盖着藏在那儿。主体的孤岛化以及内容数据化的商业模式难以确定。我们现在要探索的是，在新的数据和数字条件下，商业模式是什么。

第五，数字化和数据化，改变着关于内容生产的市场预测、加工方式、管理过程、呈现样式、交易方法，但是没有改变内容本身的价值，没有改变传统出版人原来所拥有的立点。也就是说，内容这个立点没有改变；它也没有改变内容创新的主体地位，特别是不会改变精神产品生产的规律——规律是不会改变的。

美国人在欢呼、崇拜大数据的同时，也发现问题了。我找了几条。一是有人问乔布斯，苹果搞得这么好，你是怎么调研市场的？乔布斯说没调研，接着讲了一句著名的话，他说，消费者没有义务去了解自己想要什么，这是生产者的事。这是反向的例子，不要大数据预测但成功的例子。二是五百多年前哥伦布发现新大陆，谁也没做过预测，谁也没有数据概念，更没有大数据概念，但是一个历史性的重大发现诞生了。三是福特时代没有数据显示汽车可以代替马车，但是汽车这个重大发明诞生了。这说明，大数据是管用的，但是比大数据更大的数据是什么呢？是人的创造力、直觉和天赋。你看我们的《周易》、老子和孔子，那个时候都不具备大数据的运算能力，他们的智慧是直觉，是悟性，是对事物本质的穿透。精神生产主要还是依循着自身的规律。

我们一方面要看到，大数据、数字化，为我们传统出版带来了知识的集成、需求的判断、趋势的把握、搜索的便捷、跨界的链接。这确实是挑战，但更重要的是商机，是发展空间。从静态上讲，这些是我们传统出版的劣势，但是从动态上讲，应该更是我们潜在的优势。科学再怎么发展，这一点不会改变，出版的本质是选择。在孔子的年代占卜书不少，著名的占卜事例还记入了《左传》。但是孔子做时代的总结，最后列入"六艺"的是《周易》。没有这个内容的选择，就不会有后来《周易》的地位。《诗经》也是这样，也是孔子选择的结果。

看上去一个简单的、具体的编辑工作，带来的是长久的社会影响和伟大的思想成果。归结起来讲，我们要积极、认真地研究数字化、大数据，同时也要吃个定心丸，我们可以学习并逐步驾驭这些新的东西，我们的新型出版一定会在新的技术条件下，做得比传统出版更好，因为孔子告诉我们，编辑出版本质上不是技术活儿，而是思想者的活儿。出版并不怕技术挑战，怕的是思想沦丧。

8. 传统出版数字化的关键与产业方向*

2017年12月8日，中央政治局就实施国家大数据战略进行学习。习近平总书记对实施国家大数据战略、加快建设数字中国提出五点指示。我结合学习心得，谈谈传统出版数字化的关键与产业方向。

1995年美国麻省理工学院教授尼葛洛庞蒂出版《数字化生存》，他的相关预测已经被时间证实。20多年了，数字化已经成为一股席卷全球的大潮。展望新的数字化浪潮，有四种情况值得重视。

一是虚拟成为新的技术主流。我们每个人都只坚信自己眼里看到的东西，这是人类的基本逻辑。但是，人工智能和VR、AR虚拟现实技术打破了这个逻辑。2017年10月26日，美国著名的机器人公司汉森生产的"女性"机器人索菲亚获得沙特阿拉伯政府授予的公民身份，成为人类历史上第一个获得公民身份的机器人。索菲亚的大脑里存储了62种面部表情，能识别人脸、理解语言，能记住与人类的互动，并与人进行眼神接触。

二是共享成为新的经济形态。工业革命以来的这300年，几乎所有的资本都归资本家所有。可是，在互联网时代，共享单车、淘宝、滴滴打车等新的经济形式出现了，资本家独占生产资料这一现实正在被掀翻。以租代买的形式使得资源可以复制，不仅改变了大工业时代资本的独占性，还具有很强的公共服务共赢共享的色彩。

三是移动支付成为新的支付方式。2017年5月，"一带一路"沿线的20国青年评选出了中国的"新四大发明"：高铁、支付宝、共享单车

---

* 这是2017年12月26日在中国版权协会主办的"远集坊"第五期论坛上的演讲节选。

和网购。随后，麦肯锡发布报告《数字中国：提升经济全球竞争力》指出，2016 年中国互联网用户数达到 7.31 亿，超过了欧盟和美国的网民总和；超过 6 亿的中国手机用户使用移动支付，中国已成为全球最大的移动支付市场，移动支付交易额是美国的 11 倍。

四是数字经济成为新时代经济增长的主要动力源泉。腾讯研究院数据表明，2016 年我国数字经济总体量达到 22.77 万亿元，是仅次于美国的世界第二大数字经济体，数字经济在国民经济中的占比达到 30.61%。我国的计算机出货量、手机出货量、网民数量和网络零售额保持世界第一位。在全球市值最高的 15 家互联网公司中，中国占 6 席；在全球十大市值独角兽企业中，中国占一半。麦肯锡报告中最新的"中国行业数字化指数"也表明，2013 年，美国的数字化程度是中国的 4.9 倍，到 2016 年只有 3.7 倍。

在这几个趋势中，我们都可以看到，无论是人工智能、共享经济、移动支付还是数字经济，都离不开大数据作为基本前提。正是这些大数据的存在，使得机器人产品、共享产品、支付体系的创新等成为可能。我们再看一个行业内的案例。2004 年谷歌启动了它历史上的第一个"探月"项目，即数字图书馆计划，准备将全世界 1.2 亿种图书进行扫描，转化成 PDF 格式的数字化资源。它和密歇根大学图书馆、哈佛大学图书馆、斯坦福大学图书馆、牛津大学图书馆、纽约公共图书馆及许多其他图书馆系统都订立了合约，并且短短 10 年内扫描了大约 2500 万册图书，总共花费了近 4 亿美元。但是这个野心勃勃的计划失败了。因为在海量的、碎片化的、个性化的需求面前，内容资源的数字化不是关键，关键的是内容资源的数据化，也就是内容本身所蕴含的全部知识数据。换句话说，就是**"内容即数据"**。

传统的数字内容是单一文本，是语义固定、静态呈现的，适合整体浏览和阅读，不可自由组合，采取关键词搜索，遵循整体范式逻辑；而数据资源是开放文本，是语义多元的、动态呈现的，适合碎片化和个性化需求，可以随机抽取，采取语义搜索，遵循个体范式逻辑。传统的内容是一种产品，而数据资源是一种资产；传统的内容资源是一次投入、一次消耗的，而数据资源是一次投入、循环使用的；传统的内容资源属于算术级增值，而数据资源属于几何级增值。

在大数据时代，我们也更清晰地认识到以下四点。第一，新时代主要矛盾的实质是高质量发展，底层的最基本问题是创新，而创新的决定性因素是科技。第二，传统出版本身还有自己的发展空间，但中心正在转移，融合发展将逐步成为主旋律。第三，在数字化网络化的浪潮中，传统出版商的要害是内容数据，前提是内容的数据化，关键是内容数据的集成，核心是内容数据的研发应用，而我们出版数字化的前景是成为内容数据的提供商、研发商和服务商。第四，在数据化中出版将真正成为内容提供、服务和创新的主体。内容数据的规模，它的资产化、集约性、增值潜力将越来越代表出版新业态的方向。总之，内容数据，对我们的数字化来说是一的一切，是一切的一。

我们力图构建一个以数据为核心、以出版新业态为导向的由内向外、逐步延展的大数据现代知识服务体系。从集团目前发展看，初步可描述为四个圈层。一是基础层，即数据资源平台，也是知识服务的前端，主要解决数字标准、资源供给问题，回答"数据从哪里来"。二是核心层，即知识服务的核心平台，主要提供不同领域的专业化知识服务，主要解决"数据生成了什么"，主要包括大众、古籍、工具书、百科、音乐、美术、动漫、法宣等多个知识服务平台。三是中间层，即电商平台，解决关联领域的交易机制问题，主要解决"数据如何交易"，主要包括综合运营、"易阅通"、艺术品、大中专采选（即全国大中专教材网络采选系统）等多个平台。四是外围层，即大数据智能分析，属于知识服务的衍生领域，主要包括"译云"、新华物流大数据平台。

近年来，中国出版集团正在形成古籍、辞书、翻译、百科学术文化、音乐、美术、法律、少儿等专业数据库，同时集团数字出版资源总库已拥有 20 多万种资源。我举几个例子。

1. 中华经典古籍库

中华书局经过 3 年的开发，已上线古籍 1200 多种，共 10 亿字。2017 年实现升级改造：第一，建立"传统文化大数据中心"，未来 3 年将实现 5 万种古籍、150 亿字的数据化。第二，依托大数据中心，开发古籍、善本、工具书、论著四个数据库。第三，依托大数据中心，一是以众筹分包的形式向大众组稿，二是对古籍进行自动标点、注释、校勘、翻译，三是采取"数字平台＋按需印刷"的方式进行出版。

2. 语言文字知识服务平台

这是商务印书馆以 300 种工具书和 500 多种语言文字图书为基础，为中小学生提供的学习平台。它凭借字词所涵盖的丰富内容，通过可读、可视、可听的方式，构建生动形象、触类旁通、激发思考的知识学习体系：一是纸本到线上的产品服务，目前已上线《新华字典》App；二是数据库服务，可针对不同需求开发不同数据库；三是多语种学习；四是与华为、腾讯、百度、搜狗、科大讯飞合作，提供权威的语言文字基础数据。预计在 5 年内实现个人付费用户达到 60 万人/年、累计 150 万人次，机构用户累计达到 1400 家，App 累计销售 157.5 万份，数据包产品用户最高达到 500 万人/年。

3. 中读

它是三联书店旗下《三联生活周刊》开发的知识服务平台。汇集杂志、自媒体、书籍等内容数据，通过大数据的深度解析，提取内容兴趣点、知识点、用户的阅读习惯、阅读互动行为等，对用户进行精准画像，为用户提供更精准的内容。同时，通过互联网化的手段，不断聚集内容、用户及需求，形成内容生产传播大数据生态。

4. "易阅通"平台

这是中图开发的全球数字出版进出口服务平台。它的特征有以下几点。一是实现数据资源的海量聚合。目前已上线外文电子书 36 万种、数字期刊 1.35 万种，中文电子书 39 万种、数字期刊 3700 多种、有声书 10.5 万集、开放获取资源 5.4 万种。二是实现对图书馆由纸本提供向数据内容提供转化。三是打通了国内外 4 万多家图书馆和 100 多万个人用户的渠道，并在 100 多个国家开通了 24 小时直供的按需印刷网点。

5. "译云"大数据语料库

这是中译公司开发的多语种大数据翻译与分析平台。它的主要特征有以下几点。一是建立了拥有 40 亿句语料的自有语料库，仅次于谷歌。其中，中英语料库全球最大。二是汇聚了 1979 年以来的全球互联网新闻数据和社交媒体数据，覆盖 100 多个国家和 60 多个语种，日更新 3000 多万篇新闻数据和 5 亿多条社交数据。三是超越了关键词搜索，通过语义搜索技术，进行跨语言大数据的深层次语义分析和理解，让搜索变得更加智能、精准。

以上这几个数字平台目前都崭露头角，呈现出较好的发展态势，既为我们加快融合发展积聚了比较强的发展动能，也为我们打造数字集团奠定了一个初步的基础。

9. 融合发展的中心是数据化*

出版人在技术演化中往往后知后觉，但最终驾驭了技术，并成就了新的出版业。这是因为他们手上有内容，脑中有思想，心里有情怀。自"数字革命"以来，我们又处于转型的尴尬、融合的迷茫之中，就像铁甲骑士看着奔驰车而焦虑，就像神箭手对着马克沁而浩叹。21世纪以来，我们先被动、后主动，但整体被动地为数字技术所裹挟，我们经历了办公自动化、ERP系统、电子文本、大数据、云计算、VR、AR等技术革新，我们在迷茫中进步了，又在进步中困惑了。"无所疑而知者，必非真知。"与技术服务商、互联网公司和研发创意公司相比较，以我们融合发展所处的阶段和方位来考虑，我们融合发展的优势在哪里，中心是什么？

融合发展的中心不是数字化，而是数据化。机器人索菲亚的出现，是一个巨大的惊叹号，是大数据和云计算点燃了她的生命之火。谷歌"数字图书馆计划"最后终止了，大家注意，它是数字化，而不是数据化，因而那些单一的、大块的数字文档，根本满足不了海量的、碎片化的需求。在大量案例的背后，我们越来越清晰地看到，出版融合发展的根与本，不是内容资源的数字化，而是内容资源的数据化。

数据 DATA 在拉丁文中的本义是"已知"和"现实"。专家说可以把一切都看成是数据的存在，数据化是把现象转变为可制表分析的量化形式，而数字化是把模拟数据转化成用 0 和 1 表示的二进制码。谷歌的冒进对我们传统出版人的困惑是某种安慰，但更是警醒。在大数据时

---

* 这是 2018 年中国出版集团公司年度工作会议上的讲话节选。

代,出版大数据不仅仅是传统意义上的生产营销数据、阅读行为数据,更是植根于内容本身的全部知识数据。换言之,"内容即数据",这是关键,是中心,是"一的一切",是"一切的一"。

数据化的实现途径不是一般的海量,而是专业领域的海量。数据的能量在于"大",大数据的生命在于云计算和所谓的"算法"。人类包括谷歌、亚马逊在内的大数据不可谓不海量,但相对宇宙却只是微量。科学的神奇还在于,研究越广,探求越深,拥有的知识和数据越多,"已知"和"未知"的比例却越小。可见,海量数据是相对的。因此,瞄准专业、盯住学科,我们就可以实现相对的海量。如果我们还能实现逻辑性跨界、开发性融合、整合性获取,就可以从数据的大河驶入数据的大洋。

数据化的集成取向既是海量聚集,也是平台开发。平台是市场的晴雨表,是创意的演兵场,是产品的实验室。我们既要重视内容数据的大量集聚,为创新提供可能;又要重视方向正确、需求清晰的有效聚合,达到投入产出的中长期平衡,形成以数据支撑平台、以平台带动数据的良性互动。

数据化不仅是内容转型的方向,而且是出版新业态的产业方向。苹果公司的固定资产很小,但它的数据资产巨大。内容资产数据化趋势,决定了数据资产化的必然。加工内容数据,就像"广积粮",手中有粮,心中不慌;购置内容数据,就像囤土地,时机一到,"内容为王"。物质资源是损耗性的,一次投入,一次产出,用完即无;数据资源是保值性的,长期持有,反复使用,持续增值。这是知识经济的真谛,是内容产业的制高点,是融合出版的产业方向。

数据化的要害是内容,更是机制。数据化的本位是内容,专业化的本位是达到相对的海量,平台化的本位是市场,资产化的本位是未来,而这一切的本位是人。那人的本位呢?是组织,是机制。决策、用人、分配、投入、经营机制很重要,但共筹、共创、共享的机制在融合发展领域更重要，是成功的要诀。

  数据化的目标是成为内容的提供商、服务商，更是内容的创意商。中国出版业经历了转企改制驱动和上市融资驱动，今天，正在进入数据驱动的新时代。中心是内容数据化，关键是数据加工和集成，龙头是数据研发，前景是成为数据提供商、服务商和创意商。我们既要坚持知识、思想、文化等内容服务的体系性、完整性，也要看到，在数据可拆分、可标引、可字词搜索及可语义搜索，同时又可拼装、可截取、可集成，可文字、可音频、可图像、可视频、可 VR、可 AR 的基础上，我们内容创新的主体地位将愈加凸显，我们创意创造的空间将愈加广阔，新时代的出版大数据知识服务体系和教育学习体系将梦想成真，并好戏连台。

附录
媒体采访

1. 关于出版产业的几个问题

（江苏广电总台《巅峰访问》栏目2011年3月采访，
主持人：陈怡）

陈怡：直击公司登顶时刻，解析精英成长历程。大家好，欢迎收看《巅峰访问》。今天我们请来的是凤凰出版传媒集团的董事长谭跃先生。谭董您好！

谭跃：您好。

陈怡：我们知道，罗马城不是一天建成的。2005年您到了凤凰，2008年凤凰出版集团就成了中国出版业一个过百亿的出版集团。2009年120亿元，2010年135亿元，今年听说目标是150亿元。我觉得这一路走来从麻雀变凤凰，从凤凰再涅槃，各界有很多解读。您在此之前是政府高官，然后变成企业高管，在这个角色转换当中您需要做心理调适吗？

谭跃：那当然是有了，比较突出的一个是，在党委部门工作主要是想怎么把钱花好，花到刀刃上，在这个地方主要是想怎么把钱挣回来。所以方方面面都有一个调整的过程，但是有一个主旋律，我觉得过去的经历对现在还是管用的。就是说在党委也好，在政府也好，它积累了一个什么呢，就是对事情的一个基本判断。做企业也是一样，把一个事情判断好，方向你基本上就找到了。所以在变当中也有不变。

陈怡：现在凤凰主要有六大业务板块。

谭跃：对。

陈怡：出版、发行、金融、地产、印务、酒店。

谭跃：对，你对我们很熟悉啊。

陈怡：必须要做的功课。您 2005 年到凤凰，到 2006、2007 年那时候压力还是挺大的，因为很多人在质疑多元化这个问题。

谭跃：对。

陈怡：当然现在看来是非常成功的。以地产为例，结合集团主业，提出"文化地产"这样一个概念，从文化消费终端来进行一个渠道的建设。

谭跃：对，关于多元化我们还是很谨慎的。首先是研究国外的一些情况，国外的情况告诉我们，多元化失败的例子多于成功的例子。但是成功的例子呈现出一个基本的经验，就是找到关联性。比如说我们江苏文艺社的长篇小说，长篇小说和电视片的制作是有资源的关联性的。所以我们 2010 年就买了一个影业公司。再比如说，我们这个产业的链条比较长，编印发供都有。因此这个产业链条实际上是我们的潜在优势，也就是说是投资机会，我们的发展机会会比较多一点，这也是一个纵向的多元。再一个是从资金的观念上面来看，因为我们出版不需要太大的资金，但是我们又积累了比较多的资本，怎么办呢？所以现在基本上金融的每个领域我们都投入了。今年又投了人寿保险，这个方面还是帮我们积累了很多资金。但是回到多元化的问题上来说，就是一定要把握它的关联性，但是关联性在今后发展的条件下，它会有变化。比如讲人才，去年我们就发现我们有一个团队对动漫很有研究，所以我们就给它资金，它今年就做起来了，可能情况会比较好。所以多元化要找到自己和多元领域的关联，也就是找到自己发展的优势吧，不能盲目发展。

陈怡：出版传媒，它的主业还是出版。

谭跃：对。

谭跃：我们在社会的定位当中，还是应该看到图书出版仍然是我们的主业。企业外界对我们有一个误解，认为多元发展带动了整个集团，其实它只是一个重要的因素。从这几年的报表看，我们的主业占我们总销售额的 85%、86%。它的利润贡献也占到比较高的比例。

陈怡：60%。

谭跃：对啊，你对我们有研究。利润贡献说明了一个什么问题呢？就是图书这个行业从过去的高利润走向了平均利润，因此作为一个行业，它也有一个驱动，就是要有利，就不能锁住自己的手脚。这几年像金融、地产给我们挣来的利润，占了 40% 左右，但是我们的地产跟一般的地产是有区别的。就是在我们的战略之下，它是为我们的文化消费终端网服务的。它是我们战略中的一个战术部队，因此我们才叫它文化地产。

陈怡：对于地产，这几年国家宏观调控也非常厉害，不管是文化地产还是商业地产，它都是要跟国家大政策相关的，对此凤凰置业、凤凰集团会有怎么样的对策呢？

谭跃：嗯，这个事情是比较严重的，我们从去年就开始研究。因为国家收紧银根，今年会持续这样做下去，这样使房地产外部形势发生了比较大的变化。但是我们不怕，我们研究清楚了。第一，我们集团的总部是有雄厚资金的，我们可以帮助它渡过这个非常时期。第二，我们找到了一个出路，刚才我说过了，也就是文化消费终端网，尤其在江苏，我们江苏因为相对经济比较发达，文化的需求量也比较大，所以各个城市都希望能够建一个大的书城。我们研究了台湾的诚品书店。诚品书店是非常成功的，这个模式将会使我们江苏很快复兴起来，通过这个模式我们就可以给地产的开发找到一个二三线城市文化消费终端网的模式。实际上就是一个综合性文化消费中心。

陈怡：就是 MALL 模式的。

谭跃：对，这个路走开，我相信地产现在外部形势的变化，对我们凤凰置业来说影响不会太大。

陈怡：凤凰书城在苏州有一个很大的项目。

谭跃：苏州有一个大项目，南通有一个大项目，现在扬州正在做，镇江正在做，徐州已经做好了。还有一些县级市，比如姜堰啊，还有靖江都已经做成了，现在效益都是不错的。

陈怡：还有另外一个您没有提到，跟海南的跨省的合作。

谭跃：对，跨省的发展，这也是我们发展的一个战略重点。我们当时投资海南的时候有些人还是有些想法的，因为海南的读书人群并不算多，因为它人口总量不多。因此图书的发行有多少前景呢？在这个问题上他们是对的。当时我们也看到了海南旅游发展的巨大前景，所以我们跟海南合作，更看重的是它的土地资源和销售网络。

陈怡：凤凰出版传媒集团还有两大联手，一个是和全球最大的大众出版机构阿歇特的合作，另外一个是和美国佩斯大学关于孔子学院的合作，是这样吗？

谭跃：对，我们跟佩斯大学合作的孔子学院呢，基于两条。第一条，佩斯大学它有个特点，它是在美国第一个建出版系的，也是第一个出版刊物的，它出版的刊物在全球的影响比较大。第二条，我们希望能够借这个平台做我们的教材啊，因为孔子学院现在最缺的不是资金，也不是学院，现在已经有几百个学院了，最缺的是好的教材。

陈怡：古代的时候，文化是跟着战争、宗教走，现在文化可能更多的是跟随财富走。你有话语权了，别人的目光自然就被吸引过来了。中国经济好了，中国热了，对于文化产业这一块，想要了解、想要学习中国语言的人就多了。孔子学院针对的主要是没有中文基础的人，教材的编订和设置是否需要一些特殊的考量？

谭跃：它实际上就是两个结合。一个就是需要学的内容要提供好，所以我们选择南京师范大学一些教授作为这方面的研究者。第二个就是用的方面，要考虑到它的一些习惯啊，所以在佩斯大学找了一些教授，这两部分的教授共同开发教材。全球瞩目的时候，中国的资本、中国的产业正在往外走，因此它必然刺激国外的人了解中国文化，现在汉语热就是这样形成的。这次我到埃及、土耳其，我们两个导游，普通话水平可能都比我高，却都是当地人。他们也告诉我们，汉语学习形成了热潮，背后可能跟中国现实有关。

谭跃：我刚才已经说到了布局，我们还会坚持，首先是成品书对外输出，第二个是版权交易，第三个是合作出版，第四个是要研究好资本"走出去"。跟阿歇特呢，主要还是"引进来"，因为我们有个基本的想法，还是多学习国外，所以对阿歇特的进来，我们持欢迎态度，但是同时我们对它也提出了要求。就是在进入中国市场的同时，我们也要借助你们的全球网络，走向世界。我们也定了一个指标，每年要增加5%，让我们的图书能够走向世界。实事求是地讲，两三年内我们在国外设立一个图书公司是否能挣钱，我们是没有底的，但是我们有底的是，我们看重未来的五年，如果我们能够培养出一支队伍，这个公司就是成功的。当然有个条件就是，我们集团具备了这样的实力，我们能够容忍一些局部的小的……

陈怡：失误？

谭跃：不叫失误，叫暂时不盈利。

陈怡：或者说一些学费。我记得您好像曾经表述过这样一个概念，国有并购是同类合并，并购民营是异质整合，您觉得异质整合是更具有爆发力的。这能否解读成，您更倾向于并购民营资本？

谭跃：对，这个我们是做过研究的。第一是研究了我们中国出版业的一百年。一百年的情况告诉我们，凡是出版行业做得好的都是股份制的。比如我们现在响当当的商务印书馆啊，中华书局啊，在20世纪二三十年代都实现了股份制，而且有国外资本、国家资本，也有民营资本。那么第二个问题就是，为什么股份制就好了呢？因为它带来了不同的东西，国家资本带来的最重要的是资源，民营资本带来的是市场活力，而外国资本过去和现在带来的都是技术、设备、理念。从哲学层面上我们来思考，同质的东西一般是没有生命力的，异质的东西才会有生命力。

陈怡：不仅是从这个原理上面得到了验证，其实从实例上也有行动。比如凤凰联动。

谭跃：对，我们凤凰联动，去年已经做到了7000万元。7000万元对于五六十个人的生产单位是相当惊人的，而更重要的不是经济数字，主要是带来了一些畅销书。过去我们集团，大概9家出版单位的畅销书加起来也不过就两三本能达到10万册以上。可能这一个生产单位，一年就能达到10亿本。你看去年我们以出版为主体，并购了10个项目。这10个项目从今年来看，估计能带来10个多亿的销售。从投资回报的角度来看，估计三年吧，最长三年可以收回。

陈怡：在激励机制上面您有什么举措？很多企业现在都在做期权计划。

谭跃：在过去呢，文化企业是不允许这么做的，但是今年，国家新闻出版总署工作大会上，正式提出了期权激励的改革试点，其实在这之前，我们已经悄悄地做了一点试验。为什么现在还不能大面积地推开？因为它涉及了公平问题，就是说，怎么做到公平。这个事情我们正在研究，相信在国家试点的推动下，我们江苏这方面可以有自己的一点行动。

陈怡：股权激励如何公平、如何科学化，可能还要另外加一点中国特色，没有任何模板。

谭跃：对，因为中国特色就是有一个惯性的平均主义思想。所以我们也注意到了一些基金的做法，有基金的年限，这个人的学历等因素凑成一个指数，达到这个指数就可以获得多少期权。这个是值得我们参考的。

陈怡：2008年凤凰置业上市是借壳ST耀华，今年是出版和发行主业部分上市？

谭跃：今年我们是筹备主业整体上市，去年年底我们已经把所有工作都做完了。

陈怡：中国出版集团和上海世纪出版集团也正在筹备整体的上市，安徽出版集团已经上市了。

谭跃：有了更多的社会股东来监督我们，逼着我们把一些制度建设好，我觉得这是对我们企业最根本的好处。当然，融资也是很重要的。据中介机构给我们测算，我们主体上市的这个公司，可能会给我们融资50个亿到60个亿吧。第三个给我们带来的好处就是，我们会更加有使命感。你想想看，50多个亿在你手上怎么用啊，这就天天逼着你要去思考。

陈怡：这只是第一步，从私募到公募变成一个公众公司，受到大家监督，像您说的，会更具有使命感。那作为文化产业，还有没有什么特别的意义？

谭跃：特别的意义可能跟我们这个历史阶段有关。因为中国已经到了一个文化产业发展比较大的阶段，但是你要大发展的话，没有充足的资本是不行的。所以上市公司跟其他的产业相比，从我们文化这个方面看，可能跟这个时代的节拍是吻合的。所以现在谁先上市，谁先赢得主动。

陈怡：说到底还是一个资本的问题。

谭跃：对，因为中国出版行业，以我的观点看，在过去的产品、品牌、人才竞争的基础上，现在主要产生了三大新的竞争，第一个是资本的竞争，第二个是制度的竞争，第三个是数字化，也就是科技的竞争。

陈怡：您已经提到数字化了，这应该是您的观点，其实数字媒体第一波冲击的是平面媒体，第二波冲击的是广电，就像我们传统媒体，第三波冲击的才是图书。尽管是第三波冲击，凤凰出版传媒集团在数字化这方面也走得比较领先，其中一个是跟台湾原泰科技做了个凤凰电子书包。

谭跃：对。

陈怡：另外一个是合资成了凤凰学艺，打造教育资源的网络平台。

谭跃：现在我们着力建设的四个平台，第一个平台是你刚才已经讲到的终端平台，也就是电子书包，第二个平台就是生产的流程管理平台，第三个就是内容的集成平台，第四个就是内容的投送平台。投送平台简单地说，就是把我们发行的网络图书做到网上去。

陈怡：打造网络平台是否和近年来较多实体书店关门倒闭有关？

谭跃：实体书店应该两面观，有的地方还是好的，比如在发达地区，我做过几个县级新华书店的调研，他们每年的增长在10%到20%，这个增长还是相当高的。

陈怡：县级书店？

谭跃：没错。

陈怡：这其实是一个怎么去挑选、怎么去解读的问题。

陈怡：对于凤凰出版传媒集团，谭董未来的预期和远景是什么呢？

谭跃：我跟我们总经理经常交流这一问题。在我们这一路上，把所有的事情全部往上拎，最后就拎成两件事。第一件是我们的经济发展一定要能够可持续，要能够尽快实现200亿元，为我们的未来，为我们后人的发展奠定一个更好的基础。第二就是要建立一个好的制度。刚才我们说到了，这个制度要有两个基本点，第一要有激励作用，第二要能够管控好，这个制度就是管长治久安，管持续发展。如果这两件事情做好了，我们集团的预期应该是比较好的。

陈怡：相信会做好的。

谭跃：我们会努力。

陈怡：最后一个问题，跟您个人的爱好有点关系。您是书法高手。

谭跃：谈不上高手。

陈怡：同时听说也是太极高手，23岁就开始打太极，当时好像是为了治疗自己的颈椎。

谭跃：对，没错。

陈怡：现在还在打？

谭跃：现在打得少。因为打太极一定要很安静，搞企业不太安静，老是为一些事情着急。但是写字也好，打太极也好，跟我们做人做事做企业还是有关联性的。写字讲究的是什么呢？它实际上讲究的是辩证法，上下的关系，左右的关系，粗细的关系，黑白的关系，等等，是一个对立统一的问题。打太极也是，太极强调的是强弱、快慢这样一些关系，这些对企业也是有启发的。我们在这个当中体会到了联系企业自理和发展的实际，我们提出要敢为不妄为，做大不贪大，增强不逞强，自信不自负，还有很重要的一条，争先不恐后。一个企业不能包打天下，就像最优秀的短跑运动员刘易斯，你叫他长跑行不行？所以我们看到别人的强项的时候，要用欣赏的眼光，不要把自己的弱项努力去做强，而是要尽可能把自己的强项做得更强。这个心态很重要。急事要缓，凡是急的事不能急，特别是企业的领导不能急。好事要冷，凡是好东西一定有不好的地方，要想到不好才是好。大事要静啊，凡是大的事情就是比较复杂的事情，而面对比较复杂的事情时，你要有一个安静的心态，去想个三天三夜，你的决策一定不能失误。反倒是难事要管，我们会遇到发展的、改革的、市场的各种各样的难事，但是一定要保持乐观的态度。我觉得你要对形势有所了解，对中国的产业有所了解，你自己也有利，对竞争对手也有利，心中有数，难事不难，一定能在难事中找到新的契机。

陈怡：心中有数，难事不难。中国出版传媒成长发展的环境因素其实是比较特别的，它没有可以效仿的模板，必须要选择一条自己的发展道路。很显然，凤凰出版传媒集团现在找到了，并且我们也可能看到它未来的前景。

谭跃：我们先努力一步，争取做到世界有名吧。

陈怡：相信会的，谢谢您接受我的专访。

谭跃：好，谢谢。

2. 中国出版集团的特色发展道路

(《出版商务周报》2015年4月27日，记者：原业伟)

编者按：在上任后五个多月内，谭跃带领集团领导班子前往集团下属的基层单位开展广泛、深入、细致的调研。经过近20个调研座谈会的情况摸底、深入论证、慎重思考，从集团的历史禀赋、文化使命和现实特点出发，他和集团领导班子明确了以"三六构想"为核心的集团未来十年发展主体战略，即：通过实施内容创新战略、品牌经营战略、集团化战略、数字化战略、国际化战略、人才强企战略"六大战略"，努力实现"现代化、大型化、国际化"这一"三化目标"。党的十八大后，中央领导同志对中国出版集团（以下简称"中版集团"）的改革发展寄予殷切希望，明确提出要用五年左右的时间努力建成"国际著名出版集团"，这也成为中版集团近期改革发展的总体战略定位。

定位专业化发展，深耕品牌经营

结合中版集团十多年来的发展实践和自己的深入思考，谭跃和集团领导班子认为，要实现"国际著名出版集团"的战略定位，集团必须走一条特色发展道路——即内容生产营销进一步专业化、企业化、品牌化，从而有效规模化、更快数字化、逐步国际化。其中，专业化是中版集团的战略发展基石。

谭跃认为，专业化发展道路是中版集团发展战略的基础。为什么要强调专业化？谭跃分析了中版集团当时面临的"十强十弱"之后，与领导班子一道提出，中版集团特色发展道路的核心是坚持走专业化道路，坚持壮大出版主业，出版更多精品力作，履行好国家文化使命。这也是谭跃在2013年度中版集团年度经营报告中重点论述的问题，他以深刻的忧患意识警示集团，如果在专业化生产营销上没有实招、缺乏硬招，中版集团和国际著名企业的市场影响力相争，就不是在增强，而是在减弱；和社会新型数字化出版力量相较，就不是赢得先机，而是可能丧失未来。

谈到坚持专业化的原因，谭跃表现出了一位出版家的理想与情怀。他认为，出版之所以有价值，不在于迎合市场，不在于追踪读者的口味，而在于出版人有思想，知道怎样选择，告诉市场什么是可以接受的。"在伟大的作品出版之前，没有人有需求，是伟大的作品创造了市场。""出版的本质是文化选择，是做价值选择、价值塑造。""一个好的出版社，首先是一个有思想的出版社。"作为出版人，要了解市场需求，但不能简单地根据读者口味出版图书，而是要从思想潮流、时尚潮流、生活潮流中，提炼出向上的积极内容——人们必然向往和追求优秀作品。孔子就是一个例子。孔子作《春秋》，融入微言大义，实际上成就了一部国史纲要。他对诗歌进行筛选，看上去是编辑性的工作，实际上是思想性的选择，是社会价值的体现和引导，成就了《诗经》。《周易》的传播也体现了孔子的文化选择，当时著名的易经还有《连山》和《归藏》，但是孔子的选择和注释奠定了《周易》对中国文化两千多年深刻的影响，遍及普通老百姓。因此，集团的专业化道路，涉及出版技术层面，更重要的是思想层面、文化层面。谭跃表示，希望集团未来能够培育和涌现一些出版大家、文化大家。这就需要编辑们把握重大选题，推出重要著作，这样读者才会认可这顶桂冠。如果对我们所处的时代没有回应，没有重要著作诞生，那对不起集团的品牌。最近正在召开的全集团首届编辑大会，将进一步增强集团选题的现代性和时代性，重点抓好编辑的思想建设、文化建设，这也是专业化发展的一个重要主题。

谭跃认为，今天的出版人应始终将改革和文化放在一个辩证的角度加以考虑。改革的实质是学会用企业的方法做文化、做出版,学会用资本的方法传播核心价值观、传播社会正能量。社会主义核心价值观是一种将日常生活和社会现象进行凝练归纳后的高度原则化的思想理念,因而出版人在践行社会核心价值观时,要善于"顶天立地"——所谓"顶天",就是要自觉地去践行指导思想,积极发挥价值引领作用;所谓"立地",就是在具体操作中要善于将其还原为生活,善于贴近市场和读者。

谭跃表示,中版集团专业化的策略具体体现为:第一,从出版的主体来说,各出版社要有专业化的定位。第二,在各自专业化定位的前提下,要有符合定位的产品线。第三,要不断扩大、定位和产品线规划相符合的作者资源。第四,培养在专业领域可以和专家进行思想对话的编辑。第五,企业要有激发内容创新活力的良好机制——机制就如同汽车动力和制动系统,既要有发动机,也要有制动力,但要以激发人的创造性为主。

在中版集团领导班子看来,在"六大战略"中,品牌战略是总战略。谭跃分析,由于中版集团的发行业务和教材板块相对弱势,历史上形成的核心优势是品牌,因而要视之如珍宝,时时擦亮,如果它们在历史长河中黯淡凋零,就是这一代出版人失职了。而品牌的铸造和弘扬植根于专业化的基础。品牌的内涵是思想文化,不仅仅是 Logo 和宣传口号,最根本的是要把握好时代脉搏。2014 年是中版集团大力推进品牌建设的一年,集团明确提出了一个品牌核心理念——"品牌就是集团的核心竞争力",成立了品牌推进工作小组,制定了品牌经营战略规划、宣传方案、营销方案以及政策性支持措施的集团品牌经营战略推进大会等重点会议,遴选了第一批 329 种品牌名录。未来,集团将围绕"做响品牌产品、做强品牌企业、做优品牌技术和服务"这一中心话题,致力于推进品牌与品质、与内容、与科技、与市场、与资本的"五个融合",努力将品牌做得更响、更强、更优。

数字融合之路,谋求内容多元化表达

谭跃认为,规模不是中版集团的主要选择,但有效的规模是企业化的基本取向。在专业化发展的速度上,他引用了老子的一句话说:"企者不立,跨者不行。"他还用生动的比喻来说明这个问题:人体的最好状态是36℃~37℃,保持常温;人的认识的最好状态是回归常识;企业的最好状态是保持常速,进而实现可持续发展。企业的发展一定要立足现有的实际,不要追求短期目标,而要追求未来的方向和现在的部署有机相通。数字化和国际化就是例子,如果太强调规模和速度,就不会有重点投入,因为重点投入三到五年内很难见到经济回报;但是它们又是出版产业的未来发展方向之一,因此我们必须对其加以重点关注和集中培育,善于抓住其未来的规模和速度。

"数字化即出版专业化基础上的纵向多元化,是内容基础上的多元表达,是纸质基础上的媒体多元。"谭跃如是说。中版集团在目前的历史阶段不刻意追求横向领域的多元化,但追求专业领域的纵向多元。数字化让一份内容拥有多种表达,是实现适度规模化和纵向多元化的重要途径。出版业的规模化,是在专业化的基础上实现的。现阶段,数字化给出版业带来了希望,如果能在内容环节实现数字化突破,将迎来专业化基础上的规模化。谭跃还认为:"对出版来说,数字化一是内容本身,二是内容传播,三是管理。从出版全程看,应该特别关注的是内容本身,而不只是管理过程数字化。数字化进程已经推进十多年了,我们一旦进入内容本身的数字化,传统出版的优势就体现出来了。因为我们拥有优质的内容资源,再加以技术手段的运用,就能将呈现方式变为现代读者、现代市场可以接受的形式。"

谭跃还清醒地认识到,年轻人天生就是数字派,数字化是年轻人的事业,作为集团领导,他自己的职责是明确定位,选择一批青年人才,设计一个好机制。他谦逊地认为,在数字出版上,领导要有自觉,很多事情搞不懂是"好事情";如果所有事情"都搞懂",反而可能成为井底之蛙、武大郎开店。领导要搞懂的是数字化的方向,是发现数字化的人才,是设计机制激发人才不断搞懂数字化的具体路径。因此,在数字化方面,中版集团没有采取"大一统"的运作模式。因为数字化有点像科学研究,会有一个探索和试错的过程。数字化有风险,统一运作风险更大;散状发展,十个点有两个成功,就会成为楷模,总体代价便会小。例如,中华书局的古籍和大百科全书出版社的百科项目,都有自身的特色。如果合并,专业化的优势就不明显,品牌的识别率不强。而数字化要做出特色,就要有鲜明的专业识别率。

明确"六个要点",做响海外市场

关于中版集团的国际化发展路径,谭跃提出了"近期做响、中期做开、长期做强、总体做实"的发展战略,确定了"深化欧美传统市场、开拓新兴市场和亚非拉主要国家市场、壮大周边市场"的基本布局,明确了以版权、项目、翻译、数字化、人才和机制等"六个要点"为核心的国际化工作思路。

谭跃认为,这既是落实中央精神的战略规划,也是中版集团的产业发展定位,更是集团旗下出版人的文化追求。谭跃分析,要做到"著名",绝不仅仅是在海外做些宣传,标准有以下几条:第一,从产品层面看,要有海外畅销的书;第二,从集团层面看,要和主要的国际出版集团有持续业务往来;第三,从内容核心层面看,在海外出版的有影响的图书要突出两个重点,即中华传统文化的现代阐释和中国当代道路的学术表达;第四,涌现出国际认可的编辑家、出版家、企业家;第五,要有一定的经济规模。

谭跃说:"我们的判断,短期内要在国际市场做大做强,可能性不大;做响经过努力是可能的,这也是我们近期的追求。只有中国的文化产品真正卖出去,才能最终做大做强。"

注重企业精神，坚持"诚""谦""和"

谭跃深谙中国哲学，并以此指导企业的发展思维。对于走集团特色发展道路所需要的企业精神，他认为，就是要坚持和弘扬中国传统文化中最重要的三种品质："诚""谦""和"。

谭跃认为，"诚"在中国传统文化中非常重要，因为符合秩序的"道"是由人的情感发生，湖北出土的郭店楚简记载："道始于情，情生于性。""性自命出，命自天降。"这两句话表明，千道理，万道理，懂得人情世故是大道理，懂得公道在人心是大道理。如果没有诚意，则失去正心，长此以往会有危害。正如韩愈所说："其责己也重以周，其待人也轻以约。"这是企业文化的一个要点。

在采访过程中，谭跃身上谦和的气质给记者留下了深刻的印象。谭跃说，古代有很多成于谦和、败于骄奢的案例，他引用红楼梦中《好了歌》说明"谦"的道理："《好了歌》以诙谐调侃的方式，讲了一个令人震惊的道理：我们的努力就是希望'好'，但人间的道理却是'好'就是'了'。这就是为什么越是大家越谦虚，道理就在于此。一个集团也是这样，'谦'才能做大。""和"是中华文化的核心概念之一，作为哲学博士，谭跃为人处世做企业都讲究"和"，这不仅因为"和实生物"，而且"和合为本"。他紧紧围绕一个"和"字来谈中版集团的企业化发展道路，听来别开生面。

谭跃说，做企业要讲和气，但不是一团和气。"和"与"同"是两个概念，股份制就是"和"，不同的事物放在一起，但可以和谐相处。对中版集团来说，"和"还体现在要突出修炼"大气"，就是开阔包容、胸怀宽广，这是另一个层面的和气。他认为中版集团的"大气"应该包括以下几层含义。第一，要有世界的眼光和思维方式。第二，市场主体之间虽是竞争关系，但本质是合作关系，集团化是为了提高中国出版业的集中度，集团是资产所有权的划分，但"分"的背后是产业的"和"。

第三，既要坚持基本的底线，也要习惯"不习惯"的新东西，进而鼓励创新，而不仅是容忍或者宽容。第四，创新就是从规律上看问题。想要了解中国出版业的规律，心胸一定要比较宽。一个人的心胸是随着思维和视野而展开的。

谭跃认为，优秀的出版企业还应该讲"文气"和"商气"。他告诉记者，他刚来中版集团的时候，很关注企业经营，因此常说出版人"文气很重，商气不够"。理性地看，文气很珍贵，但商气不足是个问题。因此，集团要实现"文以载道、商以传道、创新弘道"的有机统一，并通过"做大文化影响、做强经济实力、做实改革管理"来予以具体落实。

在采访结束的时候，记者即将告辞，谭跃又语重心长地补充了他的观点："作为文化企业，大气与文气相通，出版人要做文化的贡献者，不做市场的奴隶，就是大气。"谭跃认为，一个出版企业最终是否成功，主要有三条标准：一、是否出版了好书；二、随着好书的出版，是否出了一批人才；三、随着好书和人才的涌现，出版单位是否成了一个好的文化企业。

最后，谭跃还表达了对出版未来的信心："从外部讲，城市化的本质就是知识化，中国的读书人会越来越多。随着城市化进程推进，知识化程度提高，人们会逐步加强对深阅读的关注。从内部讲，如果我们增加有品位的内容，读者一定也会增加。如果在此基础上实现数字传播的商业模式，我们会占有更多的市场份额。'功成不必在我'，数字化和国际化可能在任期内看不到清晰的政绩，但我们相信基础是非常重要的，这决定了集团今后的方向和发展。"

3. 新技术对传统出版远未构成颠覆性影响

——专访中国出版集团公司总裁谭跃

(《三联生活周刊》2015年第18期，主笔：曾焱)

2015年4月14日，伦敦书展在奥林匹亚会展中心开幕。当中国出版集团公司总裁谭跃走上演讲台，台下人有些惊讶。

每年全球出版的图书中约25%为英文图书，欧美出版人一直是国际书展的主角。但这一次，组委会却首次邀请来自中国的谭跃作为唯一的亚洲出版人进行了演讲。"我看到了中国文化影响力的释放。"谭跃在接受本刊专访时谈到他在现场的感受。

惊讶不止于此。当天晚上，伦敦书展将分量最重的"国际出版卓越奖主席大奖"也颁给了中国出版集团公司。这个奖是为了纪念刚去世不久的西蒙·马斯特而设——作为伦敦书展创始人兼首任主席，西蒙·马斯特是英国及全球出版业的标志性人物。新设大奖意在表彰对全球出版业做出杰出贡献的出版集团。作为中国出版业的一个代表，中国出版集团公司这几年在传统出版和数字化转型等领域的国际性拓展开始获得关注。

在4月23日"世界读书日"，谭跃和伦敦书展主席杰克斯·托马斯一起参加了中央电视台《对话》节目。在录制现场，他介绍了中国出版"走出去"的现状，也谈到了传统出版和数字化时代的互动关系。

中国出版集团公司在伦敦书展上与剑桥大学出版社签署了合作翻译出版"中国近现代文化经典文库（英文版）"的战略框架协议。"文库"由集团公司旗下的商务印书馆、中华书局、生活·读书·新知三联书店、人民文学出版社等共同打造，遴选了中国近代以来 400 多种人文社科和文化领域的著作淬炼而成。和剑桥大学出版社的合作，将推动中国文化的这些经典进入英语世界。

在拓展传统出版国际版图的同时，中国出版集团近几年也正在投资打造数字化战略重点项目。2013 年，中译公司的控股子公司——中译语通科技（北京）有限公司开发了"译云"平台，它综合语言服务和数据资源，包括互联网门户网站、找翻译 App、翻译助手、多语呼叫中心、多语视频会议系统等多个产品。在伦敦书展上，"译云"平台还发布了最新全免费的译库网页翻译 API。另一个重要的数字化项目是《中国大百科全书》（第三版）网络版。《中国大百科全书》（第三版）的纸质版设计规模为 80 卷，约 1.5 亿字，将选收条目 20 万条，这是一个国家级重大工程，由国务院 2011 年正式立项。而网络版的目标则是打造一个国家公共知识服务平台，构建权威、准确、完备的国家百科知识体系，其特点在于融合传统出版内容和数字化技术，由大百科全书出版社组织全国各界一流专家学者编纂，同时利用互联网开放互动的原则，以用户即时参与的方式来进行持续更新和条目补充。

"有一次我到诚品书店看书、选书，直到深夜一点半才离开。很奇怪的是，如果为其他事情熬了夜，第二天会有疲惫感，但那天早晨起来反而觉得充满活力。我想，人在挑选自己喜欢的书的时候，表面看来是购买欲望得到满足，潜藏在背后的其实是精神上的安抚和满足。"当我们谈到北京三联韬奋 24 小时书店等传统阅读场所的吸引力，谭跃回忆了他个人读书生活中的这一小细节。他说，不论是从事传统出版还是数字化出版，我们其实只有一个身份：为读者提供有价值的阅读服务。

三联生活周刊：能聊聊你最近在看什么书吗？

谭跃：生活·读书·新知三联书店刚出了一本书，是清华大学国学研究院院长陈来的新著：《中华文明的核心价值——国学流变与传统价值观》，我读得很有感触。这本书切入了当前社会生活的需求，它让我们了解到，一个国家、一个民族要有核心价值，但一定不是把别人的价值简单地当作自己的价值。经过轴心时代以后两千年的发展，中华文明确定地形成了自己的价值偏好，举其大者就是：责任先于自由，义务先于权利，社群高于个体，和谐高于冲突。这些价值原理和西方思想有相通之处也有区别，不仅在前现代的东亚世界被广为接受，在当今时代，对在全球范围内建立关联社群、合作政治仍具有普遍的意义。

三联生活周刊：你个人判断一本好书的标准是什么？

谭跃：我认为一本好书要满足三个条件：首先要有思想，其次要能满足当前社会生活的需求，第三它要在一定程度上呼应读者的心理需求。

因此，对于我们的出版社而言，首先要成为一个有思想的出版社，培养一批有思想的编辑，打造一批具有"大家品位、大众口味"的好书，回应时代的热点，满足读者的需求。

三联生活周刊：那你怎么看待"严肃阅读"这样的提法？在刚刚过去的"世界读书日"，有人提出用严肃阅读来对抗碎片化阅读。

谭跃：严肃不严肃取决于读者自己，恐怕很难硬要做个划分。一个很轻松的话题，一本小书，也能够读出人生的道理。孔子整理《周易》，用的是"玩索而有所得"这样一种态度。当然，古义的"玩"，和我们现代人所理解的有所区别：繁体的"玩"字，是"习"的繁体再加上一个"元"——翫，"习"意指小鸟"数飞"，"元"即根本，本义就是小鸟落生后练习飞翔。孔子的意思是读书和实践相结合才有所得。所以谈论严肃阅读，主要是看读者用什么样的眼光和心态来读书。如果今天下午没有这个采访，我有点空余时间的话，可能会找本和工作无关的闲书读一读，跳出平时的心态，等再回到工作环境中，看待事情的眼光很可能就不一样了。这就是我们常说的"闲而不闲""功夫在诗外"。

另一方面，从出版人的角度来看，我们有责任提供向上的、给人希望的书。尤其是对于青少年，我们出版的每一本书都是有责任的。我经常会对编辑说：你做的书，愿意让自己的孩子读吗？这就是阅读标准和文化责任。实际上，坚持这一个标准，让集团最近几年来在全国零售市场占有率、中国出版政府奖、茅盾文学奖、国家出版基金项目、"走出去"产品总数等十个重要出版指标上名列全国第一。此外，2014年还在深圳读书月、《光明日报》《中华读书报》《新京报》"2014年度好书"等重要榜单的入选数上名列全国第一。

三联生活周刊：中国出版集团公司目前达到了什么样的出版规模？和西方一些著名出版集团如贝塔斯曼、企鹅等相比，存在什么差异？

谭跃：如果我们把正牌、副牌加在一起，中国出版集团目前有40个**出版机构**，年销量10万册的畅销书达到70种，集团旗下汇聚了1897年成立的商务印书馆、1912年成立的中华书局、1932年成立的生活·读书·新知三联书店以及人民文学出版社、人民音乐出版社、人民美术出版社、中国图书进出口（集团）总公司、荣宝斋、中国对外翻译出版公司等一批历史悠久的品牌企业。说起来中国出版业拥有百年历史，但近代以来黄金时期不过二三十年时间，主要集中在两个阶段：之前是1927年到1937年，之后就是改革开放以后，尤其是21世纪以来。在近代成果上，说实话，我们多的是引进，多的是重做老祖宗留下的东西，当代创新性的东西太少，这是我们和西方出版业的差距。另外，企业化程度也存在差距。对于西方出版来说，企业化是一种与生俱来的生存形态，而我们还在不断研究和推进中。过去有一种说法，说德国贝塔斯曼一家公司就比中国整体出版业的盘子还要大。这种说法尽管不很严密——贝塔斯曼还有很多和出版无关的跨媒体产业，包括资本运作——但它提示我们要改变观念，也就是说，中国文化和国际融合还有漫长的路要走。

中国传统的好处是把文化看得很重,但我们还应该了解,用资本的方式、市场的方式可以把文化做得更好。这也是近几年中版集团一直在努力的事情。

三联生活周刊:在全球范围内,通常以什么标准来衡量一个国家的出版水平?

谭跃:没有统一标准,但出版人心里都有自己的标准。我认为,首先是文化影响,比如说到英国企鹅出版集团,我们做出版的人未必记得它每年的码洋是多少,但我们知道它做的企鹅丛书。第二要有著名出版人和著名编辑,永远是他们在成就好书。第三是平台本身要好。所以我心目中就是这三个标准:出好书没有?出名编辑没有?是否有能力持续出产前面这两样东西?比如像三联书店,在我心里就是好平台,如果未来它仍然持续出好书,放在国际上也是好的出版机构。

三联生活周刊:以这样的标准,中版集团目前在全球出版行业中处于什么位置?

谭跃:美国《出版商周刊》、英国《书商》、法国《图书周刊》、德国《图书报道》和巴西《出版新闻》等5家国际著名出版期刊,每年会联合公布一份"全球出版业50强"排行榜,基本可以反映全球出版巨头的竞争格局。中国出版集团连续两年上榜:2013年排在第22位,2014年上升到第14位。中国去年另一个进入榜单的是中国教育出版传媒集团,排在第30位。

三联生活周刊:刚刚结束的第44届伦敦书展,在你看来,传递了全球出版业哪些值得重视的新信息?

谭跃:各种专业信息很多,不再列举。但以我个人看来,最明显的感受是看到中国文化影响力的释放。以前我们出国做展览,自己搭台,自己讲，讲给自己人听，现在是主办方投入资金办论坛，邀请我们上去讲。今年伦敦书展将唯一的综合性奖项——"国际出版卓越奖主席大奖"颁给了中国出版集团。我曾向现任主席询问奖项的分量，对方告诉我，该奖在征求全球各大出版集团总裁的意见时就已引发强烈关注，最后以匿名方式投票评选出来，颁给了中国。这些变化让我们看到，中国正在成为关注度不断上升的国际话题，这是我们出版企业"走出去"发展的前提和需求所在。

约翰·奈斯比特有一句话，几年来我一直记在脑子里。他说：重要的是把握趋势，但是，比把握趋势更重要的是趋势的转折。我认为这件事情就是一个转折。2013年我们就提出了**中版集团的国际化战略发展目标：近期做响，中期做开，长期做强，整个过程做实。**同时也明确了国**际化工作的"六个要点"，即版权是基础，项目是关键，翻译是重点，数字化是方向，人才是根本，机制是保障。**因为，目前我们要想在国外做出畅销书并同时获得经济收益，暂时还不太可能。但至少已经有一个空间，可以做出文化影响来。国际知名版权代理人托比·伊迪这次专门约我谈了一个小时，我们想法很一致。他跟我说，文化是需要符号的，我们应该合作，每年至少在海外推一本有影响力的中版好书。今年我们选择了人民美术出版社的《小艾，爸爸特别特别地想你》，这本书是著名漫画家丁午在"文革"中被下放到河南干校时写给女儿的信，因为当时留在北京的女儿只有八岁，他的信主要是画出来的，无意中记载了特殊年代一段难忘的感情和历史，非常感人。托比·伊迪已经为海外版确定好了翻译，其他正在推进中。

三联生活周刊：出版巨头们聚在一起会谈论新技术对传统出版带来的冲击吗？你怎么看待这些年一直和传统出版相伴的生存危机？

谭跃：当然会谈到这个话题。传统出版会死亡吗？我个人有个基本判断：新技术对传统出版形成了明确的、强烈的冲击，但远未构成颠覆性影响。"三年论""五年论"都曾有过,这些预言现在并没有成为现实。我仍然要引用奈斯比特的一句话:潮流来了谁都挡不住,但是,潮流往往来得比人们想的要慢。数字化是一个过程,需要逐渐演化的时间。数字平台现在还不够成熟,决定了它还不足以颠覆传统出版。比如,数字化的好处是海量信息,但选择是个困惑。另外,数字化阅读形成的阅读感受也是比较生硬的,包括现在最流行的手机阅读,仍然很难像纸质图书一样带给人亲近感。

出版的本质,我认为用两个字可以概括,就是"选择",就是文化选择和价值选择。我们做出版的人都把孔子视为老祖宗。按照司马迁的记载,孔子将三千多首民间诗歌选编删定为《诗经》的"诗三百",这不是简单的文字编辑过程,而是一个思想的过程。孔子编撰史书《春秋》,有人问,为什么不叫"冬夏"?这就是孔子微言大义,因为春分和秋分都是一年中白天黑夜最平分的时刻,取名"春秋",书名就体现了孔子"允执其中"的思想。他还以"十翼"这样的十篇文章,把一本别人眼里谈论占卜的《周易》注读成为一套思想体系,成"六经之首"。所以说,通过选择来确立一本书的思想价值,这是技术做不到的事情。这也是为什么我们集团要坚持走一条有特色的发展道路,也就是,不断增强我们在专业化领域的出版优势,为读者提供更多有价值的阅读,进而致力于提升中国人的思想境界和精神品质。

我们和数字化时代之间是什么关系?我们认识到传统出版在内容上的优势,同时也发现它的局限。比如每次出差的时候,我都为行李箱里到底放几本书发愁,这时就感受到,数字化的冲击必须推动传统出版转型。

三联生活周刊:在数字化转型方面,中国出版集团现在有什么布局?

谭跃:我们正在进行的数字化项目有很多,包括"译云"平台、

《中国大百科全书》（第三版）的网络版、中华书局的古籍数字化等，都是非常有创意和竞争力的。举个例子，中华书局的"中华经典古籍库"项目将传统的典籍数字化，目前已经完成了"新编诸子集成""二十四史"、《资治通鉴》《十三经》等部分。这并不是人们过去所理解的做几套电子书，而是将典籍内容碎片化之后再系统录入，为学术检索提供极大方便。我觉得，一个好学者省略了检索的烦琐工作之后，必将获得更多思考的自由。中版集团之所以对"译云"平台重资投入，原因是我们看到了未来市场：中国翻译市场的规模预计将在 2600 亿元左右，博鳌论坛也有数据显示，未来几年中国出境游客人次将达到 5 个亿，这都是巨大的产业盘子。而且，翻译对于我们集团本质上是涉外出版。

三联生活周刊：三联韬奋开放为 24 小时书店在 2014 年曾十分轰动，今年又新开了海淀分店。中国出版集团公司想要通过这种尝试来实现什么业态构想？

谭跃：这个问题可以先转化为另一个问题：我们是做什么的？没错，我们是做书的，但在数字化条件下，准确地说我们是在做内容提供。如果进一步定位，我们要做有价值的内容提供以及内容传播。所以我认为最完整的表达应该是：我们要做有价值的阅读服务。这就可以回答 24 小时书店的问题了。集团的构想是既做书店、又不做书店；我们要打造一个城市文化客厅，它以书为灵魂，同时兼而为一个文化综合消费体。在这个消费体里面还应该引入互联网，让读者在书店也可以实现他们在研究所、在公共图书馆的那些需求。读者的文化需求决定了未来书店的经营形态。在"全民阅读"的氛围下，中版集团怎样为自己做定位？我觉得就是四个字：阅读服务。

后 记

我是从事出版管理的实际工作者,《出版产业实践存思》与《出版文化实践存思》收录的是我在凤凰出版传媒集团、中国出版集团学习和工作的讲话、报告和采访等文章,并非个人专著,其中《出版文化实践存思》的主题侧重探讨出版业的文化影响,《出版产业实践存思》的主题侧重探讨出版业的产业发展。这些文章不只是自己的一些简单认识,也凝聚了两个集团的各级领导班子和广大干部职工的思考成果。

凤凰出版传媒集团和中国出版集团是中国出版业两个比较有代表性的集团。由于组织的安排,我有机会在两个集团工作。从2005年起到现在,匆匆已近15年。在此,衷心感谢时代的进步,衷心感谢组织的信任,衷心感谢两个集团的同志们与行业同仁们的支持!

这些文章基本以现场原文的形式呈现,有的是根据现场录音或速记整理而成,周志刚、王彤两位编辑进行了认真的编辑加工。文中如有错漏或不尽如人意之处,恳请读者诸君批评指正。

2019年12月